U0897780

高等师范院校历史学基础教育教学与研究丛书

总主编·陈文海

20世纪的战争与和平

ERSHI SHIJI DE
ZHANZHENG YU HEPING

左双文·主编

长春出版社
全国百佳图书出版单位

图书在版编目(CIP)数据

20世纪的战争与和平/左双文主编. —长春：长春出版社，2013.1
(高等师范院校历史学基础教育教学与研究丛书)
ISBN 978-7-5445-2692-0

Ⅰ.①2… Ⅱ.①左… Ⅲ.①战争史-世界-20世纪 Ⅳ.①E19

中国版本图书馆CIP数据核字（2012）第315659号

20世纪的战争与和平

主　　编:左双文
责任编辑:王生团
封面设计:尹小光

出版发行:長春出版社　　总编室电话:0431-88563443
发行部电话:0431-88561180　　邮购零售电话:0431-88561177
地　　址:吉林省长春市建设街1377号
邮　　编:130061
网　　址:www.cccbs.net
制　　版:渲彩工作室
印　　刷:延边新华印刷有限公司
经　　销:新华书店

开　　本:787毫米×1092毫米　1/16
字　　数:181千字
印　　张:13.25
版　　次:2013年1月第1版
印　　次:2013年1月第1次印刷
定　　价:27.00元

总序　教育之桥的断裂与重建

陈文海

关于教育的内涵及本质属性，不同的社会阶层在不同的历史时期往往会给出截然不同的解释。但是，从基本层面来说，教育具有相对独立的阶段性、弦歌不辍的传承性和不断前行的创新性，这一点似乎并没有多少的争议。而且，不论从哪个层面来看，教育都是一个由诸多环节所共同组建而成的复杂系统，环环之间必须拥有能够使之有机相连的坚韧的纽带，就如桥梁之于大河两岸的行人一样。从实用角度而言，我们在这里奉献给读者的这套“高等师范院校历史学基础教育教学与研究丛书”在某种程度上说也就是一条纽带、一座桥梁。桥的这头是高等教育，桥的那头则是基础教育。从受众的主体构成来说，桥梁的这一侧是高等教育接受者，另一侧则是基础教育从事者。

之所以要如此投入地修建这么一座桥梁，实在不是什么无事生非之举，而是一个不得以而为之的应激举措，其根本原因就在于：原先架在高等教育与基础教育之间的那座老桥已经断裂。就历史学科而言，在2004年开始启动的高中历史课程改革之前，或者说，从新中国成立之初一直到2004年，高中历史课程体系与高等学校历史学科通史教学体系是一脉相承的，甚至说，高中历史课程就是大学通史课程的浓缩版或精简版。在这种格局下，师范院校历史专业的毕业生在走上高中历史教学的工作岗位之后，一般来说都可很快适应自己的角色。因此，在此时期的学科架构上，高等教育与基础教育之间的联系是非常紧密的。

然而，随着高中历史课程改革的开启和推进，高等教育和基础教育之间原先存在的那种水到渠成式的关联已经不复存在。在新的高中历史课程体系中，出于对“公民教育”理念的追求，原先那种注重学科体系的通史式的课程结构已经完全被政治、经济、文化等专题史必修课程所取代，除此之外，还增加了一系列专题史选修课程，其中，有些选修课程（如世界文化遗产）甚至已经超越了师范院校历史学科原有的课程架构。与之形成鲜明对照的是，在高中历史课程改革已是涛声震天之时，高等师范院校的那池春水却依旧是吹而不皱、悄无声息，传统的课程结构依旧是坚如磐石，而且，这一传统结构对于高中新课改的声讯似乎具有天然的屏蔽功能。其结果就是，师范院校的学生在校学习期间继续因循传统模式，而走上工作岗位之后却要进行脱胎换骨，两者之间出现明显的脱节。可以说，在新课改面前，师范院校的“师范”二字在一定程度上已经名存实亡。

对于基础教育领域里的新课改，虽然说至今仍是争讼不断，但是，新课改所提倡的素质教育、公民教育、全面发展、人文关怀等等诸如此类的基本理念应该说还是颇为中肯的。然而，如果从规划及实施路径来说，这种新课改却存在着明显的前不着村、后不着店之类的毛病，它严重忽视了相关人力资源的前期养成与储备问题。新课改的对象虽然是基础教育，但这种改革在本质上却应该是一个联动性的变革，单靠几位课程标准设计者对课程理念和课程结构的宣讲，单靠寥寥几天的短训班，或者，单靠中学老师们的独自摸索，这一改革都将难以取得预设的效果。

实际上，对于这类颇具颠覆性的新课改，本来应该有一个更为严谨、更为周密的自上而下的前期准备过程。在这一准备过程中，师范院校理应担当起应有的核心角色，即，首先应在师范院校中进行相应的课程改革并对学生展开系统的新课程教育和新理念培育，在培养出一两届具有相应学业基础的毕业生之后，再在基础教育领域逐步推进课程改革。可惜，这个基础教育改革工程并没有遵循这一路径，因此，随之出现的各种问题也就迟迟难以得到真正的化解。也正是基于这一背景，我们才决意编写这么一套“高等师范院校历史学基础教育教学与研究丛书”，其目的在于重新构筑高等教育与基础教育之间的桥梁，以弥补新课改过程中的核心缺失。

虽然这套丛书与基础教育密切相连，但是，它绝不是另外一套高中历史教科书，更不是现有高中历史教科书的扩张版，换言之，这套丛书的读者对象从原则上讲并不是中学生，尽管并不排除某些学有余力或对历史具有特别兴趣的中学生阅读之。在设计写作思路之初，我们就已明确，这套丛书将追寻学术前沿，站在高等学校应有的学术高度，对新课改之后的高中历史教材中涉及的问题进行全面且系统的梳理、阐述和分析。

除了与高中历史课程直接对应的几本专题著作之外，在这套丛书中，我们还从进一步提升的角度，特别设置了两本对师范院校历史专业学生以及中学历史教师具有特殊意义的作品。一是对中学历史教材进行总体研究和把握的《中学历史教材研究》，二是为应对教育国际化趋势以及为强化相关读者史学基础而编写的《历史学专业英语新编》。这两本书虽然不是和中学历史教材一一对应，但它们对从事或即将从事中学历史教育工作的读者却具有重要的参考价值。

丛书面向的读者群主要是尚在师范院校就读的历史专业的学生以及已经走上工作岗位的中学历史教师。另外，近年来，教师行业也开始向综合性大学的毕业生开放，因此，对于有志于从事教师教育行业的综合性大学历史专业的学生来说，这套丛书会更加具有其特殊的价值。除了上述特定的群体之外，对历史有兴趣且具备一定文化背景的其他各行各业人士在闲暇之时翻翻这套丛书，应当也会有所收益。

这套丛书的撰写工作得到了广东省“本科教学质量工程”历史学特色专业建设项目(2010 年)、广东省“高师院校历史教育人才培养创新实验区”建设项目(2012 年)、广东省高等教育教学改革项目“高师历史师范类课程改革”(2012 年)、教育部“新世纪优秀人才支持计划”(项目批准号：NCET－11－0919)和“广东省高等学校珠江学者岗位计划资助项目 (2012 年)”的大力支持，在此表示衷心的感谢。

前　言

一　20世纪战争与和平的特点

战争是人类历史发展中一直存在的一种现象，但相比以前的战争，20世纪的战争却有了许多重要的变化。从战争形式来看，自20世纪开始，战争的全面性与立体性特点越来越显著。20世纪的战争在空间上已不再局限于陆地、海洋，而是扩展到天空、太空甚至是虚拟的网络空间，在斗争领域上也不再局限于军事领域，而是扩大到经济、政治、宣传等领域。同样，发生在20世纪的战争所产生的影响也远超以前——一场战争经常会对远在千里之外的其他国家和地区产生深远的影响。而更为引人注目的是，现代战争具有了越来越大的破坏力，随着核武器、生化武器等大规模杀伤性武器的出现，现代战争已经威胁到了整个人类的生存。

正因为现代战争展现出了如此大的破坏力，所以在历经了20世纪初两次世界大战之后，世界主要大国之间再未爆发过全面战争，取而代之的是大国之间在进行全面对抗的同时却又不爆发热战的“冷战”。但现代科技的不断进步导致了大规模杀伤性武器出现了不断扩散的现象，其中尤以核武器的扩散最为严重，因此冷战结束后世界爆发核战争的几率不仅并未降低，反而有上升的可能性。同时，随着现代武器在全球的扩散，各种地区冲突和局部战争不断，令整个世界处于动荡之中。

20世纪的战争之所以呈现出如此特点，是与整个人类社会的变化紧密相关的。现代科学技术的进步与工业化的发展，使得现代武器的使用范围、破坏力和杀伤力相比传统武器有了极大的提高。而现代民族国家的发展使得国家在战争动员能力方面大大加强，往往可以举全国之力进行战争，这令现代战争的规模和强度远超过以前的战争。而现代工业体系与现代武器系统之间的密切关系，则令战争中的经济因素越发重要，在战争中互相摧毁对方经济基础成为现代战争的一个重要构成部分。

进入20世纪以来，战争的频繁爆发说明人类社会之间的分歧和冲突仍然普遍存在，而各种群体和国家在解决彼此矛盾时仍然以诉诸武力作为主要手段。20世纪初第一次世界大战的爆发主要是因为欧洲各主要国家之间的争霸，而第二次世界大战的爆发则在争霸因素之外又有了意识形态和极端民族主义的因素。以美苏两国为首的两个阵营对立所引发的冷战，则带有浓重的意识形态色彩。冷战期间和之后世界各地此起彼伏的地区冲突和战争大多与民族、宗教等因素密切相关。

在亲历现代战争的巨大破坏性之后，人们对和平的渴望更加强烈。不仅政治家们为了维护世界和平而殚精竭虑，先后建立了各种国际组织和集体安全机制，甚至是一般人也积极投身于维护世界和平的行动中。人们不仅设计了各种制度和路线图来防止战争的爆发和调停战争，而且在世界舆论上更形成了一股强大的反战潮流。同时，经过深入的分析和沉痛的反思，人们对战争发生的原因与机制也有了更为理性和冷静的认识。人们认识到了许多战争的爆发源于各种各样的误解和错觉，也认识到了各种偏执和极端行为在推动各种矛盾走向战争过程中所起的负面作用。为此，人们积极采取各种措施来加强不同群体的沟通，希望能够通过互相了解和包容来消弭各种误解和仇恨。在面对战争时人们也有理性而冷静的思考，他们强烈地反对各种非正义的战争。总的来说，尽管20世纪的战争仍然不断，但维护世界和平已经成为全世界为之奋斗的目标。也正是在这种奋斗中，我们看到了世界和平日益光明的前景。

二　本书的写作目标

正是由于20世纪战争与和平具有如此重要的意义和影响，在大、中学历史教学中将其作为一个单独的题目来进行考察是十分必要的。这样做的好处是可以将这一重要课题以一种更加深入和完整的方式介绍给大、中学生，以便他们作为合格的现代公民而能对这些重大问题进行更为理性和全面的把握。

这种变化已经在高中历史教学的改革中有所体现。相比上个世纪中国的历史教育体系，目前我国执行的普通高中历史新课程无论在形式上还在内容上都发生了巨大变化。总的来说，这种变化反映了目前国内外史学在宏观研究方面的视角，即强调纵横中外、勾连古今，在宏观层次上更加注重从全面而系统的角度来看待整个人类文明的进程，而非局限于一国、一个地区。当然这种史观的变化与近现代以来整个世界的发展走向紧密相关——近代以来，中国日渐融入世界，全球化浪潮已经势不可挡。

面对全球化这一世界现实和学术界宏观史观的这种变化，过去对"中"和"外"的划分较为僵化的中外两门通史课程就显得难以满足中学历史教学的需要——新一代的大中学生就是在全球化这一大浪潮背景下成长起来的，而现在和未来的大、中学历史教师也将具有这种背景。在这种考量下，笔者以为目前的普通高中历史新课程在课程体系、内容和教学形式上所进行的调整还是恰当的，尽管仍有改进的余地。

在这种调整中，比较突出的是在新课程中安排了六个选修模块，专门处理以往难以在中外通史框架下处理的六个专题：战争与和平、改革、民主、历史探索、历史文化、历史人物等。这种专题性的选修模块因其问题的深度和广度而对教师的教学活动提出了较高要求——教师不仅要整合在原来教学体系中较为分散的知识，还要引导学生进行深入分析，甚至要引领学生进行跨学科的探索。这种安排符合目前所提倡的公民素质教育的取向，但对大、中学的历史教师来说是一个挑战。

为了对接中学历史教学的这一变化，作为培养未来中学历史教师的大学历史学教育需要做出积极的反应。本书就是面对这一挑战而在大学教材编写方面所进行的一个初步尝试。作为大学历史学专业的教材，本书所对应的是高中历史新课程选修模块"20 世纪的战争与和平"。该模块着重反映 20 世纪人类社会两个常见现象"战争"与"和平"的缘起与变化，共五个学习专题。本书围绕这五大学习专题，对大学生在学习相关专题时可能出现的问题进行深入讲解，既密切结合大学生未来面对的中学历史教学实践，又具有一定的学术深度。

作者在写作本书时基于下述考虑而在写作内容和方法上进行了一些主动限制。首先，"20 世纪的战争与和平"这一模块在内容上与两个必修模块

(I)和(II)有诸多重合地方,因此作者认为在内容上本书有必要与必修模块进行衔接但又不能重复,同时必须在表述上与两个必修模块相统一又不至于令读者发生混乱。其次,中国学者对现代战争与和平问题进行客观而严谨的学术研究时间并不长,不仅许多重大题目尚缺乏研究,而且一些已经比较深入研究的题目目前也存在着较大争论,在短时期内难以得出一个学界公认的权威结论。考虑到本模块的选修性质和篇幅限制,为了使本书结构和线索较为明晰而不至于令阅读者产生混乱,因此作者决定将本书的主要内容放在对20世纪一些重大战争和各种具有世界影响的维持世界和平活动的介绍上,对一些重大学术争论只做介绍性处理。最后,“20世纪战争与和平”这一专题具有极强的跨学科性,历史学、政治学、国际关系学、军事学、社会学、哲学等诸多社会科学对“20世纪的战争与和平”这一主题都有探讨。但就作者所了解到的情况来看,目前国内各学科都只是在本学科领域内对这一问题的某些方面进行了探讨,相对而言系统和全面的探究还很缺乏。由于本书定位在大学历史教材这个层次,因此其内容和角度偏重于历史学,对其他学科的研究虽有一定的借鉴,但相对来说十分有限。由于这些考虑,本书所出现的各种局限在所难免,敬请各位读者原谅。

作者以为,本书在内容上、方式上的各种限制不应当束缚读者自己对相关问题进行自由、多样而理性的探讨。例如本书未向读者介绍“战争”和“和平”有关的诸多煌煌巨著,特别是与此有关的诸多重要理论著作。读者可自己阅读这些重要的理论著作,与重要的思想家进行对话。同时,20世纪出现了众多打动人心、反映历史现实的各种艺术表达形式——如文学著作、电影、纪录片等,其对战争、和平问题的深入探讨,对人的心智的启发,丝毫不亚于上述理论著作,这些也有待读者自己进行心灵的探索。

目 录

第一章　第一次世界大战与战后和平

第一次世界大战，是欧洲列强的世界霸权达到顶峰时期爆发的一次战争，交战的两大阵营主要由欧洲大陆的几大强国组成。尽管第一次世界大战的主战场在欧洲，但由于这次战争的首要原因在于欧洲列强争夺海外殖民地，因此某些殖民地半殖民地国家也被迫卷入战争。总体而言，第一次世界大战是一场角逐世界霸权，尤其是殖民霸权的不义之战。

第一节　从欧洲强国到世界帝国

19世纪末20世纪初，随着美洲大陆被欧洲列强瓜分殆尽，亚洲、非洲也基本沦为欧洲列强的殖民地或者半殖民地。换言之，欧洲各国已经分别建立起了远离本土的世界帝国，并且建立起了以欧洲为中心的国际秩序。然而，在欧洲列强共同支配世界其他地区的表象之下，欧洲列强之间的双边关系或者多边关系却持续紧张。在此之前，欧洲各国习惯于通过复杂的结盟来实现势力均衡。但这一次，结盟对抗不仅没有带来均势与和平，反而将欧洲大陆一步一步推向深渊。

一　概　述

1. 欧洲列强的世界霸权

19世纪末20世纪初，欧洲各国先后完成了建立民族国家这一历史任务，并且先后完成了以煤铁工业和蒸汽动力为标志的第一次工业革命，以及以化学工业和电气动力为标志的第二次工业革命。政治领域与经济领域的全面领先，让欧洲列强与世界其他国家的实力差距更加悬殊，国势国力如日中天的欧洲列强，也把自地理大发现以来就开始的殖民扩张活动推向顶峰。至 1900 年前后，非洲绝大多数国家和地区已经沦为欧洲列强的殖民地，而拉丁美洲绝大多数国家和地区也已经沦为欧洲列强的半殖民地，至于亚洲，则要么是欧洲列强的殖民地（如印度），要么是欧洲列强的半殖民地（如中国）。

英国历史学家霍布斯鲍姆曾经说过："就国际政治来说（就欧洲政府和外交部的统计数目来说），照我们今天的标准来看，当时世界上堪称具有独立主权的国家实体，其数目非常有限。1875 年前后，欧洲这样的实体不超过 17 个（其中包括六个'强权'——英国、法国、德国、俄国、奥匈帝国和意大利——以及奥斯曼帝国），南北美洲有 19 个（其中有一个名副其实的'霸权'——美国），亚洲有四五个（主要是日本及中国和波斯这两个古老帝国），非洲也许有三个勉强称得上是（摩洛哥、埃塞俄比亚、利比里亚）。"①

当时，不仅英国和法国这两个老牌殖民国家，各自建立起了数千万平方公里的殖民帝国，而且像德意志帝国这样的后起强国，以及荷兰、比利时、葡萄牙、西班牙、意大利这样的中小型国家，也分别建立起了数百万平方公里的殖民帝国，至于奥匈帝国与俄罗斯帝国，虽然无力进行海外开拓，但也不遗余力地向周边地区扩张，为自己争得了上百万乃至上千万平方公里的地盘。及至 1914 年，英、法、德、俄四大强国控制了大约 6440 万平方公里的土地，超过地球土地面积一半，以及大约 49450 万的人口，接近地球人口数量一半，而这还未把其他欧洲列强控制的土地与人口计算在内。毫不夸张地说，这是一个"帝国的年代"，或者更加贴切地说，这是一个"帝国主义的年代"。

欧洲列强的世界霸权，不仅体现在其足以与东方文明古国相比较的土地面积（将殖民地面积也算作领土面积）与人口数量（将殖民地人口也算作帝国人口），而且体现在其能够以现代化装备武装起来的兵员数量。截至 1914 年春天，俄、法、德、英四大强国的陆、海军人数分别为 135 万人、91 万

---

① （英）霍布斯鲍姆：《帝国的年代》，贾士蘅译，钱进校，南京：江苏人民出版社，1999 年，第 15 页。

人、89 万人以及 53 万人(英国以海军为主),到 1914 年夏天,欧洲大陆各国发布总动员令以后,排除孤悬海外的英国,在欧洲大陆上,俄、德、法、奥四大陆军强国的陆军人数分别激增至 340 万人、230 万人、180 万人以及 140 万人。这是任何亚非拉国家都难以望其项背的天文数字,因为即使是人口最为密集的亚非拉国家,拥有无比丰沛的人力资源,但没有如此雄厚的军事工业,让数百万人荷枪实弹,让数百个师整装满员地去投入战斗。这不仅是亚非拉地区被瓜分殆尽、亚非拉人民被压迫奴役的世界,而且是欧洲人武装到牙齿的世界。

2. 欧洲列强的矛盾斗争

尽管欧洲列强在世界其他地区建立起了压倒性的世界霸权,但在欧洲列强之间,殖民利益的分配却并不均衡。或者说,欧洲列强的殖民地份额,与欧洲列强各自的国家实力,并非严格对应的正比关系。在 19 世纪末 20 世纪初,世界四大工业强国的排序是美、德、英、法。美国的工业实力最为强大,大致相当于英法德三国的总和,但美国并非欧洲国家,而且当时的美国坚守"门罗主义",满足于在西半球从事政治经济扩张,甚至满足于与英国共同主宰拉丁美洲的半独立国家(名义上是独立国家,但政治经济受到英美两国的渗透与控制)。英法两国从事殖民扩张已经有将近四百年之久,并且在与西班牙、葡萄牙以及荷兰的竞争中脱颖而出,各自建立起地跨七大洲、五大洋的"日不落帝国"(最初用以形容西班牙,后来用以形容英法两国尤其是英国)。就连远远落后于英法德三国的俄国,也通过对中亚与中国的蚕食鲸吞,夺取了横跨半个地球的广阔土地。相比之下,工业实力超过英法两国的后起强国——德国,却只能心有不甘地与荷兰、比利时、葡萄牙、西班牙、意大利这些已经衰落或者尚未兴起的次等国家平起平坐。正因如此,决心为自己争取"日光下的地盘"的德国,成为欧洲列强当中最为咄咄逼人的新兴势力,成为挑战传统帝国秩序的破坏性力量。

在 19 世纪末 20 世纪初的欧洲国际关系之中,最为紧张的双边关系包括法德关系、俄奥关系,以及日益紧张的英德关系,从中可见后来三国同盟与三国协约的端倪。

自从 1870 年普法战争中法国战败以来,法德两国之间的矛盾斗争就几乎没有停止过,这主要是由于法国被迫割让"阿尔萨斯—洛林"给德国(实际上只是割让了以斯特拉斯堡为中心的阿尔萨斯，以及以梅斯为中心的北部洛林，而以南锡为中心的南部洛林，则依然保留在法国手中)，由此激发起法国人强烈的屈辱感与爱国心，以及对德国人的危机感与戒备心。在整个19世纪后半期，“阿尔萨斯一洛林”是绝无仅有的、一个欧洲列强从另一个欧洲列强手中强行割取的本国领土(而非海外殖民地)，因而在此后半个世纪中，莱茵河两岸一直枕戈待旦，剑拔弩张。在法德两国，上至政府官员，下至普通民众，都坚定不移地相信两国之间迟早必有一战，法德矛盾由此成为欧洲大陆内部最为尖锐的双边矛盾。

自从1878年德国宰相俾斯麦主持召开柏林会议调解“东方问题”以来，俄奥两国之间的矛盾斗争也在逐步升温。所谓“东方问题”，主要是由于奥斯曼土耳其帝国的衰落而引发的问题。作为日薄西山的“西亚病夫”，奥斯曼土耳其帝国在欧亚非三洲都拥有大片逐渐摆脱中央政府控制的领地。在亚洲，叙利亚、黎巴嫩与巴勒斯坦已经被英法两国全面渗透，土耳其只保留了名义上的宗主权，两河流域与阿拉伯半岛也早已离心离德；在非洲，埃及的苏伊士运河已经成为英法两国共同掌控的交通要道，而埃及实际上早已于1885年被英国军事占领。在欧洲，巴尔干半岛各民族纷纷脱离奥斯曼土耳其帝国，先后取得民族独立，并且建立主权国家，但除了希腊被其他列强视为英国的势力范围之外，其他新近独立的巴尔干半岛国家，都被欧洲列强视为尚未插足的“真空地带”。尤其是来自西北方向的奥匈帝国，以及来自东北方向的俄罗斯帝国，分别企图在巴尔干半岛推行“泛日耳曼主义”与“泛斯拉夫主义”，争相把巴尔干半岛纳入自己的势力范围，刚刚经历战乱的巴尔干半岛，顿时又再硝烟弥漫。但是由于俄奥两国均实力有限，因此奥匈帝国完全仰仗德国的支持，而俄国则试图拉拢英法两国，尤其是仰仗法国的支持。

自从1898年德国皇帝威廉二世决意扩充德国海军以来，英德两国之间的矛盾斗争也是日趋激烈。为了争夺制海权，英德两个欧洲最为强大的工业国家展开了造舰竞赛。至1904年，德国已经成为仅次于英国的世界第二海军强国，当时的海军强国排名是英、德、法、俄，法俄两国已经被德国远远抛在后面，而英国也感觉到越来越难以维持一直奉行的“两强标准”。所谓“两强标准”，是指英国皇家海军的主力战舰数量，必须等于或者大于第二海军强国与第三海军强国的主力战舰数量相加之总和。例如在1905年，英国的战列舰总数是44艘,德国的战列舰总数是16艘,法国的战列舰总数是14艘,则英国海军与法德两国海军的实力对比大约是44比30,即使加上俄国,英国海军也仍然占有压倒性的优势。但我们要看到,俄国刚刚在日俄战争中经历惨败,太平洋舰队与波罗的海舰队全军覆没,法国由于财政困难,其造舰计划已经搁浅,而德国一直在急起直追,大有一鼓作气超越英国之势。及至1908年,英德两国战列舰总数之比已经达到44比33。短短三年之间,英国的"两强标准"已告失守,英国的海上霸权岌岌可危。

面对气势逼人的德国,从1906年起,英国开始停止建造旧式战列舰,转而建造"无畏级战列舰",简称为"无畏舰"。所谓"无畏舰",是指全装甲外壳、全重型火炮,再加上中央火控系统的新型战列舰。过去的旧式战列舰吨位有限、装甲薄弱,主炮口径大小不一,各个炮塔各自为战,而"无畏舰"排水量通常在2万吨以上,水下部分全部包覆装甲带,主炮口径大小统一,各个炮塔由中央火控系统集中指挥,能够实现多门主炮同一时间向同一目标齐射,大大提高了杀伤力与命中率。"无畏舰"的诞生,标志着欧洲列强的海军进入"大舰巨炮"时代。然而,德国同样具有建造"无畏舰"的经济实力与科技实力,英德两国的造舰竞赛继续紧锣密鼓地进行着,这仿佛是一场看不到终点的赛跑。至1914年,英德两国大型水面舰艇(包括战列舰、巡洋舰、驱逐舰、护卫舰)的数量分别为688艘与391艘,英国总算是勉强保住了海上霸主的地位。尽管大局未变,但在英国与德国这两个所谓"兄弟之邦"(英国国王乔治五世与德国皇帝威廉二世是表兄弟)之间,裂痕正在不断加深,英德矛盾由此成为欧洲大陆外围最为尖锐的双边矛盾。

3. 三国同盟与三国协约

尽管欧洲列强之间存在着矛盾斗争,但同时也有合作,只不过这种合作同样是为了斗争。由于担心在外交较量或者军事较量中陷入孤立,欧洲列强纷纷拉拢盟友,个别纠纷很快上升为集团对抗,其典型例证就是三国同盟与三国协约的形成。

就形成时间而论,三国同盟比三国协约要早得多。在很大程度上,三国同盟是欧洲最为杰出的外交大师、德意志帝国宰相俾斯麦的杰作,而三国协约则是俾斯麦退出历史舞台之后的产物。如前所述,普法战争中法国战败,以及"阿尔萨斯—洛林"在法德两国之间的交割,让此后半世纪里,几代法国人对德国人恨之入骨。为了让地处中欧的德国不至于四面树敌，为了让法国成为欧洲各国的众矢之的，俾斯麦绞尽脑汁，煞费苦心。“为了孤立法国，转移它对欧洲的注意力，并使之卷入与英国的纠纷，俾斯麦以满意的心情去看待法国的殖民地扩张。他力求万全，与奥匈帝国结成军事同盟，1882 年，意大利也加入了，于是形成了三国同盟，并一直延续到第一次世界大战期间。此同盟的主要条款是，如果同盟的任何成员国跟两个或几个大国发生战争，其他两个同盟成员国将以武力给予援助。为了预防万一，俾斯麦还同俄国签订了再保证条约。由于俄国与奥地利处于敌对状态（由巴尔干问题引起的），因此俾斯麦必须采取相当灵活的外交手腕，才能同时与双方结盟。在俾斯麦辞职以后，俄德条约停止生效。”

通过 1879 年的《德奥军事同盟条约》、1882 年的《德奥意军事同盟条约》，以及 1887 年的《德俄再保证条约》，俾斯麦缔造了一个与奥匈帝国和意大利紧密合作，并且让俄罗斯帝国严守中立的同盟体系，从而为德国在欧洲营造了一个相对安全的外交环境与军事环境。然而，随着俾斯麦于 1890 年引退，亲自执掌德国外交政策的德国皇帝威廉二世，断然废弃了俾斯麦奠定的“大陆政策”（避免卷入海外殖民争夺，集中精力发展中欧、东欧、南欧），转而踌躇满志地规划他的“世界政策”（全力进行海外扩张），以便为德国争取“日光下的地盘”。威廉二世轻率地抛弃了德俄两国相对友好的双边关系，以及德奥俄三国相对稳定的三边关系。威廉二世拒绝续订《德俄再保证条约》，从而让法国在俄国身上找到了可乘之机。“面对着三国同盟，法国不久就抓紧时机跟俄国结成同盟。1894 年签订了法俄同盟条约。”“这样，到 1894 年，欧洲大陆就分裂成两个敌对的阵营，即德奥意与法俄。”①

比较《德奥军事同盟条约》、《德奥意军事同盟条约》以及《法俄军事同盟条约》的主要条款，我们不难发现，彼此之间的外交承诺与军事保证，让欧洲列强陷入了牵一发而动全身的“条约锁链”之中。根据 1879 年的《德奥军事同盟条约》，缔约国一方受到俄国攻击时，另一方以本国全部军事力量予以援助；缔约国一方受到另一大国进攻，只要俄国未参加侵略国一方，缔约国双方互守善意中立。根据 1882 年的《德奥意军事同盟条约》：如果法国进行

---

① （美）帕尔默、乔·科尔顿、劳埃德·克莱默：《两次世界大战：西方的没落？》（帕尔默现代世界史 4），陈少衡、周熙安、周鸿临等译，北京：世界图书出版公司，2011 年，第 3 页。

侵略，德意将相互援助；如果三个盟国中任何一方受到两个或两个以上强国攻击时，其他两国保证给以援助。根据1894年的《法俄军事同盟条约》，两国中如有一方遭受德国单独攻击或德国与意大利或奥匈帝国联合攻击时，将互相提供军事援助。根据上述的三个军事同盟条约，德奥意三国与法俄两国各自对其盟友承担军事同盟义务，德奥意同盟与法俄同盟成为欧洲大陆两大军事集团，欧洲列强之间结盟对抗的态势已经昭然若揭。

尽管三国同盟已经存在多时，但三国协约却还未成形。对于长期严守"光荣孤立"传统外交政策的英国，其在集团对抗中的立场仍未明朗，直到德国的崛起威胁到英国的海上霸权与殖民地。19世纪末20世纪初，英法德三国各自有着进一步对外扩张的殖民计划，其中包括英国的"2C计划"，法国的"2S计划"，以及德国的"3B计划"。所谓的"2C计划"，是指英国在开罗(Cairo，埃及首府)与开普敦(Cape Town，南非首府)之间修筑干线铁路的计划，也就是英国将其北非殖民地与南非殖民地连接到一起的计划。所谓"2S计划"，是指法国在塞内加尔(Senegal)与索马里(Somalia，法属索马里，即吉布提)之间修筑干线铁路的计划，也就是法国将其西非殖民地与东非殖民地连接到一起的计划。而所谓的"3B计划"，则是指德国在柏林(Berlin，德国首都)、拜占庭(Byzantium，即伊斯坦布尔，奥斯曼土耳其首都)以及巴格达(Baghdad，奥斯曼土耳其领地)之间修筑干线铁路的计划。其中，英国的"2C计划"与法国的"2S计划"在非洲大陆中部有所交叉，而德国的"3B计划"似乎与前两者毫不相干。

1898年夏天，英国的"2C计划"与法国的"2S计划"终于在苏丹南部的荒凉小镇法绍达(Fashoda)撞车。1898年7月，法国殖民军队首先到达法绍达，并且着手在当地驻扎与考察。1898年9月，英国殖民军队随后到达法绍达，双方各不相让，随即开始紧张的武装对峙。1898年11月，法国方面考虑到法德边境形势紧张，主动退出法绍达，而英国方面也考虑到德国当年开始扩充海军，也愿意与法国和解。与此同时，英法两国都意识到，德国的"3B计划"是对英法东方殖民帝国的致命威胁。如果德国的图谋得逞，那么英国通向印度，法国通向印度支那的交通命脉将被轻易切断。共同敌人的出现，使得英法两国关系趋于缓和。1904年，英法两国终于达成"诚意协约"，两个老牌殖民帝国握手言和。

"英国人逐渐而谨慎地摆脱了他们过去外交上的孤立地位……决定性

的变化出现在1904年,十年后导致第一次世界大战的一系列密切相关的危机都可回溯到这一年。""1904年,英法两国政府一致同意忘却在法绍达的争端,以及过去25年以来所积累的旧怨。法国人承认英国对埃及的占领;英国人则承认法国对摩洛哥的渗透。他们还消除过去在殖民地问题上的争执,互相支持反对第三方插手。然而他们并没有具体明确的同盟协议,哪一方都没有说及如果爆发战争,应该如何行动。这只不过是一种秘密的谅解,一项协约而已。法国人打算刻不容缓地调解他们的新朋友与其旧日盟国俄国的不和。俄国在被日本打败以后,表明他们是肯接受调解的。由于对德国的企图越发感到捉摸不透,英国人也同样有接受调解的愿望。1907年,英俄两国从过去的对手变成了盟友,它们通过签订英俄协议,消除了彼此之间的争执。在波斯,英国人承认北部属于俄国的势力范围;俄国人则承认东部和南部属于英国的势力范围。这样,到1907年,英国、法国和俄国的行动一致起来了。旧的三国同盟面对着一个新的三国协约,后者显得松散一些,因为英国人拒绝承担任何正式的军事义务。"①三国协约的形成,标志着英国外交政策的重大转向,英国"光荣孤立"的外交传统,已经失去往日的光芒。

如上所述,三国协约比三国同盟更为松散,甚至算不上是真正的结盟。然而,由德国方面首先挑起的两次摩洛哥危机,却让这种"非对称同盟"的局面发生了微妙的变化。第一次摩洛哥危机的源起可追溯到1904年,英法两国刚刚达成"诚意协约",英国承认法国在摩洛哥的优先地位,德国对此大为不满。1905年,德国皇帝威廉二世亲自乘坐军舰,在摩洛哥丹吉尔港登陆,威廉二世在当地发表演讲,表示支持摩洛哥的独立,反对法国在摩洛哥的优先地位,第一次摩洛哥危机爆发。1906年,应威廉二世的要求,欧洲列强召开国际会议,结果法国态度强硬,英俄两国支持法国,只有奥匈帝国支持德国,德国只好暂时退让。1907年,英法俄三国的关系因为第一次摩洛哥危机而趋于密切,三国协约正式形成。1911年,德国方面再次挑起事端,德国炮舰"豹"号抵达摩洛哥阿卡迪尔港,表示要在此"保护德国的利益",北非形势再度趋于紧张,第二次摩洛哥危机爆发。人们把这次突如其来的军事恫吓行动称为"豹的跳跃"。德国方面提出,只要德国能够得到法属刚果,德国军

① (美)帕尔默、乔·科尔顿、劳埃德·克莱默:《两次世界大战:西方的没落?》(帕尔默现代世界史4),陈少衡、周熙安、周鸿临等译,北京:世界图书出版公司,2011年,第4—5页。

舰就不再到摩洛哥搞突然袭击。面对德国这种如同“拦路打劫”的反常做法，法国也只好暂时退让，把刚果盆地的部分地区(喀麦隆)转让给德国。尽管通过两次摩洛哥危机，德国在法国手中得到了某些好处，但使得英法俄三国的协约关系更趋紧密。随着英法两国开始共同制定对德作战计划，三国协约也开始带有军事同盟的意味，之前的“非对称同盟”也日益转化为势均力敌的集团对抗，而爆发世界大战的危险也由此大大增加了。

二　视野拓展及重点问题分析

人类历史为什么发展到 20 世纪才会出现世界大战？要回答这个问题，首先应该找准回答问题的切入点，即 20 世纪是一个怎样的世纪，而 20 世纪初的世界又是一个怎样的世界。简而言之，20 世纪是发生了人类历史上史无前例的两次世界大战、然后从大战转入冷战的动荡世纪，英国著名学者霍布斯鲍姆称之为“极端的年代”。继续往前追溯，19 世纪末 20 世纪初的世界则是欧洲列强确立全球霸权的世界，而霍布斯鲍姆也称之为“帝国的年代”。在很大程度上，两次世界大战是欧洲列强的帝国主义政策彼此碰撞的结果。两次世界大战都首先爆发于欧洲列强之间，进而波及全世界，将欧洲殖民体系内外的殖民地半殖民地卷入其中，就是这种帝国主义政策碰撞的明显体现。如果要作进一步的深入探究，我们可以从民族国家与世界帝国两个层次来进行分析。

就民族国家而言，从 1870 年普法战争中法国战败、德意志与意大利各自完成民族统一以来，欧洲各个主要民族就已经基本建成了民族国家，并且形成了相当可观的民族国家体系。在各个民族国家的框架之内，欧洲各国先后进入大众民主时代，早在 19 世纪上半叶还相当罕见(仅有英法两国)的公民普选权利与民选议会制度，至 19 世纪下半叶时已经成为欧洲各国(沙皇俄国除外)的通行政治模式。即使独裁专制如德意志帝国，也依然有间接选举产生的联邦议会与直接选举产生的帝国议会。大众民主时代的来临，大大加强了普通民众对民族国家的认同感，爱国主义与民族主义成为流行于欧洲各国的汹涌思潮。在欧洲各国，民主主义竟然在无意之间被欧洲各国政府借用为民族主义的催化剂，而欧洲各国的统治阶级，更是由此获得了史无前例的动员民众的巨大能量。正因如此，尽管欧洲列强仅就人口而论远远不如某些亚洲大国，但能够举全国之力投入到大规模的全面战争当中去。

英国历史学家霍布斯鲍姆曾经指出:“德国、法国和英国的民众,1914 年是以公民和平民的身份走上战场,而非以战士或冒险家的身份走上战场。可是,这个事实恰恰足以说明:在民主社会当中,爱国心对政府运作的必要性以及其所具有的力量。因为,只有把国家目标视为自己的目标,才可以有效动员民众。1914 年时,英国人、法国人和德国人都有这种想法,他们便是因此而动员(民众的)。一直到为期三年无比惨烈的屠杀和俄国革命的例子,才让他们了解到他们的想法错了。”①

就世界帝国而言,同样是从 1870 年普法战争中法国战败、德意志与意大利各自完成民族统一以来,欧洲大陆维持了长达将近半个世纪之久的和平。尽管在这 44 年间,欧洲列强之间偶尔也会发生零星的武装冲突,但无论是老牌殖民帝国的英国和法国,抑或是新兴殖民帝国德国,甚至军事封建帝国俄国,都致力于以建立海外殖民地、半殖民地为主要方式的海外领土扩张。如果说在 15 世纪至 18 世纪,欧洲列强仅仅满足于建立和经营相对贫瘠荒芜的美洲和大洋洲殖民地,并在亚洲和非洲建立个别殖民据点的话,那么到了 19 世纪,欧洲列强已经开始全面瓜分非洲,并且开始有能力去侵略波斯、印度乃至中国等繁荣富庶的亚洲文明古国。至 19 世纪末 20 世纪初,世界上能够被瓜分的领土都已经被瓜分完毕。

在这最后一波殖民浪潮中,英法两国成为欧洲列强殖民活动中最大的赢家,俄国也完成了从大西洋到太平洋的领土扩张。奥匈帝国虽然没有向海外扩张,但逐步蚕食了奥斯曼土耳其帝国在东南欧的势力范围。而与盎格鲁—撒克逊文明有直接继承关系的美国,虽然并非欧洲国家,却完全按照英国的殖民模式在美洲(古巴)乃至亚洲(菲律宾)大展拳脚。而就文化传统而言属于亚洲国家的日本,在明治维新之后也急于“脱亚入欧”,匆忙步欧洲列强的后尘,走上了侵略朝鲜和中国的道路。与此同时,国家实力后来居上的德国,却几乎完全错过了最后一波殖民浪潮,最终只得到与荷兰、比利时、葡萄牙、意大利等欧洲小国大致相当的殖民地份额。正因如此,在欧洲列强全面确立世界霸权,并且在世界上再无土地可供瓜分的大背景下,分赃不均

① (英)霍布斯鲍姆:《帝国的年代》,贾士蘅译,钱进校,南京:江苏人民出版社,1999 年,第 206 页。

的欧洲列强之间必然会发生剧烈的碰撞，而碰撞的结果就是后来发生的第一次世界大战。

当然，在上述国际关系的总体格局之外，第一次世界大战的爆发，还涉及政治原因、经济原因（资本主义世界体系的形成）、社会原因、技术原因（欧洲各国军事能力的提升）等等，但这些方面都应该放到欧洲列强从民族国家到世界帝国的历史大背景之下来考察。

三　深入探究指引

要了解人类历史发展到20世纪才会出现世界大战的原因，不妨阅读美国历史学家加布里埃尔·杰克逊的著作《文明与野蛮：20世纪欧洲史》。在书中，杰克逊写道："在我们所处的这个世纪里，欧洲的两次具有巨大毁灭性的战争给欧洲自身——以及世界上的其他许多地方——带来了深重的伤害。"杰克逊问道："推动欧洲成为全球经济和科技主导力量的动力有哪些？又是什么原因导致在一个单一的文明里竟发生了如此可怕的战争和文化冲突？"[①]关于这个问题，人们可以从许多角度去思考、去回答。同样，杰克逊也从尽可能多的角度去给出答案，包括人们经常提及的政治原因、经济原因、社会原因、技术原因等等，但杰克逊特别留意到：尽管对于"多数公民"来说，欧洲列强的"经济和政治前景是充满希望的"，但"一般群众"依然被排除在经济和政治决策之外，"外交和军事政策都是由各国政府中的少数精英掌控的"。这就为人们提供了一个独特的视角，即在现代欧洲民族国家当中，尽管普通大众亲身参与国家政治生活和经济生活的程度及范围均有所扩大，但国家重大决策依然由极少数政治精英或者经济精英所掌控，不仅决策过程并不公开透明（例如秘密外交，三国同盟与三国协约就是秘密外交的典型例证），而且普通民众非常容易受到灌输与煽动（例如政府宣传，对爱国主义的肆意歪曲，对军国主义的大肆宣扬），极少数精英集团成员能够利用现代技术手段，对绝大多数普通民众进行史无前例的、无孔不入的误导与动员，最终让欧洲各国民众在普遍受到蒙蔽的情况下成为战场上的炮灰。

除了上述著作之外，我们还建议阅读英国历史学家韦尔斯的《世界史

---

① （美）加布里埃尔·杰克逊：《文明与野蛮：20世纪欧洲史》，余昌楷、李佳译，北京：东方出版社，2010年，第1—2页。

纲》第三十八章“近代帝国主义导致的大灾难”。实际上,韦尔斯也的确把第一次世界大战,视为自从罗马帝国灭亡以来,“人类历史上的第二次最严重的灾难”。韦尔斯是 19 世纪末期欧洲的亲历者,以及 20 世纪初期两次世界大战的见证人。不过,在《世界史纲》中,韦尔斯以第一次世界大战为其历史写作的终点,并未涉及第二次世界大战。《世界史纲》以“近代帝国主义导致的大灾难”作为最后章节,记录了韦尔斯在第一次世界大战期间的见闻与感想,因此特别具有近距离观察的特殊意义。而且在本章中,韦尔斯制作了一个简明扼要的第一次世界大战图表,对世界上各个地区发生的军事行动与外交活动进行平行对照,为人们提供了直观而且宏观的独特视角。

第二节　第一次世界大战

在第一次世界大战爆发之初,绝大多数参战国家的政府官员与普通民众都相信,战争将会于当年圣诞节来临之前结束,而战争的结果必然是本国的霸权地位更加巩固。然而,由于欧洲列强拥有傲视全球的经济实力、科技实力以及组织动员能力,第一次世界大战变成了一场旷日持久的消耗战。在这场战争结束之后,战胜国与战败国两败俱伤,欧洲列强的霸权地位不仅没有加强和巩固,反而开始摇摇欲坠,以至于德国学者斯宾格勒哀叹“西方的没落”,(而此处的西方主要是指欧洲)。

一　概　述

1. 萨拉热窝事件

如上所述,在 19 世纪末 20 世纪初的欧洲国际关系之中,最为紧张的双边关系包括法德关系、俄奥关系以及英德关系。相比较而言,当时的人们更加倾向于认为,火药气味极为浓烈的法德边境将是下一场大规模战争的爆发点。然而出人意料的是,法德边境的“不定时炸弹”还未爆炸,巴尔干半岛的“火药桶”却首先爆炸起来了。巴尔干半岛的爆炸性局势,是由三次巴尔干危机步步升级而来的。1912 年发生的第一次巴尔干战争(第一次巴尔干危机)。为了争夺奥斯曼土耳其帝国在欧洲大陆的残余领土,新近取得独立的保加利亚、塞尔维亚、门的内哥罗(黑山)以及早已取得独立的希腊结成巴尔干同盟，共同对奥斯曼土耳其帝国宣战。在这次战争中，三国协约支持巴尔干同盟，三国同盟支持土耳其帝国，结果土耳其战败。1913 年爆发了第二次巴尔干战争(第二次巴尔干危机)。为了争夺奥斯曼土耳其帝国在欧洲大陆放弃的领土，尤其是为了争夺保加利亚与塞尔维亚之间的马其顿地区，罗马尼亚、塞尔维亚、门的内哥罗(黑山)和土耳其，共同对保加利亚宣战。在这次战争中，三国协约并未明确介入，德国也采取袖手旁观的态度，反而是奥匈帝国积极支持保加利亚，并且为此得罪了几乎所有的巴尔干半岛国家。结果保加利亚战败，奥匈帝国成为众矢之的。

1914 年的萨拉热窝事件(第三次巴尔干危机)最终导致第一次世界大战爆发。时间回溯到 1908 年，奥匈帝国强行吞并了奥斯曼土耳其帝国放弃的波斯尼亚地区，由于当地生活着大批塞尔维亚人，这一吞并行动激怒了塞尔维亚，甚至激怒了作为塞尔维亚军事后盾的俄国，但在德国对奥匈帝国的坚决支持下，俄国被迫暂时退让。奥匈帝国皇储斐迪南大公本人并非狂热的军国主义者(与目前国内教材的通行观点正好相反)，甚至主张给予奥匈帝国境内的斯拉夫民族以有限的自治地位，但斐迪南大公观看军事演习这一有欠慎重的举动，还是让塞尔维亚的民族主义者感到怒不可遏。1914 年 6 月 28 日，斐迪南大公夫妇的车队行进在波斯尼亚首府萨拉热窝的大街上，塞尔维亚的民族主义组织“黑手社”派出了多路杀手对斐迪南大公夫妇进行跟踪刺杀，最终塞尔维亚青年普林西普行刺得手，斐迪南大公夫妇均因严重枪伤而不治身亡。奥匈帝国的候任国家元首被刺杀，马上成为第一次世界大战爆发的导火索。

2. 第一次世界大战的爆发

1914 年 7 月 23 日，奥匈帝国对塞尔维亚王国发出了最后通牒，其中的条款包括：取缔反奥匈宣传，解散反奥匈组织，清除反奥匈教育，开除反奥匈官员，解释反奥匈言论，以及允许奥匈帝国派员协助调查斐迪南大公遇刺案。1914 年 7 月 25 日，塞尔维亚王国对奥匈帝国的最后通牒作出回应，塞尔维亚完全接受了最后通牒提及的种种无比苛刻的要求，唯独拒绝了奥匈帝国派员协助调查斐迪南大公遇刺案，这种闪烁回避、欲盖弥彰的举动严重刺痛了奥匈帝国。1914 年 7 月 28 日，在取得德国皇帝威廉二世对奥匈帝国皇帝约瑟夫一世的“忠诚友谊”的保证之后，奥匈帝国毫不犹豫地对塞尔维亚王国宣战，而德国皇帝威廉二世将这次宣战视为“千载难逢的机会”，此后欧洲各国之间的宣战行动便如同连锁反应。

“塞尔维亚拒绝了奥匈帝国最后通牒中侵犯其主权的条款，奥匈帝国由此向塞尔维亚宣战。俄国准备保卫塞尔维亚，因此同奥匈帝国作战。由于预料德国会参加到奥匈帝国一边，俄国便轻率地调动军队到达德奥边境。鉴于首先动员起来的国家拥有一切能迅速进攻的有利条件，德国政府要求俄国停止在德国边境的动员，但得不到俄国的答复，于是便在1914年8月1日向俄国宣战。德国还相信，不管怎样法国总会站到俄国一边参战，于是德国于8月3日也向法国宣了战。德国所做的这些宣战，成为日后人们指责德国的依据，即对随后四年所有欧洲国家付出的巨大人力、财力代价，德国负有完全的责任，罪孽深重。”

在德国一系列的宣战行动中，尤其以德国对法国的宣战理由最为强词夺理。1914年8月3日，德国驻法国大使舍恩致函法国总理兼外交部长维维阿尼，声称法国空军“飞越”了比利时领土，并且“轰炸”了德国城市，因此法国政府“破坏”了比利时中立，并且“侵略”了德国，因此德国政府不得不对法国宣战。面对这一完全是无中生有的指控，法国政府予以严词驳斥，并且积极准备应战。原本局限于巴尔干半岛以及俄德奥边境的局部战争，由此从多瑙河流域蔓延到了莱茵河流域，俄德奥三国之间的局部战争，也由此演变为俄德奥法四国之间的全面战争。

“德国的决定是基于一种草率的假设，即英国根本不会参战。英国并没受到正式的军事联盟的约束。甚至迟至8月3日，法国人也并不肯定地知道，英国人是否会站在他们一边参战。英国人坚持他们过时的光荣孤立政策，他们对于最终选择哪一边参战还犹豫不决。正如外交大臣爱德华·格雷一再解释的那样，在英国，只有议会才能宣战，因此，外交部不能预先作出参战的允诺。人们经常说，倘若德国政府明确知道英国将会参战，那么大战可能就不会爆发。因此，英国政策的暧昧含糊也是促使大战爆发的一个原因。事实上，英国参战具有如此大的可能性，德国人却低估了这点，这实在是非常愚蠢的。英国人通过海军协定特别对法国作出很大的保证，但使英国公众压倒性地倾向于法国的，是德国对比利时的入侵。按照德国拟定的计划，要迅速击溃法国，只有通过比利时才可能成功。当时比利时人曾提出抗议，但德国仍然违背1839年保证比利时中立的条约，入侵比利时。8月4

日，英国向德国宣战。”[①]显而易见，德国方面低估了三国协约的紧密程度，也低估了英国的参战决心。

1914 年 8 月 4 日，德国军队按照原定计划入侵卢森堡和比利时，德国军队的非法举动，破坏了欧洲五大国即英法德奥俄共同保证的、永久中立国比利时的中立状态，触犯了英吉利海峡对岸的英国的核心利益，因此英国被迫卷入战争。至此，欧洲五大国全部卷入到战争的旋涡之中，第一次世界大战就在各国民众都还缺乏思想准备的情况下，由各国政府根据环环相扣的同盟体系而全面触发。

3. 马恩河战役

尽管第一次世界大战的导火索是萨拉热窝事件，而且大国之间最早的宣战行动也是从东线开始，但战争爆发初期最大规模的战役却是发生在西线，因为德国与法国已经为迟早必将到来的大决战等候多时，因而早已分别制定了“施里芬计划”与“第 17 号作战计划”，两者的共同之处是，都强调勇敢而果断的“进攻”。

从 1891 年至 1906 年，施里芬伯爵长期担任德国陆军总参谋长，并且一直在为即将到来的法德决战殚精竭虑。1906 年，也就是在施里芬伯爵卸任德国陆军总参谋长的那一年，他为其继任者下了一份以自己的名字命名的作战计划。施里芬深知德国地处中欧，而两线作战是德国的先天缺陷，因此在作战计划的说明文字中郑重告诫道：“整个德国必须扑在一个敌人身上，扑在最强大、最有力、最危险的那个敌人身上，而这个敌人只能是法国。”[②]根据施里芬的设想，法德两国幅员狭窄，军队精锐，铁路发达，从发布总动员令到完成军队集结大约只需要两个星期。俄国幅员辽阔，军队臃肿，铁路落后，从发布总动员令到完成军队集结大约需要六个星期。正因如此，在战争刚刚爆发的最初六个星期，德国陆军必须以八分之一的兵力（一个集团军）防守东线，而以八分之七的兵力（七个集团军）扑向西线。在西线，德国陆军也必须只以极其少数的兵力防守左路（阿尔萨斯一洛林方向，此处有孚日山区）与中路（香槟一阿登方向，此处有阿登山区），而以绝大多数的兵力扑向

① （美）帕尔默、乔·科尔顿、劳埃德·克莱默：《两次世界大战：西方的没落？》（帕尔默现代世界史 4），陈少衡、周熙安、周鸿临等译，北京：世界图书出版公司，2011 年，第 11—12 页。

② （美）巴巴拉·塔奇曼：《八月炮火》，张岱云等译，北京：新星出版社，2005 年，第 18 页。

右路(比利时一卢森堡方向),快速穿越一马平川的比利时,突然出现在法国北部,然后用长距离、大范围的迂回包抄战术,直抵巴黎城下。只要攻陷巴黎,打败法国,德国军队就能通过德国高度发达的战备铁路系统,迅速回师东线,击败姗姗来迟的俄国军队。显而易见的是,“施里芬计划”是一个“与时间赛跑”的作战计划,具有极高的突然性与冒险性。正因如此,施里芬告诫其后任者:务必集中兵力,务必加强右路。然而,施里芬的继任者小毛奇(1870年普法战争期间普鲁士军队总参谋长老毛奇之侄)缺乏施里芬的眼光与胆量,因为害怕阿尔萨斯一洛林方向兵力空虚,小毛奇对“施里芬计划”多番修改,不断把西线右路的兵力分配到西线中路与西线左路,以至于后来实施的“施里芬计划”早已面目全非。

从1911年起,霞飞出任法国陆军总参谋长,并且马上着手制定“第17号作战计划”,用以取代陈旧过时的、缺乏进攻精神的“第16号作战计划”。然而,由于时间仓促,“第17号作战计划”比“施里芬计划”要粗糙简陋得多,甚至不能说是一个真正成形的作战计划。在制定“第17号作战计划”的过程中,除了福煦曾经提出“从南锡出发,通过美因茨,到达柏林”的进攻路线之外,整个计划缺乏明确的进攻目标与进攻手段。由于对法国人来说,要洗刷1870年普法战争失败留下的奇耻大辱,最好的方法莫过于尽早收复阿尔萨斯一洛林,因此“第17号作战计划”几乎把法国陆军的主要兵力(五个集团军)集中部署在法德边境以及法比边境东段,而无险可守的法比边境西段和中段,却成了几乎不设防的漫长边界线。法国陆军总参谋部认为,德国军队根本没有足够的兵力绕道比利时进攻法国,法国军队只要专注于收复阿尔萨斯一洛林即可。然而,德国军队的动员能力与集结速度,却远远超过法军将领的估计。法国陆军总参谋部的冲动与短视,给德国军队留下了声东击西的可乘之机。

1914年8月3日,德国军队开始在西线发起大规模进攻。德国军队投入了150万人,部署了7个集团军。从最西面的比利时列日要塞,到最东面的法国贝尔福要塞,7个集团军一字排开。西面的第1、2、3集团军组成德国陆军的右路,共计34个师;中间的第4、5集团军组成德国陆军的中路,共计20个师;东面的第6、7集团军组成德国陆军的左路,共计16个师。与此同时,法国军队也沿着法德边境与法比边境东段与德国军队对峙。从最东面的法国贝尔福要塞,到最西面的法国伊尔松要塞,5个集团军一字排开。东面的第1、2集团军组成法国陆军的右路，对阵德国陆军的第6、7集团军；中间的第3、4集团军组成法国陆军的中路，对阵德国陆军的第4、5集团军；西面的第5集团军组成法国陆军的左路，对阵德国陆军的第1、2、3集团军。显而易见的是，由于德国陆军的7个集团军，对垒法国陆军的5个集团军，德国军队已经占据了压倒性的优势，而法国军队在左路留下了巨大的兵力缺口。"施里芬计划"似乎已经取得了先机，唯一的变数就看比利时人的抵抗意志了。

在德国军队的战斗序列中，西线右路的34个师构成了德国陆军穿越比利时偷袭法国的突击力量，但由于德国陆军总参谋长小毛奇多次分兵到西线中路和西线左路，甚至从西线右路抽调部队到东线，因此西线右路的德国军队兵力明显不足。果然，由于右路德军迟迟未能攻下固若金汤的列日要塞，右路德军的主力突击部队迟至8月20日才抵达法比边境，此时距离德国对法国宣战的时间已经过去了两个多星期，"施里芬计划"的突然性几乎被消磨殆尽。尽管如此，此时已经出任法国陆军总司令的霞飞，对来自比利时方向的进攻掉以轻心、毫无防备，德国军队如同潮水一般涌入法国北部。从8月20日至8月23日，边境战役才进行了短短四天，驻守在法比边境的法国守军就完全败下阵来，法国北部门户洞开。与此同时，法国军队在阿尔萨斯—洛林的收复国土行动也并不顺利，轻敌冒进的法国军队在阿尔萨斯还未站稳脚跟，就被强悍的德国守军彻底赶出阿尔萨斯，一厢情愿的"第17号作战计划"至此完全化为泡影。

1914年8月24日，在边境战役结束后，德国陆军第1、2、3、4、5集团军继续南下，德国陆军第6、7集团军留在阿尔萨斯—洛林与法国陆军第1、2集团军继续缠斗。至此，法国军队能够用于抵挡进攻的就只剩下法国陆军第3、4、5集团军，全部布置在从凡尔登要塞至巴黎一线，而从巴黎至英吉利海峡一线，几乎已经无兵可守。面对步步向巴黎进逼的德国军队，8月25日，霞飞在法国陆军第5集团军的最西面，即在最靠近巴黎的方向，临时组建了法国陆军第6集团军，用以守卫巴黎。然而，位于防线最西端的法国陆军第6集团军，本身就是从防线最东端的法国陆军第3集团军那里抽调的几个预备役师，再加上从后方临时征召的几个预备役师拼凑而成的。由于兵力不足，法国陆军第6集团军只能用于守卫巴黎，根本不足以阻挡德国军队继续南下。让法国人感到万幸的是，粗心大意的小毛奇，被暂时的胜利冲昏头脑。从8月26日起，小毛奇下令从德国陆军第2集团军中抽调两个军和一个师（本来准备抽调三个军），以便经由铁路前往坦能堡，支援东线作战，从而大大削弱了西线右路德军的突击力量。从8月30日起，霞飞得知德国军队的异常调动，尽管法国军队依然在节节后退，但霞飞已经在部署反攻。

1914年9月1日，由于部分部队调往东线而力量有所削弱的德国军队继续向前突进，已经越过贡比涅，兵锋直抵巴黎城下。由于兵力不足，德国陆军第1、2、3集团军只能向巴黎东面收拢，靠向德国陆军第4、5集团军，而不是从巴黎西面迂回包抄巴黎。等到德国军队强行渡过马恩河之后，德国军队已经无力继续前进。霞飞抓住这个稍纵即逝的机会，从法国陆军第3、4集团军抽调部分精锐部队，再加上部分来自后方的预备役部队，于9月5日迅速组建了由福煦指挥的法国陆军第9集团军，及时堵住了法国陆军第4、5集团军之间的缺口。为了以策万全，霞飞又从马恩河战线以外的、远在阿尔萨斯一洛林的法国陆军第1、2集团军抽调两个军，回师法国陆军第9集团军的侧后方，作为防守反击行动的总预备队。至此，在巴黎以东、凡尔登以西的马恩河战线上，法国军队的局部总兵力总算是第一次超过了德国军队。与此同时，之前一直龟缩在法国军队战线侧后方，且战且退甚至不战而退的英国远征军，也终于站稳了阵脚，准备对已经成为强弩之末的德国军队发起反攻。

1914年9月6日凌晨时分，第一次世界大战初期规模最大的战役“马恩河战役”正式打响。在漫长的战线上，德国军队、法国军队以及英国远征军总共投入了150万人，马恩河两岸的惨烈战斗持续了十天之久。在法国军队战线即将被德国军队突破的危急时刻，巴黎卫戍司令加里埃尼甚至征用了全市的出租小汽车向前线运送兵员。正是在这种不惜代价、不怕牺牲的坚决抵抗之下，法国军队创造了让世人刮目相看的“马恩河奇迹”。9月15日，德国军队被全线击退，法国首都巴黎脱离危险。自此之后，交战双方从运动战转入阵地战，西线战场陷入僵持局面。德国陆军总参谋部速战速决的企图已经彻底落空，而德国在六个星期之内击败法国更加是痴人说梦。“施里芬计划”的全面破产，已经预示着德国在第一次世界大战中的暗淡前景。

4. 坦能堡战役

按照1906年初步定稿的“施里芬计划”，德国陆军在战争爆发初期分布于西线与东线的兵力配比为7比1，即以7个集团军在西线进攻法国，而以1个集团军在东线防范俄国。1914年8月第一次世界大战爆发后，德国陆军总参谋长小毛奇基本遵循了“施里芬计划”的大原则。因此，在德国东部的东普鲁士地区，只有德国陆军第8集团军在看守德国的东大门。根据施里芬与小毛奇的估计，法德两国军队从动员到集结大约需要两个星期，而俄国军队从动员到集结大约需要六个星期。然而，出乎德国人意料的是，俄国军队为了配合法国军队夹击德国，只用了两个星期的准备时间，还未等到全部军队完成集结，就马上派出两个装备精良而且齐装满员的集团军投入战斗。让德国人感到万幸的是，俄国军队的准备工作的确极为糟糕，即使是最为精锐的俄国陆军第1、2集团军，兵员素质与作战素养都无法跟德国陆军第8集团军相比。俄国军队的问题还体现在另外两个方面：一方面，由于俄国军队不重视科技，不重视情报，俄国军队几乎所有指挥命令都以明码电文发布（只是偶尔以极为简单的密码发布），德国通讯部队能够轻易截获俄国通讯部队的无线电通讯，而且几乎无需破译即可全文抄录。另一方面，由于俄国军队的官僚作风与腐败恶习，战地指挥官往往把个人恩怨置于国家大义之上，例如俄国陆军第1集团军的司令莱宁坎普与俄国陆军第2集团军司令萨姆索诺夫，两人在日俄战争以来就有积怨，即使在战场上也拒绝相互配合。

所谓的“坦能堡战役”，其实是以德国在东普鲁士的最大港口城市和东部行省首府柯尼斯堡（今天为俄罗斯联邦的海滨城市加里宁格勒）为争夺目标的战役。1914年8月12日，俄国陆军第1集团军开始向柯尼斯堡进逼，8月17日，俄德两军在柯尼斯堡以东地区发生遭遇战，东线战斗正式打响，由于前线的德国守军英勇抵抗，再加上俄国军队的补给能力实在糟糕，俄国陆军第1集团军在距离俄德边境不远处便停顿下来。8月22日，德国陆军总参谋长小毛奇果断撤换作战不够坚决的战地指挥官。8月23日，兴登堡和鲁登道夫分别出任德国陆军第8集团军的司令官与参谋长。8月24日夜间至8月25日凌晨，德国陆军第8集团军司令部接连截获俄国陆军第1、2集团军分别发出的无需破译的明码电报。根据电文显示，俄国陆军第1集团军将会继续自东向西朝着柯尼斯堡缓缓推进，而俄国陆军第2集团军则会自南向北朝着柯尼斯堡进发。由于俄国陆军第1集团军的推进速度极为缓慢，其司令官莱宁坎普畏敌如虎、避战自保，而俄国陆军第2集团军行军路线上的坦能堡地区森林密布，其司令官萨姆索诺夫虽然作战英勇，但并不熟悉地形地貌，德国陆军第8集团军参谋长鲁登道夫果断下令，全体部队马上与俄国陆军第1集团军脱离接触，火速经由以柯尼斯堡为中心的战备铁路干线南下，在这一行动中德国高度发达的战备铁路系统发挥了巨大作用。

1914年8月26日凌晨，在茂密森林的重重迷雾当中摸索前进的俄国陆军第2集团军，遭到突然出现在他们面前的德国陆军第8集团军的迎头痛击，“坦能堡战役”正式打响。从8月26日至8月29日，被德国军队的突然袭击吓破了胆的俄国军队风声鹤唳、草木皆兵，先后被分割包围、就地歼灭。8月29日深夜，俄国陆军第2集团军司令萨姆索诺夫在绝望中自杀。8月30日，俄国陆军第2集团军全军覆没。德国军队并没有被阶段性的胜利冲昏头脑。从8月31日起，同样是借助德国的战备铁路系统，德国陆军第8集团军火速回师东进，并且在马祖里湖周围的沼泽地区，将另一路还在缓缓开进的俄国军队彻底击溃，俄国陆军第1集团军司令官莱宁坎普丢下残缺不全的部队，只身逃回俄国。至此，“坦能堡战役”(又称为“坦能堡－马祖里湖战役”)以德国军队大获全胜，俄国军队一败涂地而告结束。然而，几乎与此同时，由于俄国军队在“加里西亚战役”中击溃了更加不堪一击的奥匈帝国军队，占领了奥匈帝国的加里西亚地区，东线战局与西线战局一样陷入胶着状态。对于穷兵黩武的德国来说，两线作战、腹背受敌的严重隐忧，已经从梦魇变成现实，而德国在第一次世界大战中的暗淡前景也就愈发暗淡了。

5. 战时秘密外交

1914年8月至9月间的马恩河战役与坦能堡战役，虽然同盟国与协约国互有胜负，但双方都无法在西线或者东线打开局面。在西线战场，德国军队与英法两国军队打成平手，本来强调进攻的运动战，不得不让位于强调防守的阵地战。在东线战场，德国军队打败俄国军队，俄国军队打败奥匈帝国军队，胜负相互抵消，同样毫无进展。1915年5月至6月间的果尔利策战役，德奥两国军队大举对俄国的国境线发动联合进攻，再次打败俄国军队。此役俄国军队死伤110万人，但由于俄国人口众多、幅员广大，德奥两国还是未能迫使俄国退出战争。要改变战场上势均力敌的僵持局面，同盟国与协约国都迫切需要引入新的盟友，力求增加胜负天平上的砝码。

及至1915年夏天，“眼看靠军事无法解决问题，作战双方便向周围寻找新的同盟者。奥斯曼帝国由于害怕俄国，早在1914年10月便跟德国和奥匈帝国联合在一起。主要的新盟友可能是意大利。尽管在形式上它属于三国同盟的成员国，但是很久以前便跟同盟国疏远了。作战双方都拉拢意大利政府，它却泰然自若地向双方讨价还价。”早在第一次世界大战爆发之初，意大利便以德国首先对法国宣战为理由，拒绝对德国和奥匈帝国承担任何军事同盟义务，之后便作壁上观，既等待交战双方的拉拢，也计算交战双方的胜败，最终决定投向协约国阵营。“意大利政府1915年在伦敦签订秘密条约，与协约国共命运。此秘密条约规定：如协约国在战争中获胜，意大利可以从奥地利手中得到特兰提诺、南部蒂罗尔、伊斯特里亚与的里雅斯特市，以及达尔马提亚群岛的若干岛屿。如果英国和法国接管德国的非洲殖民地，意大利将在利比亚和索马里再获得若干领土。简言之，伦敦条约继续实行战前最无耻的领土扩张主义，不过协约国确实迫切需要获得额外的军事支持。意大利由于进行这种买卖（这大概违背了大多数意大利人的意志），遂于1915年5月开辟了一条反对奥匈的战线。”然而，尽管从1915年6月至12月间，意大利军队对奥匈帝国的国境线接连发动了四次进攻，但由于意大利军队装备简陋、士气低落，意大利军队徒劳无益的进攻，除了损兵折将之外，并没有带来任何战果，反而造成了英法两国对意大利这个盟友的轻视。

在地中海战线，除了意大利从同盟国投向协约国之外，尚未选择阵营的巴尔干半岛国家的动向也非常值得注意。及至1915年初，作为引爆第一次世界大战的“火药桶”，巴尔干半岛各国还只有塞尔维亚与门的内哥罗选择了协约国阵营，而巴尔干半岛上两个相对强大的国家，即保加利亚与罗马尼亚，依然在坐等观望。然而，它们也将先后投入第一次世界大战的火坑。对于保加利亚来说，为了报复在1913年第二次巴尔干战争中被所有巴尔干半岛国家联合围攻的一箭之仇，也为了收复在1913年第二次巴尔干战争中被希腊抢去的地中海出海口，保加利亚必然要对塞尔维亚、门的内哥罗以及希腊持敌对态度，由于塞尔维亚与门的内哥罗属于协约国阵营，而希腊尽管尚未参加世界大战，却是英国的天然盟国，因此保加利亚别无选择，只能加入同盟国阵营。1915年9月，德国军队、奥匈帝国军队以及保加利亚军队对塞尔维亚的国境线发动联合进攻，塞尔维亚军队被彻底击溃，塞尔维亚与门的内哥罗被同盟国完全占领。对于罗马尼亚来说，为了解放奥匈帝国境内的罗马尼亚少数民族，也为了争夺喀尔巴阡山脉以南的所有地区，罗马尼亚必然要对奥匈帝国尤其是匈牙利持敌对态度。1916年8月，罗马尼亚加入协约国阵营，但与意大利一样连战皆败，只能起到牵制与消耗同盟国力量的作用。1918年，在第一次世界大战临近尾声的时候，在英国的授意之下，希腊搭上了末班车，及时加入了协约国阵营。

在欧洲大陆战场之外，同盟国与协约国彼此争夺的对象，既包括敌对阵营在非洲大陆的殖民地，也包括奥斯曼土耳其帝国在中东地区的遗产。而除了非洲与中东之外，“中国也成为帝国主义争夺的第三个重要地区。大战加速了战前的趋向。日本人懂得，欧洲人自相残杀将给日本提供机会。1914年8月，日本向德国宣战。不久，它就占有了德国在中国的租界以及德国在太平洋的岛屿马绍尔群岛和加罗林群岛。1915年1月，日本向中国提出‘二十一条’，即秘密的最后通牒，中国人被迫接受其中的大部分。日本由此开始把‘满洲’和华北变成一个独占的保护领。”[①]早在1902年日俄战争前夕，日本就已经与英国结成日英同盟，日本以英国为靠山，英国以日本为鹰犬，因此日本加入协约国是可以预见到的。更为重要的是，在1904年至1905年的日俄战争之后，日本已经将其侵略势力渗透到中国东北三省甚至内蒙古地区，为了进一步扩大对中国的侵略，日本必将从辽东半岛再渗透到山东半岛，而抢占德国在中国山东的殖民权益，就是日本侵略中国的必由之路。正因如此，日本早在1914年8月就先下手为强，强行夺占了以青岛为中心的胶州湾，以及连接青岛与济南的胶济铁路。而在1915年1月，日本对中国的北洋军阀政府提出灭亡中国的“二十一条”。1915年5月，袁世凯为了换取日本人对其称帝活动的支持，几乎全盘接受了“二十一条”，中国又一次到了亡国灭种的边缘，而日本则已表露出独霸整个东亚的野心。

在第一次世界大战当中，以瓜分敌对国家殖民地、牺牲弱小国家主权和独立为目标的秘密外交活动，让彼此交战的两大阵营都无法以主持正义自

① (美)帕尔默、乔·科尔顿、劳埃德·克莱默:《两次世界大战:西方的没落?》(帕尔默现代世界史4),陈少衡、周熙安、周鸿临等译,北京:世界图书出版公司,2011年,第23—24页。

居，也让第一次世界大战成为一场无比肮脏的掠夺性战争。在这场收买中立国家的秘密外交竞赛中，由于同盟国阵营与协约国阵营都分别拉拢到若干个新盟友，因此交战双方的力量对比并没有发生根本性的改变。在外交场合中始终未能得到解决的老问题，最终只能留在战场上见分晓，欧洲大陆终于迎来了腥风血雨的1916年。

6. 凡尔登战役、索姆河战役与日德兰大海战

与1914年一样，1916年同样是一个大规模决战的年份。在这一年，西线战场与东线战场几乎同时迎来了最为惨烈的大规模战役，同盟国集团与协约国集团都希望，通过倾尽全国之力的全线进攻，彻底摧毁对方的战争能力与战斗意志，最终毕其功于一役，完成1914年“圣诞节”前夕未能完成的任务。

1916年2月至12月间，德国军队大举进攻法国东北部至关紧要的凡尔登要塞，企图打开通往法国首都巴黎的主要通道，凡尔登战役由此打响。与此前在运动中进行的马恩河战役不同，凡尔登战役是不折不扣的阵地战，交战双方围绕凡尔登要塞及其周边堡垒这个固定而狭窄的地点集中了大批兵力，依靠重型火炮、机枪、步枪、刺刀以及普通士兵的血肉之躯进行反复争夺，因此战况异常惨烈。每一次徒劳无功而且徒添伤亡的潮水式冲锋过后，防守方的机枪阵地前面都被进攻方士兵的遗骸堆成了尸山血海。正因如此，凡尔登战役又被惨不忍睹地形容为“凡尔登绞肉机”。凡尔登战役并非第一次世界大战期间参战人数最多或者伤亡人数最多的战役，却是第一次世界大战期间持续时间最长的战役，以及为了一个单独据点而付出最大代价的战役。在整个凡尔登战役期间，交战双方总共投入了200多万兵力，德国军队伤亡33万人，法国军队伤亡35万人，伤亡总数达到70万人，交战双方可谓两败俱伤。尽管如此，由于德国军队的战略意图在于越过凡尔登进攻巴黎，而法国军队的战略意图在于守住凡尔登拱卫巴黎，即“敌人决不会越过凡尔登”，因此也可以说，法国军队在付出重大代价之后，达到了自己的战略目的，取得了凡尔登战役的最终胜利，而凡尔登战役也成为法兰西民族引以为骄傲的光辉记忆。

1916年7月至10月间，为了缓解凡尔登方向承受的压力，英法两国军队在索姆河沿岸对德国军队发起了大规模反攻。与典型的运动战即马恩河战役不同，与典型的阵地战即凡尔登战役也不同，很难说索姆河战役是运动

战还是阵地战，但这绝对是一场涂炭生灵的消耗战。一方面，交战双方沿着索姆河两岸挖掘或者修筑了大量尽管简陋得不堪入目，却密集得如同渔网的防御工事，因此交战双方都很难轻易突破对方的防线以取得战果；另一方面，交战双方在索姆河两岸都没有可供依托的大型要塞（比如凡尔登要塞那样固若金汤的钢筋混凝土永久性防御工事），绝大多数防御工事都是日晒雨淋、积水盈尺、蛇鼠横行、臭气熏天的肮脏壕沟，无法抵御敌方重型火炮的轰击，因此交战双方都很难建立起真正可靠的防线。正因如此，进攻方每前进一步，防守方每坚守一天，都要付出巨大的生命代价。索姆河战役并非第一次世界大战期间持续时间最长的战役，但是第一次世界大战期间参战人数最多以及伤亡人数最多的战役。在整个索姆河战役期间，德国军队伤亡50万人，英国军队伤亡40万人，法国军队伤亡20万人，伤亡总数达到惊人的110万人，但索姆河战线在索姆河战役前后几乎没有较大的变动，因此交战双方可谓互无战果，而上百万将士却成了死无葬身之地的无主孤魂。值得一提的是，正是在索姆河战役中，英国军队第一次在战场上使用了坦克，这是英国海军的发明（tank，"坦克"的本义为潜艇使用的水柜），之后交由英国陆军使用。但在战场上，这些防护性有余、机动性不足的坦克绝大多数水土不服，坦克自身的巨大重量使它们纷纷陷入泥泞不堪的沼泽地中，成为动弹不得的陆地潜艇。

1916年6月至9月间，俄国陆军名将勃鲁西洛夫对奥匈帝国发动了夏季攻势，俄国军队再次占领了奥匈帝国的加里西亚地区。在这一轮攻势中，奥匈帝国军队死伤60万人，但俄国军队的死伤人数也再次超过100万人，可以说是一场以极为高昂的代价换来的"惨胜"。果然，至1916年底，俄国军队就已经呈现出全线崩溃的迹象。对于其他协约国盟友来说，俄国是否有能力继续打下去，已经成为巨大的疑问。

1916年5月31日至6月1日，英德两国海军在丹麦日德兰半岛的北海海面上，爆发了人类历史上规模最为惊人的日德兰大海战。世界第一海军强国英国的150多艘大型水面舰艇，对阵世界第二海军强国德国的100多艘大型水面舰艇。英国海军是主动挑战而来，力求全歼德国海军的公海舰队，而德国海军则是被动应战而去，力求打破英国海军的海上封锁。然而，由于英德两国的海军将领都没有指挥过如此规模的海战，再加上恶劣的天气条件干扰了双方的指挥信号系统，日德兰海战最终变成一场毫无章法的混战。尤其是英国海军舰队的最高指挥官司令杰里科，几乎失去对英国海军舰队的有效控制。在惨烈的战斗结束后，英国海军损失了 14 艘战舰，德国海军损失了 11 艘战舰。在实力对比相对悬殊的情况下，两国海军的损失数量几乎与两国海军的军舰数量成正比，而且德国海军的表现还略为优于英国海军。英国海军未能歼灭德国海军的主力，德国海军得以全身而退；而德国海军也未能打破英国海军的封锁，英国海军依然控制北海。从 1898 年至 1916 年，英德两国历时 18 年之久的造舰竞赛（从 1906 年建造“无畏舰”算起则正好 10 年），最终只落得个草草收场的结局。

与 1914 年一样，1916 年的大规模决战，仍然没有在同盟国集团与协约国集团之间分出胜负。显而易见的是，在主要的交战大国之中，除了俄国呈现出崩溃迹象之外，英国、法国和德国都有足够的战争能力与战争潜力继续打下去。同样显而易见的是，在 1914 年至 1916 年间，那种以土耳其、意大利、保加利亚、罗马尼亚等中小型国家为拉拢对象的、小打小闹的秘密外交也照样是此路不通。要从根本上改变胜负的天平，就必须要有某个大国突然退出，或者要有某个大国及时加入，而这一切都发生在风云变幻的 1917 年。

7. 俄国革命与美国参战

自从第一次世界大战全面爆发以来，俄国就一直是所有交战大国当中最为岌岌可危的大国。“在这场世界范围内的对文明的摧残中，俄国所受的危害最早，也最深。俄国的专制政体腐败透顶，沙皇也像他的许多祖先一样，当时正热衷于狂热的宗教虔诚。正是在这种肮脏的神秘主义统治下，怠惰和卑鄙使俄国在战争中屡屡失败。”“俄国士兵是在没有炮火的掩护下投入战斗的，甚至缺乏来复枪子弹。在军国主义者的疯狂谵语中，他们的生命被首领和将军们葬送了。他们像牲口一样默默忍受着痛苦，他们忍耐了很长一个时期。但是，即使是最卑下最无知的人，忍耐也是有一定的限度的。对沙皇专制政体的强烈痛恨情绪正在这些被出卖的、被践踏的军人中间漫延开来。从 1915 年末以来，俄国一直是让它的西方盟国担心的国家。1916 年的大部分时间，它一直采取守势，有谣言说，它将会和德国单独讲和。”①事实上，并非俄国政府或者俄国军队不想采取攻势，而是因为俄国的国家机器

① （英）韦尔斯：《世界史纲：生物和人类的简明史》，曼叶平、李敏译，西安：陕西师范大学出版社，2007 年，第 799 页。

已经到了停摆甚至瘫痪的边缘。面对持续数年之久的战争压力与统治危机,摇摇欲坠的沙皇专制政体已经濒临崩溃了。人们过去常常提到,俄国是"帝国主义链条上最为薄弱的环节",尽管俄国并非西方列强当中最为孱弱的国家,但俄国的确是西方列强中最为积重难返、最为泥足深陷的大国,结构性的、制度性的内部危机让俄国成为随时都会倾覆的帝国主义国家。

1917年3月8日(俄历2月),由首都彼得格勒(战争期间首都由"彼得堡"改名为"彼得格勒")劳动妇女的"国际妇女节"游行示威为起点,首都民众对沙皇专制政府提出了种种政治经济诉求,尤其是结束这场毫无光明前景可言的战争。沙皇尼古拉二世麻木不仁地下令军队武力镇压示威群众,然而士兵们拒绝向示威群众开枪,这意味着沙皇专制政府的统治基础已经从根本上动摇了。"这次大战使沙皇政府经受了一次无法应付的考验。由于工作粗劣、不诚实、不坦率,无法供应现代战争所需要的物资,在有时甚至连步枪都没有的情况下驱使大批农民上战场,使数以百万的人丧命,却不提供目标来激励人民,沙皇政府失掉了全国各阶层人民对它的拥护。"[①]简而言之,沙皇政体早已不合时宜,而沙皇政府也早已人心丧尽。1917年3月15日,已经成为孤家寡人的沙皇尼古拉二世只好灰溜溜地退位,貌似强大无比实则外强中干的沙皇统治就此寿终正寝。这次发生于1917年3月(俄历2月)的、相对温和的革命也被称为"二月革命"。

沙皇专制政府倾覆后,取而代之的是由国家杜马临时委员会改组而来的俄国临时政府,这个政府涵盖了十月党、立宪民主党、社会革命党以及孟什维克党等左中右各派的政治力量,而其前期主要负责人是李沃夫亲王、十月党人古契可夫、立宪民主党人米留可夫,中后期主要负责人是社会革命党人克伦斯基。然而,无论是古契可夫、米留可夫还是克伦斯基,都在延续着沙皇专制政府的对外战争政策,延续着沙皇专制政府对协约国"盟友"的对德作战承诺,拒绝解决俄国民众迫切需要解决的"和平问题"与"土地问题",甚至继续以武力镇压全国各地的群众运动。"在这以后,事情变得非常明朗了,民众对俄国(原文如此,应为俄国政府——引者注)的信任已荡然无存,任何形式的改良都是不能接受的。俄国百姓已经不愿再忍受欧洲世界的旧

---

① (美)帕尔默、乔·科尔顿、劳埃德·克莱默:《两次世界大战:西方的没落?》(帕尔默现代世界史4),陈少衡、周熙安、周鸿临等译,北京:世界图书出版公司,2011年,第25页。

秩序、沙皇、战争和列强了，他们要尽快地从一切难以忍受的苦难中解放出来。”[①]1917 年 11 月 7 日(俄历 10 月)，首都彼得格勒再次爆发武装革命，这次革命的主导力量是布尔什维克党，他们以“和平法令”与“土地法令”争取俄国民众的支持。“俄国人民坚决要求结束战争。”“俄国人再也忍受不下去了。这时，俄国军队中不断发生叛乱，尤其是在北方前线。1917 年 11 月 7 日，克伦斯基政府被推翻了，苏维埃夺取了政权，这个政府是由列宁领导的布尔什维克社会主义者控制的。它根本不顾西方列强而单方面与德国讲和。俄国迅速‘退出了战争’。”[②]这次发生于 1917 年 11 月(俄历 10 月)的、相对激进的革命也被称为“十月革命”。

几乎在俄国逐步退出战争的同时，美国却在步步介入战争，而决定美国投向协约国阵营的，首先是美国的国家利益，尤其是政治经济利益。早在 1914 年，美国对协约国以及对同盟国的贸易总额分别为 8.24 亿美元和 1.69 亿美元；及至 1916 年，美国对协约国以及对同盟国的贸易总额分别为 32.14 亿美元和 0.01 亿美元，美德两国的贸易总额几乎可以忽略不计。显而易见的是，美国在对外经济关系上已经与协约国处于同一阵营，因而美国在政治、外交、军事方面投向协约国阵营几乎只是时间问题。此外，美国与英国在种族、语言、文化等方面的相近渊源，也在很大程度上决定了美国民众的立场和态度。

与此同时，德国对美国的几次有欠慎重甚至不怀好意的军事行动与外交活动，也在无形中将美国推向协约国阵营。由于德国海军未能在大型水面舰艇方面与英国海军互相匹敌，为了争夺北海以及北大西洋的制海权，德国海军极为倚重潜水艇战。但在实际运用中，以破坏敌方海上运输线为目的、经常以民用船只为目标的潜水艇战，往往容易伤及无辜。1915 年 5 月 7 日，德国潜艇击沉英国邮轮“卢西塔尼亚号”，船上 1200 多名乘客葬身大海，其中有 120 多人是美国乘客。“卢西塔尼亚号事件”引起美国政府对德国政府的强烈抗议，德国政府为了避免触怒美国政府，只好对美国道歉，并且赔偿

① (英)韦尔斯:《世界史纲:生物和人类的简明史》，曼叶平、李敏译，西安:陕西师范大学出版社，2007 年，第 800 页。

② (英)韦尔斯:《世界史纲:生物和人类的简明史》，曼叶平、李敏译，西安:陕西师范大学出版社，2007 年，第 800 页。

死难者及其家属的损失,此后德国海军的潜水艇战一度有所收敛。然而,随着德国军队在战场上的处境日趋不利,德国海军再次提出进行“无限制潜水艇战”。1917 年 1 月 31 日,德国政府通知美国政府,德国海军将于 2 月 1 日起发动“无限制潜水艇战”,届时大西洋上所有航向英国的交战国或者非交战国的民用船只(包括美国的民用船只),都将会成为德国潜艇袭击的对象。1917 年 2 月 3 日,美国政府宣布与德国断绝外交关系,美德两国关系急剧恶化。

最终促使美国对德国宣战的突发事件,则是德国企图拉拢墨西哥共同对付美国的“齐默尔曼电报”,这是德国对北美洲秘密外交活动的高潮。“就美国来说,类似活动中最令人吃惊的是有名的齐默尔曼电报。美德之间的关系也在恶化。1917 年 1 月,德国外交部长阿瑟·齐默尔曼给德国驻墨西哥城的公使发出一件电报,要求他告知墨西哥总统,如果美国跟德国作战,那么德国将与墨西哥,如果可能还将与日本结成同盟,使墨西哥得以收复它所‘失去的领土’,也就是 1848 年美国从墨西哥占领的地区:得克萨斯、新墨西哥和亚利桑那(加利福尼亚未被提及)。齐默尔曼的电报被英国人截获并破译,他们将其转交给了华盛顿方面。电报一经公诸报端,即令美国舆论界大为震惊。”①可以说,“齐默尔曼电报事件”,让一直以来沉浸于孤立主义影响中、对大洋彼岸的欧洲事务漠不关心的美国民众,第一次感受到德国是对美国近在咫尺甚至迫在眉睫的现实威胁。这封电报马上成为推动美国对德国宣战的关键因素。

1917 年 4 月 6 日,美国国会通过了参战宣言,美国正式对德国宣战。至此,尽管俄国早已于 1917 年 3 月 8 日发生了“二月革命”,但由于俄国临时政府并未退出战争,因此德国在理论上已经处于英法这两个主要对手以及美俄这两个庞大对手的四面夹攻之中,而德国在世界大战当中取得最终胜利的可能性已经相当渺茫。

8. 第一次世界大战的结束

1917 年俄国的崩溃,以及 1917 年美国的参战,对德国来说可谓是喜忧参半。让德国政府和军队喜出望外的是,俄国这个近在咫尺的庞大敌人的轰然倒下,让德国得到了大片东欧领土以及大量战略资源,而且能够让德国

① (美)帕尔默、乔·科尔顿、劳埃德·克莱默:《两次世界大战:西方的没落?》(帕尔默现代世界史 4),陈少衡、周熙安、周鸿临等译,北京:世界图书出版公司,2011 年,第 21 页。

从东线调集所有兵力去西线对付英法两国;让德国政府和军队无比担忧的是,美国虽然远隔重洋,但人口数量与俄国不相上下,人口素质比俄国犹有过之,至于工业实力,则美国比俄国要强大得多。德国政府和军队唯一能够指望的就是抢在美国军队主力抵达欧洲大陆之前,抢先打败英法两国,至少首先打败法国,全面控制欧洲大陆,让英美两国政府不得不坐下来与德国议和。

1918年3月3日,趁着苏维埃俄国元气大伤、百废待举之际,德国软硬兼施,迫使俄国签订《布列斯特一立托夫斯克和约》,简称《布列斯特和约》。主要内容包括交战各方结束战争状态,彼此放弃战争费用赔偿要求。俄国放弃双方划定界线之西(约100万平方公里)领土主权。俄国立即复员全部军队,立即撤出土耳其、芬兰、爱沙尼亚和乌克兰等地。德国撤出双方划定界线之东领土。缔约各方恢复外交军事关系。"对德国人来说,《布列斯特一立托夫斯克和约》反映了他们在第一次世界大战期间取得的最大成功。德国实现了从敌对状态开始时便提出的某些战争目标。德国人不仅使俄国中立化,如今还通过担任新独立国家首脑的傀儡控制了东欧。一定数量的德国部队留在东线来维持这些新作出的安排,但这时已经不再是两线作战了。大批德军已经从东线调往西线。从1916年8月起,以兴登堡和鲁登道夫为首的德国统帅部准备在法国集中进行最后的打击,以便在1918年结束战争。"

1918年3月3日《布列斯特和约》签订后,德国军队彻底摆脱了东线作战,大举回师西线战场。"1918年实际上是一个竞赛的年头,要看美国的援助能否以足够的数量尽快地运抵欧洲,以便抵消德国从俄国崩溃中所增添的力量。这一年3月,德国开始以施放毒气和使用6000门大炮的轰击,发动了一次难以对付的进攻,迫使法英两国后退。1918年5月30日,德国人再次进兵到距离巴黎只有37英里的马恩河岸。尽管美国参战已有一年多时间,但在这时,美国只有两个师在作战。因此在战争发展到这个时候,出现了两个未解决的问题,一是美国究竟怎样参战,二是美国集结它的海外部队究竟需要多长的时间。"[①]显而易见的是,在美德两国的"战场赛跑"中,后发先至的美国击败了强弩之末的德国,赢得了最终的胜利。

---

① (美)帕尔默、乔·科尔顿、劳埃德·克莱默:《两次世界大战:西方的没落?》(帕尔默现代世界史4),陈少衡、周熙安、周鸿临等译,北京:世界图书出版公司,2011年,第26页。

从1918年3月至1918年7月之间，德国军队几乎每隔一个月就对西线发动一次大规模攻势，企图最终打败在西线苦苦支撑的英法两国。然而，随着美国军队源源不断抵达欧洲大陆，随着德国军队补充兵源的日益枯竭，德国军队在付出了70万人伤亡的代价之后，终于无力进攻，并且开始转攻为守。1918年8月8日，以英法美三国军队为主力的协约国军队在西线发起大规模反攻，德国军队兵败如山倒，战线被大幅退回法德边境，这一天成为"德国军队最黑暗的日子"。随着同盟国阵营的成员国逐一兵败投降，势单力薄的德国军队也终于无力再战。1918年11月4日，协约国向德国提出交战双方停战的各项条件；1918年11月5日，德国代表被迫签署停战协定。1918年11月11日11时，交战双方在西线实现停火，第一次世界大战终告结束。

亲身经历过第一次世界大战的英国历史学家韦尔斯，曾经在其代表作《世界史纲》的终章留下这样的压卷之语，韦尔斯写道："战争持续了四年零三个月，它一步步地把西方世界的几乎每一个人都卷进了它的旋涡。在战争中死亡的人数高达800万人以上。另外还有2000万到2500万人在因战争所导致的贫困和混乱中死去。无数人由于缺乏营养和艰难困苦而患上了各种各样的疾病。在战争期间，大多数活着的人都忙着为战争服务、在接受军事训练并武装起来、生产军需品、在医院里服务、接过入伍者的工作等。商人们已习惯了在陷入危机状态的世界中获取利润所必需的狂涨暴跌的经商策略。战争已经成了一种氛围、一种生活习惯、一种新的社会秩序，人们已习惯了这一切。然后，它忽然结束了。"①诚然，战争结束了，但战争的后遗症才刚刚露出端倪，并且终将引发另一场更加可怕的世界战争。

二 视野拓展及重点问题分析

为什么在第一次世界大战中德奥集团最终失败？在第一次世界大战中，由于同盟国集团（以德奥两国为主）与协约国集团（首先是以英法俄三国为主，后来是以英法美三国为主）力量对比的巨大差距，德奥集团的最终失败，几乎是在战争爆发初期就已经注定的必然结果。

---

① （英）韦尔斯：《世界史纲：生物和人类的简明史》，曼叶平、李敏译，西安：陕西师范大学出版社，2007年，第804页。

首先，就实力对比而论，第一次世界大战已经不是如同1856年克里米亚战争或者1870年普法战争那样的“局部战争”，而是动员全国人力财力物力、尤其是军事工业生产能力的“总体战争”。同盟国集团的主要参战国家是德国与奥匈帝国，其中德国是世界一流工业强国，1913年占世界工业生产比重为16%，奥匈帝国仅仅是其辅助力量，而且奥匈帝国作为民族关系异常复杂的二元制帝国，其军队的战斗力甚至还不如装备落后、军心涣散的俄国军队。协约国集团的前期主要参战国家是英国、法国与俄国，其中英国与法国是世界一流工业强国，1913年占世界工业生产比重分别为14%与6%，英法两国的工业实力总和略大于德国的工业实力，俄国仅仅是其辅助力量，但俄国拥有极其充足的人力资源，在很大程度上足以弥补其军事工业实力的不足；协约国集团的后期主要参战国家是英国、法国与美国，美国同样是世界一流工业强国，1913年占世界工业生产的比重竟然达到38%，甚至超过英法德三个欧洲工业强国的总和。由此可见，无论是在第一次世界大战的前期，还是在第一次世界大战的后期，协约国集团的工业实力都大于同盟国集团的工业实力，而且这种悬殊的实力对比还存在着越来越大的差距，这决定了德奥集团难以在这种旷日持久的“总体战争”当中坚持下去。

其次，就同盟关系而论，德国统治阶级尤其是德国皇帝威廉二世本人，一直存在着对英法俄三国的外交误判。德国政府最初认为，协约国集团与同盟国集团不同。在三国同盟当中，德奥意三国签订了军事同盟条约，彼此承担军事义务；而在三国协约当中，只有法俄两国签订了军事同盟条约，彼此承担军事义务，而英国并未签订军事同盟条约，对法俄两国并不承担任何军事义务，仅仅在北非有协调英法殖民利益的协约，仅仅在西亚有协调英俄殖民利益的协约。正是在这种对国际条约的呆板僵化的理解之下，德国政府认为英国最终参战的可能性不大。但是在实际的外交斗争中，两头观望、两边要价的意大利，首先背叛了与德奥两国签订的军事同盟条约，并且在与英法两国谈妥交换条件后，调转枪头加入了协约国集团，尽管意大利背弃军事同盟条约无关大局，但足以让德奥两国措手不及。与此同时，英国与法国之间尽管只有一个不涉及欧陆作战的、约束力相当有限的海军防卫协定（战争时期，英国海军守卫大西洋，而法国海军守卫地中海），但在德国军队破坏比利时中立，危及英国核心利益时，英国政府还是毫不犹豫地向法国派出了英国远征军，协助法国军队对德作战，从而让西线战场出现了英法两国军队共同对付德国军队的势均力敌的局面，此时德奥集团迅速结束西线战事的企图已经成为泡影，而在天长日久的消耗战当中，德奥集团所掌握的战略资源远远不如英法俄集团丰厚，最初必然处于下风，最终必然走向失败。

再次，就战场态势而论，德国统治阶级尤其是德国陆军总参谋长小毛奇本人，一直存在着对法俄两国的军事误判。德国军事当局最初认为，俄国军队从开始动员到集结完毕，大约需要六个星期的时间，而按照德国陆军总参谋部事前制定的"施里芬计划"，这六个星期已经足以让德国军队彻底打败法国军队，进而占领法国全境，从而能够从西线抽调主力到东线，掉过头来消灭俄国军队。正因如此，德国陆军动用了七个集团军在西线进攻法国，而仅仅用一个集团军在东线牵制俄国。但是在实际的军事斗争中，英国远征军与法国陆军在巴黎城下并肩作战，让锋芒受挫的德国陆军始终未能攻入巴黎，随着在马恩河战役中双方打成平手，速战速决的"施里芬计划"已经彻底化为泡影。俄国陆军则在开始动员两个星期之后，在尚未完成全面集结的艰难时刻，就已派出两个齐装满员的精锐集团军攻入德国。尽管由于俄国陆军指挥机构的无能，这两个彼此缺乏配合的俄国集团军，在坦能堡和马祖里湖附近，先后被一个德国集团军消灭和击退，但德国"赢得战斗，输掉战争"，已经陷入了东西两线作战的被动境地，而两线作战向来是德国陆军的死穴和大忌。再加上德国陆军在坦能堡战役中击败俄国陆军的同时，奥匈帝国陆军却在加利西亚战役中惨败给俄国陆军，德奥集团在西线与东线都已经陷入了持久战与消耗战的泥淖，面临东西两线包围的德奥集团，在战略上已经处于劣势，并且越来越失去扭转劣势的主动权与可能性。

三　深入探究指引

要了解在第一次世界大战中德奥集团最终失败的原因，除了阅读前面介绍的著作之外，还可以阅读美国通俗历史学家巴巴拉·塔奇曼的著作《八月炮火》。在此书中，作者着眼于1914年战争爆发的这个关键年份，致力于"集中探讨战争第一个月"，尤其着重描述第一次世界大战爆发前后欧洲各大强国之间穿梭往来的外交活动。作者对德国由于军事误判而陷入东西两线作战，由于外交误判而陷入英法俄三国包围，均有较为深入细致的描述与分析。尤其值得注意的是，作者运用来自交战各方决策人物的档案、日记、书信、回忆录等历史材料，尽可能还原了英法德俄四个主要交战国家先后卷入战争的决策过程，对德奥集团如何逐步陷入两线作战的孤立境地，最终走向失败与灭亡，给出了具有洞察力与说服力的解释。

除了上述著作之外，我们同样建议继续阅读英国历史学家韦尔斯的《世界史纲》第三十八章“近代帝国主义导致的大灾难”。因为在这一章节中，韦尔斯对俄德两国的先后崩溃有着相当简明扼要的概括性论述，包括俄国在苦苦支撑三年之后的轰然倒塌，以及德国在似乎胜利在望的表象背后的急转直下。这将会有助于我们理解，为什么第一次世界大战将俄德两国引向了如此截然不同的道路。在俄国，战争的最终失败，换来了俄国社会的全面变革；在德国，战争的失败，引起了德国人对“失去的胜利”的不甘，引起了德国人对“左派的背叛”的愤恨，最终为军国主义在德国的回潮，以及纳粹主义在德国的盛行，埋下了伏笔。

第三节　凡尔赛一华盛顿体系与国际联盟

自从欧洲各个民族开始建立民族国家，以及欧洲各国开始进行海外扩张以来，到第一次世界大战为止，近代世界已经经历过两个国际体系，即“三十年战争”之后建立起来的“威斯特伐里亚体系”(从 1648 年起)，以及法国大革命与拿破仑战争之后建立起来的“维也纳体系”(从 1814 年与 1815 年起)。这两个国际体系的建立，都是战争与革命的结果，也都是欧洲大陆发生重大事变的结果。在第一次世界大战结束后，巨大的政局动荡同样催生了新的国际体系。然而，这个被命名为“凡尔赛一华盛顿体系”(从 1919 年与 1921 年起)的国际新秩序，意味着欧洲列强已经不得不与欧洲大陆以外的国家分享霸权。然而，这个由欧洲大陆与亚太地区组合而成的国际体系，却因为其结构性的缺陷而在二十年不到的时间里土崩瓦解。

一　概　述

1. 巴黎和会

1918 年 11 月 11 日 11 时，同盟国与协约国的交战状态宣告结束，也意味着第一次世界大战宣告结束。然而，临时性的停战协定不等于永久性的和平条约，实现停战容易，构建和平困难。关于第一次世界大战结束之后的国际秩序问题，还有很多棘手的事情尚待解决。为此，1919年1月18日，协约国集团各个成员国的外交代表们云集法国首都巴黎，在巴黎郊外的凡尔赛宫，共同商讨对同盟国集团各个成员国的和平条约内容。1月18日是法国政府特意选定的日子，因为正是在1871年1月18日，在普法战争中大获全胜的德国人，在凡尔赛宫的镜厅正式宣告德意志帝国成立。48年之后，时空倒转，胜负易位，在同一个日期，在同一个地点，法国人决心洗刷掉将近半个世纪以来的奇耻大辱。正因如此，巴黎和会给予同盟国——尤其是德国——的外交待遇极其苛刻，同盟国集团各个成员国的外交代表，没有在会场上就和平条约的内容进行谈判的权利，只能耐心地等待协约国集团告知其最终结果，也只能耐心地等待那个被迫签约的屈辱时刻。

在巴黎和会的会场上，最能够贯彻自身国家意志，也最能够实现自身国家利益的，是五个综合国力最强的协约国或者“参战友国”（临时从同盟国倒戈投向协约国的意大利，不被承认为协约国正式成员），即英国、法国、美国、日本以及意大利，五大强国都有各自的优势和劣势，以及各自的利益诉求与战略意图。

在这五大国当中，英、法、美三国，是政治、经济、军事等各个领域都具有压倒性优势的全球性强国。首先，美国的经济实力最为强大，甚至远远超过其他四个大国的经济实力的总和，但由于此时美国的势力范围仅仅局限于西半球的美洲，而在东半球只有菲律宾等少数殖民地，因此美国在世界上的政治影响力依然无法与英法两国相比。至于军事实力，当时的美国是世界一流的海军强国，但只是世界二流的陆军强国，美国的海军实力直追海上霸主英国，但陆军的兵员总数以及装备水平都无法与英法两国相比。总体而言，美国尽量避免在政治以及军事等传统领域挑战英法这两个老牌殖民帝国的既定地位，而是尽量发挥“金元外交”的威力，通过构建相对开放的国际金融贸易体系，提升美国的外交影响力。正因为如此，美国反对过分削弱德国，因为德国作为欧洲工业经济最为发达的国家，是重建资本主义世界体系的必不可少的环节。实际上，在第一次世界大战结束后，帮助德国从事必要的自由民主改革，进而实现德国乃至欧洲的重建与复苏，也符合绝大多数资本主义国家的长远利益。

紧随美国之后，是资本主义世界体系中的第二强国英国。英国虽然向美国拱手让出世界金融中心的地位，但英国在东半球的政治影响力还是高于美国。尽管美国海军一直在急起直追，但在英国海军收编德国海军的剩余舰只后，英国依然是世界第一海军强国以及全球海上霸主。英国依然拥有遍布全球的殖民地甚至还有所扩大，依然是“日不落帝国”。英国的外交立场较为暧昧。在政治上，英国与法国联手，抵制美国对欧洲事务的影响；在经济上，英国与美国联手，抵制法国对欧陆事务的垄断。在对德问题上，英国把德国视为在欧洲大陆抗衡法国的力量，因此采取“扶德抑法”的外交策略，与美国一样反对过分削弱德国。

紧随英国之后的法国是资本主义世界体系中的第三强国。法国虽然在经济实力方面无法企及英美两国，但在德国战败之后，法国已经成为世界第一陆军强国以及欧洲陆上霸主。法国同样拥有遍布全球的殖民地，以及仅次于大英帝国的全球殖民帝国。法国的外交立场较为明确。由于当时的法德两国已经积累了上百年的世仇宿怨，再加上法国人口不及德国人口的三分之二（法国大约有五千万人口，德国大约有八千万人口），而且法国东北部最为发达工业地区在战争期间几乎被德国军队破坏殆尽，因此法国一直将德国视为对自身国家实力与国家安全最为严重的威胁，无怪乎法国极力主张削弱甚至肢解德国。不仅要收回阿尔萨斯一洛林，而且要将法德边界推进到莱茵河，即法国人孜孜以求的“自然疆界”。此外，法国还对德国提出了让德国民众难以承受的赔款要求。由于担心法国过分坐大，也由于担心影响德国战后重建，英美两国对法国某些领土要求与赔款要求，持反对态度或者保留态度。

日本与意大利则是仅次于英、法、美三国的地区性强国。日本的经济实力并不算雄厚，但日本已经建立起相对完备的现代工业体系，重工业尤其是军事工业更加呈现出畸形膨胀的明显态势。正因如此，尽管日本在政治经济等方面的影响力无法与欧美列强相比，但日本的军事实力却让欧美列强不得不刮目相看。在第一次世界大战爆发的最初几个月里，日本军队就已经借助向德国宣战的机遇，在事实上控制了中国的山东半岛，以及德国在西太平洋上的岛屿殖民地，而英美两国面对日本制造的既成事实，采取了默许甚至纵容的态度，为此不惜牺牲同为协约国集团成员、同为第一次世界大战战胜国的中国的国家主权与国家利益。

意大利的国家实力甚至还不如日本，尤其是军事实力更加远远落后于日本。在弱肉强食的国际丛林中，如果说日本是以战时行动强行夺占领土，那么意大利则只能靠战时密约勉强索要领土，毕竟根据意大利与英法两国的秘密条约，奥地利的南提洛尔地区，以及亚得里亚海东岸的诸多群岛与海岸地区，将在战争结束之后移交给意大利。然而，英法两国首先是对战时与意大利达成的秘密约定装聋作哑，后来更是借口美国总统威尔逊在"十四点和平计划"中提出的"公开外交"原则，将意大利的领土要求推脱得一干二净。

但在巴黎和会正式开始后，五大国当中的日本、意大利和美国，先后发生了意想不到的被动状况。首先是日本的外交代表团代表权限问题。在日本的藩阀政治体制下，元老（明治维新的功臣宿将，总共不超过十人）和重臣（曾经担任过首相或者相当级别职务的前任高级官僚）构成了日本统治集团的中心，现任首相只不过是这些"开国元勋"操纵下的傀儡。在巴黎和会上，在日本政府派出的外交代表团中，团长是元老西园寺公望，副团长是重臣牧野伸显，而时任首相的原敬却未能出席和会。正因如此，日本的外交代表团首先受到欧美列强的联合排挤，英法美意四大国首脑会面时，刻意将日本外交代表团的团长与副团长忽略掉。然后是意大利的战前密约兑现问题，由于英法两国认为意大利在战争期间无甚贡献，因此英法两国拒绝兑现战后将亚得里亚海东部海岸地区（后来的南斯拉夫和阿尔巴尼亚）移交给意大利的承诺，意大利首相奥兰多愤而离席回国，意大利外交遭遇重大挫败。至此，巴黎和会上关于国际事务的重大安排，几乎完全由英国首相劳合·乔治、法国总理克里孟梭以及美国总统威尔逊三人商议决定，因此他们又被称为巴黎和会上的"三巨头"。然而，在巴黎和会结束后，由于美国国内孤立主义的回潮，也由于美国国内民主党与共和党之间、尤其是总统威尔逊与参议院共和党领袖洛奇之间的党派冲突，致使《凡尔赛和约》等一系列在巴黎和会期间签订的和约被参议院全盘否决（美德两国后来单独签订和平条约），美国在巴黎和会上最终一无所获。

早在1918年1月8日，即在巴黎和会前夕，美国总统伍德罗·威尔逊就已经以相当高调的外交姿态，提出了美国在第一次世界大战结束后，重建国际秩序的"十四点和平计划"，成功地在欧洲大陆以及世界其他地区宣传了美国的外交形象，从而为美国政府在巴黎和会上的艰苦谈判，提前营造了有利于美国方面的舆论氛围。实际上，美国通过这种抢占舆论制高点的方式，影响了巴黎和会的谈判进程，是美国外交史上的重大胜利。

"十四点和平计划"的前五点，是威尔逊对世界各国外交原则的总体倡议。包括:第一点,达成公开和平约定,在达成后就不应有任何秘密国际谅解,外交应该永远坦率地在公众观察下进行。第二点,不论平时和战时,在领海以外,海洋上的航行有绝对自由,除非海洋为强制执行国际约定而由国际行动予以全部或局部禁闭。第三点,在协议和平并为维持和平而联合起来的国家中,尽速取消经济障碍和确立贸易条件的平等。第四点,给予并接受保证,以便各国军备缩减到适合内部安全的最低限度。第五点,在决定主权问题时,有关居民的利益应与有关政府的要求具有同等重要性,并自由、坦率和公正不偏地调整有关殖民地的要求。

这五点总体倡议,可以大致概括为"公开外交、公海自由、贸易平等、裁减军备、民族自决"等五大原则。值得注意的是,在这五大原则中,"公开外交"主要是针对欧洲列强的战前密约的,尽管这条原则有一定的进步意义,但是就连美国自身也不可能做到,因为欧美列强之间的利益博弈,常常以弱小国家的国家主权与国家利益为交换筹码,涉及众多的秘密交易,完全的公开外交并不可能。"公海自由"与"贸易平等"基本符合各个工业化国家的共同利益,但对尚未完成工业化的国家其实未必有利,"公海自由"与"贸易平等"也包含了美国的"门户开放"政策,对经济竞争力最为强大的美国自然也获益最多。"裁减军备"只是欧美列强之间彼此制衡的借口,但其实各个军事强国都企图在裁减别国军事力量的同时,保留甚至扩充自身的军事力量。"民族自决"只适用于欧洲大陆,尤其是适用于战败的帝国(如德意志帝国、奥匈帝国、奥斯曼土耳其帝国)或者崩溃的帝国(如俄罗斯帝国),并不适用于以英法两国为首的殖民帝国,实际上英法两国的殖民统治还有所扩大与强化。

"十四点和平计划"的后面八点,是威尔逊对战后欧洲各国领土划分的具体安排,包括:第六点,从俄国领土撤兵。使它得到独立决定本身政治发展和国家政策的机会,保证它在自己选择的制度下被真诚欢迎参加自由国家社会。第七点,从比利时撤出并恢复其国家。不治好这一创伤,国际法全部结构和效力就永远受到损害。第八点,法国领土应获自由,被侵入部分应予恢复,普鲁士于 1871 年关于阿尔萨斯—洛林对法国所犯的使世界五十年来不稳定的错误应予纠正。第九点,意大利边界应按明显的民族界线予以调整。第十点,奥匈各族人民得到自主发展的自由机会。第十一点,从罗马尼亚、塞尔维亚和黑山撤兵,被占领地应予恢复,塞尔维亚应得自由安全通往海洋之路，应由友好方面按照历史上确定的民族界线来决定巴尔干国家彼此关系，应建立巴尔干国家独立与完整的国际保证。第十二点，应保证奥斯曼帝国土耳其部分有可靠主权但应保证土耳其统治下的其他民族有无可置疑的生命安全和自主发展的自由机会，达达尼尔海峡应在国际保障下允许一切国家船舶自由通过。第十三点，应建立独立的波兰国家，它应包括波兰居民居住的领土，它应保证有自由安全通往海洋之路，它的独立和完整应由国际协定予以保证。

这八点具体安排，涉及俄国、比利时、法国、意大利、奥匈帝国、巴尔干半岛诸国、土耳其以及波兰的领土调整，实际上是美国开始介入欧洲大陆事务的明显迹象。对于英法两国来说，美国从专注美洲事务转向介入欧洲事务，自然是极度危险的倾向，难免会引起英法两国的恐惧与警惕。然而，由于美国在这八点具体安排中，比较充分地兼顾了甚至反映了英法两国的利益诉求，因此英法两国也暂时满足于由美国提出修改欧洲边界的方案，只是在继承奥斯曼土耳其帝国在中东领地的问题上，英法两国有着与美国不同的打算。

在最后一点和平倡议中，威尔逊初步提出了建立“国际联盟”的建议，即第十四点，必须依据具体协定成立各国联合组织，其目的是向大小各国同样提供政治独立和领土完整的相互保证。对于成立“国际联盟”的提议，与会各国尤其是英法两国均表示同意，而《国际联盟盟约》后来也成为战胜国与战败国之间签订的和平条约的序言。1919 年 6 月至 1920 年 8 月，与会各国先后签订了对德国《凡尔赛和约》、对奥地利《圣日耳曼和约》、对匈牙利《特里亚农和约》、对保加利亚《纳伊和约》、对土耳其《色佛尔和约》等一系列条约，其中最重要的条约莫过于与德国签订的《凡尔赛和约》。

1919 年 6 月 28 日，《协约各国和参战国对德国和约》，简称为《凡尔赛和约》，其主要内容包括：第一，德国及其各同盟国应该承担全部战争罪责。第二，重新划分德国疆界：阿尔萨斯一洛林重新归属法国；萨尔煤矿交由法国开采十五年，之后再通过公民投票决定其归属；莱茵河西岸的德国领土由协约国占领十五年；德国与奥地利永远不得合并；建立波兰走廊和但泽自由市；取消《布列斯特和约》。第三，瓜分德国殖民地，其中非洲殖民地划归英法两国，亚太地区殖民地划归日本，德国在中国山东的殖民权益也全部移交给日本。第四，限制德国军备：陆军不得超过 10 万人，其中军官不得超过 4

千人，海军不得超过一万五千人，其中军官不得超过一千五百人。第五，关于赔款与经济条款，协约国决定暂时不确定德国的战争赔款总额，交由专门的赔款委员会研究决定。

按照《凡尔赛和约》的条款，英国、法国以及日本，都从德国的战败中捞取了巨大的好处，其中英国捞取的好处最多，尽管英国也在战争中付出了巨大的代价，“但英帝国却由于战争而扩大了。根据《凡尔赛条约》，德属殖民地由各战胜国实行‘委任统治’，其非洲殖民地由英、法、比三国瓜分。英国分得其中最大的一份。太平洋岛屿由英国与日本瓜分，日本取得赤道以北，英国及帝国自治领取得赤道以南。从表面上看，英帝国似乎比以前更强大。”[①]英德两国围绕世界殖民霸权而展开的争夺，以英国获胜德国落败而告结束。

至此，以《凡尔赛和约》为核心的一系列和约签订完成，建立在《凡尔赛条约》及其他条约基础上的国际秩序被称为“凡尔赛体系”。由于在战争罪责、本土疆界、殖民帝国、军备权利、战争赔款等问题上，德国都处于听候协约国尤其是英法两国任意安排的被动境地，因此从《凡尔赛和约》签订之初，德国境内反对《凡尔赛和约》的斗争就从来没有止息过，这种动荡不断的国内政治局势，反过来又为后来纳粹运动的萌芽准备了土壤。

2. 华盛顿会议

1919年举行的巴黎和会，其实并未为第一次世界大战结束后的世界勾勒出一个完整的国际体系。由于巴黎和会的重点，在于处理所谓“四大帝国”（德意志帝国、奥匈帝国、奥斯曼土耳其帝国以及俄罗斯帝国）崩溃后的问题，即如何处理同盟国集团的领土与殖民地遗产，以及如何围堵与扼杀新生的俄国苏维埃政权的问题。由于上述“四大帝国”都地处欧洲，或者地跨欧亚两洲，因此亚洲太平洋地区的问题，尤其是中国地区问题被巴黎和会忽略了。具体而言，亚太地区问题以及中国地区问题包括：英、美、法、日四大国在太平洋地区的岛屿划分问题，英、美、日、法、意五大国的海军军备问题，中国山东权益问题，列强在华特权问题。

1921年8月11日，美国总统沃伦·哈定（哈定为共和党人，奉行现实主

① 钱乘旦、许洁明：《英国通史》，上海：上海社会科学院出版社，2002年，第318页。

义外交路线；其前任威尔逊为民主党人，奉行理想主义外交路线）邀请除苏俄以外的几大强国（英法意日），以及所有在中国有特殊利益的欧美国家，参加在华盛顿举行的国际会议。1921 年 11 月 12 日，在美国国务卿休斯的主持下，会议在美国首都华盛顿召开。在华盛顿会议上，美国总统哈定并未如其前任那样提出类似于《十四点和平计划》的一揽子方案，而是与其他强国进行实实在在的讨价还价，尤其是与在亚太地区日益坐大的日本进行艰难的博弈。

首先，在英、美、法、日四大国在太平洋地区的岛屿划分问题上，美国急切需要解决的是打破"英日同盟"在亚太地区的强势地位。自从 1902 年"英日同盟"缔结以来，日本以英国为靠山，英国以日本为爪牙，"英日同盟"一度成为英国在远东地区抗衡俄国、法国、德国三国海上力量的重要工具。然而，随着日本独占东亚的企图日益明显，英国对于是否要把"英日同盟"维持下去，已经表现出模棱两可的态度，而法国更加乐见"英日同盟"被彻底废除。正因如此，美国成功拉拢和说服英法两国，以徒具形式不具义务的"四国同盟"，取代早已不合时宜的"英日同盟"。

1921 年 12 月 13 日，英、美、法、日四国签订《关于太平洋区域岛屿属地和领地的条约》，简称为《四国条约》，其主要内容包括：第一，缔约各国同意相互尊重它们在太平洋区域内岛屿属地与岛屿领地的权利；第二，如上述权利遭受任何国家侵略行为的威胁时，缔约各国彼此之间应全面地和坦白地进行协商，就应该采取的最有效措施达成协议；第三，本条约生效后，英日同盟协定应予终止。通过不具备军事同盟义务的《四国条约》，美国成功剥离了英日同盟关系，英国如释重负，法国乐观其成，而日本虽然在表面上取得了与英法美三国平起平坐的国际地位，实则在无形中受到英法美三国的共同孤立。

其次，在英、美、日、法、意五大国的海军军备问题上，美国也急切需要遏制日本海军的持续扩张，尤其是要遏制日本海军的"八八舰队"计划。所谓"八八舰队"计划，是指日本海军大臣加藤友三郎提出的海军装备计划，即日本海军将由八艘战列舰、八艘巡洋舰作为主力部队，如果这个计划能够全部完成，则日本海军与美国海军的力量对比将会达到 7 比 10 的比例。由于日本海军只在太平洋作战，而美国海军要兼顾太平洋与大西洋（为了保卫首都华盛顿以及纽约等重要城市，美国海军主力通常在大西洋），7 比 10 的比例足以确保日本海军在西太平洋海区甚至整个太平洋海区的局部优势。然而，在"八八舰队"计划当中，更为关键但容易被人忽略的是，上述提到的战列舰与巡洋舰，其更新年限也被设定为八年。也就是说，日本海军能够通过频繁更新主力战舰，同时频繁让原有主力战舰退役（是退役封存而非就地拆解），在不扩充常备舰队兵力的情况下，通过持续扩充后备舰队兵力，在战争到来前间接加强联合舰队的总兵力。实际上，尽管日本海军的野心非常大，但"八八舰队"计划远远超出日本政府当时的财政承受能力，是一个不切实际的狂妄计划，但日本海军的异常动向不免令英美两国担忧。因此，英美两国尤其是美国接连向日本施压，最终迫使日本政府与日本海军同意限制海军军备的总体规模。

1922 年 2 月 6 日，英、美、日、法、意五国签订《关于限制海军军备条约》，简称为《五国海军条约》，其主要内容包括：第一，五国主力舰（战列舰）总吨位限额为：美、英各 52.5 万吨，日本 31.5 万吨，法、意各 17.5 万吨；主力舰排水量不得超过 3.5 万吨，舰炮口径不得超过 16 英寸。第二，五国航空母舰总吨位限额为：美、英各 13.5 万吨，日本 8.1 万吨，法、意各 6 万吨。第三，美英日三国在太平洋岛屿和领地要塞维持现状；美国不得在菲律宾、关岛、萨摩亚和亚留申群岛、英国不得在香港及太平洋东经 110 度以东岛屿修建海军基地和新要塞，日本承诺不在台湾设防。通过《五国海军条约》，在英国海军放弃"两强标准"、美国海军满足于与英国海军平起平坐的前提下，英美两国成功地将日本海军主力舰队与英美两国海军主力舰队的规模限制在 6 比 10 比 10 的比例，也暂时遏制了日本海军联合舰队兵力的进一步扩张。然而，作为交换条件，英美两国也要承认太平洋海区各大海军基地大致维持现状，从而变相承认了日本海军在西太平洋海区占有更多海军基地的相对地理优势。

最后，在中国山东权益问题上，列强在华特权问题上，欧美列强开始对日本的扩张野心有所警惕。1914 年 8 月，日本借第一次世界大战爆发的机遇，片面援引英日同盟的相关条款，抢先对德国宣战，然后大举出兵中国山东半岛，准备攻占青岛、胶州湾、胶济铁路甚至山东全境。1914 年 9 月，日本军队开始在山东半岛登陆。1914 年 10 月，日本军队占领胶济铁路全线，包括山东省省会济南等重要城市均落入日本军队的控制之下。1914 年 11 月，日本军队攻占青岛，胶济铁路沿线地区被日本军队非法占领，日本对中国的侵略大大加深。

1915年1月18日，日本政府乘机向袁世凯政府提出“二十一条”，其主要内容包括：第一，承认德国在山东一切权益让与日本，山东省不得让与或租借他国。第二，承认日本人在南满和东蒙居住、往来、经商、开矿等特权，旅顺、大连租借期限并南满、安奉铁路管理期限均为99年。第三，汉冶萍公司改为中日合办。第四，所有中国沿海港湾、岛屿不得让与或租借他国。第五，中国政府聘用日本人为政治、军事、财政顾问，中日合办警政和兵工厂。根据“二十一条”的各项条款，尤其是危害最大的第五项条款，中国必将沦为日本的保护国甚至殖民地，但袁世凯政府迫于日本的军事压力，最终向日本让步。

1915年5月9日，袁世凯政府表示除第五条容许日后再行商议外，可以接受其余四个条款。1915年5月25日，袁世凯政府与日本政府正式签订“二十一条”。“二十一条”是日本以军事威胁强迫中国签订的不平等条约，后来成为日本索取中国山东权益的所谓法理依据，而所谓“德国在山东一切权益让与日本”的条款，甚至被写入协约国对德国的《凡尔赛和约》。然而，在1919年的巴黎和会上，由于顾维钧等爱国外交官的据理力争，作为协约国与战胜国的中国，始终没有在《凡尔赛和约》上签字，中国山东问题由此成为悬案，直至在华盛顿会议上成为重要议题。

1922年2月4日，经过中国政府的艰苦谈判，中日两国签订《解决山东问题悬案条约》及其《附约》，其主要内容包括：第一，日本应将胶州德国旧租借地交还中国，中国将该地全部开为商埠。第二，日本撤退驻青岛、胶济铁路沿线及支线的军队。第三，青岛海关归还中国。第四，日本将胶济铁路及其支线及一切附属产业归还中国，中国补偿日本铁路资产，在未偿清之前，车务长与会计长应由日本人担任。第五，先前德国享有开采权的煤铁矿山由中日合资经营。与“二十一条”相比，中国政府通过《解决山东问题悬案条约》收回了在山东半岛的部分利权，尽管中国方面仍然作出相当大的经济让步，但起码结束了日本军队对胶济铁路沿线地区的军事占领，在一定程度上缓解了日本侵略者对华北地区的直接军事威胁。

1922年2月6日，在美国政府主导下，英、美、法、意、日、荷、比、葡、中九国签订了《关于中国事件应适用各原则及政策之条约》，简称为《九国公约》，其主要内容包括：第一，尊重中国的主权与独立、领土与行政完整。第二，为中国建立一个稳固的政府提供方便。第三，建立并维护各国在中国商务实业机会均等原则。第四,不利用中国状况谋取有损其他国家公民的特权。《九国公约》是美国"门户开放"政策的体现,主要反映美国的国家利益,所谓"尊重中国主权与独立、领土与行政完整"也只是外交辞令,但《九国公约》还是在一定程度上遏制了日本对中国迫在眉睫的全面侵略,并且为中国利用欧美列强与日本之间的矛盾收回部分国家利益提供了可能。

至此,以《四国条约》、《五国海军条约》以及《九国公约》为核心的一系列国际条约签订完成,建立在这些国际条约基础上的国际秩序被称为"华盛顿体系"。主要着眼于确立欧洲大陆与西亚北非国际秩序的"凡尔赛体系",与主要着眼于确立亚洲太平洋地区国际秩序的"华盛顿体系",构成了互为补充的"凡尔赛—华盛顿体系"。

3. 国际联盟

1919 年 6 月 28 日,在签订对德《凡尔赛和约》同一天,参加巴黎和会的各国还共同签订《国际联盟盟约》,简称为《国联盟约》。实际上,《国际联盟盟约》是作为《凡尔赛和约》的序言而存在的。正因如此,1920 年 1 月 10 日,即对德《凡尔赛和约》生效的同一天,美国总统威尔逊正式宣告国际联盟成立。"国联行政院的常任理事国是协约国和参战友国——英国、美国(后来美国并未加入国联,因而也未加入国联行政院——引者注)、法国、意大利和日本。国联标榜的宗旨是'促进国际间合作,并保持其和平和安全'。实际上它是西方列强,首先是英、法的工具,是适应帝国主义战胜国维持战后国际局势的需要而产生的,并用以反对无产阶级革命和民族解放运动。德国主动向战胜国表达了'充分履行盟约的愿望',要求加入国联。法国慑于德国的人力和国力,从自身安全的角度考虑,反对德国入盟。英国想重建战后欧洲均势,又因其同法国在中东和近东的矛盾,便支持德国在适当时机参加国联。"[①]然而,1920 年 1 月 19 日,在美国国内孤立主义思潮的推动下,美国国会参议院拒绝批准《凡尔赛和约》以及《国际联盟盟约》,这个极具戏剧性的政治事件,让美国这个国际联盟的创始国未能成为国际联盟的会员国,国际联盟由此成为被英法两国操纵的工具。美国未能加入国际联盟,极大地削弱了国际联盟的代表性、有效性与权威性。更为严重的是,至 20 世纪 30

① 阎照祥:《英国史》,北京:人民出版社,2003 年,第 363 页。

年代,英法两国从自身的短期利益出发,对日本、意大利以及德国侵略他国的非法行径采取纵容态度,大大削弱了国际联盟维护和平、遏制侵略的行动能力。

《国际联盟盟约》的四大主要宗旨包括"裁减军备、防御侵略、公开外交、委任统治",但实际上存在着很大问题:第一,所谓"裁减军备",国联盟约关于裁减军备的规定对各国政府并无约束力。第二,所谓"防御侵略",国联盟约对"侵略"和"侵略者"未明确规定,而且侵略国对制裁决议照样拥有否决权。第三,所谓"公开外交",国联盟约作为和约的一部分,与和约的许多条款自相矛盾。第四,所谓"委任统治",无非是对殖民地的重新分配。

在《国际联盟盟约》的四大主要宗旨中,关于"防御侵略"的内容本来应该是重中之重,因为国际联盟成立的首要目的就是维护世界和平。然而在《国际联盟盟约》当中,关于"防御侵略"的条款留下了巨大的法理漏洞。《国际联盟盟约》第16款规定:"一成员国如违反承诺,进行战争,根据这一事实它被认为是对国际联盟全体成员国采取了战争行动。全体成员国保证立即与它断绝一切贸易与金融关系,禁止本国人民与违反盟约国人民来往,而且停止其他成员国或非成员国与它的财政、贸易或人员交往。在这种情况下,理事会(又被称为国际联盟行政院——引者注)有责任要求各有关政府提供陆、海、空军人员,国际联盟成员国借助它们组成武装力量以使联盟的原则得到遵守。任何成员国如违反条约规定的承诺都将被开除出联盟。开除的决定需由理事会中全体成员国一致通过。"[①]

在上述看似极为细致周详的条款中,留下巨大法理漏洞的是最后两句,即"任何成员国如违反条约规定的承诺都将被开除出联盟。开除的决定需由理事会中全体成员国一致通过。"此处所说的国际联盟理事会,又被称为国际联盟行政院,是国际联盟的核心机构,只有极少数大国有资格参与其中,其地位与作用相当于后来的联合国安全理事会。然而,由于后来成为亚欧大陆两大战争策源地的日本与德国,都先后被接纳为国际联盟理事会的常任理事国,并且它们在国际联盟理事会当中都拥有一票否决权。因此,日本在中国东北、德国在中欧地区的一系列侵略行动,都不可能受到国际联盟理事会

---

① (法)德尼兹·加亚尔、贝尔纳代特·德尚、阿尔德伯特等:《欧洲史》,蔡鸿滨、桂裕芳译,海口:海南出版社;北京:人民出版社,2010年,第475页。

“全体一致”的指责与制裁，而中国等受害国家寄望国际联盟理事会在九一八事变与一·二八事变之后主持公道，也无异于与虎谋皮、缘木求鱼。

4.《洛迦诺公约》与《非战公约》

在1919年的巴黎和会上，英美两国曾经表示愿意为法国提供边界安全保证。然而，提供边界安全保证也意味着要承担军事同盟义务。随着战争威胁的暂时消失，孤立主义思潮在英美两国再次占据上风，而且英美两国都倾向于“扶德抑法”，以防止法国在欧洲大陆处于过分优越的地位。英美两国均以国会拒绝承担军事同盟义务为由，收回对法国的边界安全保证。正因如此，法国方面不得不凭借自身的努力，在欧洲大陆构筑集体安全体系。在20世纪20年代，为法国自身国土安全与欧洲各国集体安全而不遗余力的法国政治家，首推多次专任或兼任法国外交部长的法国政治家阿里斯蒂德·白里安，与德国外交部长古斯塔夫·斯特莱斯曼保持了相当友好的公务往来与私人关系。

1925年10月，经过白里安与斯特莱斯曼的友好协商，由德国政府对各国政府发出邀请，德、法、比、英、意、波、捷七国的外交代表团在瑞士小城市洛迦诺举行国际会议。在这次会议上，法国力求得到欧洲各国对法德边界的安全保证，德国力求得到平等加入国际联盟的宝贵机会。1925年10月16日，经过相互平等的外交谈判，与会各国签订了由一系列国际条约组成的《洛迦诺公约》，其中最为重要条约莫过于《德法比英意相互保证公约》，简称为《莱茵保安公约》，作为《洛迦诺公约》的主体部分，其主要内容包括：第一，缔约各方应保证德国和比利时、德国和法国边界领土维持现状，按照凡尔赛和约规定的上述边界不受侵犯，以及凡尔赛和约关于非武装地区的规定得到遵守。第二，德国和比利时、德国和法国约定彼此不得攻击或侵犯，并在任何情况下彼此不得诉诸战争。第三，德国和比利时、德国和法国约定对发生分歧的问题，如不能通过正常外交途径解决，应通过和平方法按照下列方式（国联仲裁）解决。

根据《莱茵保安公约》，德国政府再次重申承认法德边界的现状，实际上正式承认永久性放弃阿尔萨斯—洛林，但同时也换回了法国政府从莱茵区撤军，以及法国将萨尔区交还德国等实实在在的好处。就法比两国而言，《莱茵保安公约》使其获得了英意两国对法德边界与比德边界的安全保证，在一定程度上缓解了法国方面对德国动向的担忧。值得注意的是,《莱茵保安公约》仅仅提供了对法德边界与比德边界的安全保证,即对德国西部边界现状的再次确认。与此同时,并没有与《莱茵保安公约》相对应的国际条约,来提供波德边界与捷德边界的安全保证,即德国东部边界的现状大有重新调整的余地。正因如此,以《莱茵保安公约》为核心的《洛迦诺公约》,尽管具有一定的积极意义,但仍然产生了某些尚待解决的历史遗留问题,这就为后来希特勒上台后,对捷克斯洛伐克和波兰提出领土要求留下了后患,而且人们也不免怀疑,德国东部边界的不确定性,是否英法两国为诱使德国进攻苏联而抛出的诱饵?

1927年,法国外交部长白里安向美国国务卿凯洛格提议,法美两国签订相互之间永不再战的国际条约。此举的目的在于彰显法美两国的特殊关系,在一定程度上具有互不侵犯条约的性质。凯洛格考虑到业已存在的英美特殊关系,也考虑到奉行孤立主义的美国应该极力避免在欧洲大陆承担任何国际义务,因此对白里安提出反对建议,即改双边条约为多边条约,由世界各国共同签订相互之间永不再战的国际条约。凯洛格的反对建议,大大有利于美国政府收获和平倡导者的国际声誉,却大大出乎白里安的意料,而且也偏离了白里安提出原建议的目标。然而,白里安也不便收回由法国方面提出的倡议,只好顺水推舟地与凯洛格共同推进这一拟议中的国际公约。

1928年8月27日,法、美、德、意、日、比、波、捷、英、爱尔兰等国,以及大英帝国的加拿大、澳大利亚、新西兰、南非、印度等自治领与殖民地,在法国首都巴黎共同签订了《关于废弃战争作为国家政策工具的一般条约》,简称为《非战公约》,又根据其倡议者的名字被称为《白里安一凯洛格公约》,其主要内容包括:第一,缔约各方以各国人民名义郑重声明它们斥责用战争来解决国际纠纷,并在它们的相互关系上废弃战争作为实行国家政策的工具。第二,缔约各方同意它们之间可能发生的争端或冲突只能用和平方法加以处理或解决。第三,本条约由缔约各方按照它们各自的宪法程序加以批准,并于它们的批准书均交存华盛顿时在它们之间立即生效。

然而,签订《非战公约》的几个主要强国,都或多或少地提出了“特殊的”或者“例外的”保留条件,英国提出的保留条件是:世界上有些地区的繁荣和完整,对我们的和平和安全具有特殊重大的利害关系。英国政府曾极力说明干涉这些地区是不能容许的。保护这些地区免遭攻击对大英帝国来说是自卫措施。法国提出的保留条件是:第一,所有国家都应该加入条约,只有普遍加入后,条约才开始生效;第二,每个国家都应保留合法防御权;第三,如果一国破坏它不进行战争的保证,则所有其他国家自动解除义务;第四,条约任何方面都不能抵触法国以前在国联、洛迦诺协定或各项中立条约中承担的义务。

对比英法两国提出的保留条件,如果说英国为《非战公约》留下了一串长长的"特殊地区"的注脚,那么法国则是为《非战公约》设定了全体缔约国"自动解除义务"的条件。正因为英法这两个主导国际秩序的大国对《非战公约》也只是半心半意,《非战公约》的权威性与有效性就难免大打折扣。更为严重的是,除了由几个主要强国提出的上述保留条件外,作为《非战公约》缔约国的日本,正在加紧对中国实行武装侵略,日本根本不可能废弃战争作为国家政策工具,也根本无意于遵守《非战公约》;而希特勒与纳粹党在德国上台后,马上开始重整军备,扩军备战,也和《非战公约》的精神主旨背道而驰。正因如此,仅仅具有声明性质的《非战公约》实际上沦为一纸空文。

美国历史学家斯塔夫里阿诺斯曾经在《全球通史》中写道:"粗看第一次世界大战前后的全球,它们所显露出的变化相当少。欧洲的边界虽因四大帝国(俄罗斯帝国、德意志帝国、奥匈帝国以及奥斯曼土耳其帝国——引者注)的消失而不同,但就整个世界而言,欧洲的统治似乎并没有减弱。英国、法国和其他帝国仍然统治着与1914年以前一样多的海外殖民地。实际上,它们的领地甚至更大,因为它们这时控制了以前曾在苏丹(奥斯曼土耳其帝国的世俗统治者——引者注)统治下的中东领土。因此,欧洲的全球霸权在第一次世界大战后比大战前看上去要更完整。""不过,在这一表面之下,形势却完全不同。实际上,从全球的观点来看,第一次世界大战的主要意义恰恰在于它开始了欧洲霸权的削弱——这一过程在第二次世界大战之后宣告完成。这一削弱至少表现在三个方面:经济衰落、政治危机和对殖民地的控制日益减弱。"[①]简而言之,从1919年到1939年,除了俄国、德国以及奥匈帝国的崩溃之外,欧洲霸权的削弱,首先体现为英法两国霸权的削弱。

的确,无论是在巴黎和会与华盛顿会议中,还是在洛迦诺会议中,无论

---

① (美)斯塔夫里阿诺斯:《全球通史:从史前史到21世纪》(第7版修订版)(下册),吴象婴、梁赤民、董书慧、王昶译,梁赤民审校,上海:上海社会科学院出版社,2006年,第661页。

是在签订《洛迦诺公约》时，还是在签订《非战公约》时，英国和法国这两个欧洲老牌殖民帝国，都是国际舞台上一唱一和的重要主角，它们有时会联合排斥或者刻意回避苏联、德国、美国以及日本对国际事务的影响。然而，随着英法两国自身的衰落，英法两国已经难以独力支撑与掌控一个完整的国际体系。在欧洲之内，英法两国不得不面对德国对"凡尔赛体系"的挑战，而对苏联玩弄既打压又利用的手法；在欧洲之外，英法两国不得不面对日本对"华盛顿体系"的挑战，而对美国采取既排挤又拉拢的态度。总而言之，作为"凡尔赛一华盛顿体系"的首要受益者与重要维系者，英法两国已经力不从心了。

二 视野拓展及重点问题分析

为什么"凡尔赛一华盛顿体系"具有不稳定性？"凡尔赛一华盛顿体系"的不稳定性，主要来源于两个方面，即其分裂性与排他性。

首先，就其分裂性而言，与之前的1648年威斯特伐里亚体系、1814年维也纳体系，以及之后的1945年雅尔塔体系不同，1919年至1921年奠定的"凡尔赛一华盛顿体系"，其实是一个由两部分内容勉强拼接而成的国际体系。"凡尔赛体系"着眼于欧洲大陆，华盛顿体系着眼于亚太地区。"凡尔赛体系"的主导者是英法两国，美国被排除在欧洲事务之外，英法两国将欧洲大陆视为核心利益，不容他国染指；华盛顿体系的主导者是英法美日四国，日本被接纳到亚太事务之内，英法两国并未将亚太地区视为核心利益，放任日本扩张。正因为"凡尔赛一华盛顿体系"的分裂性，在欧洲大陆与亚太地区，当时的主要大国都未能采取"大国一致"的立场，都只着眼于本国的短期国家利益，而非全世界的长期共同利益，因此这个体系极为短视。在欧洲大陆，英法两国无力阻止德国的再次崛起与再次扩张，而对美苏两国又缺乏信任，只能寄望于通过绥靖政策讨好德国，进而诱使德国进攻苏联，最终使德国成为欧洲战争策源地；在亚太地区，除了美国对日本独占中国的侵略企图有所警惕之外，英法两国都将日本当成是在远东地区抗衡苏联的代理人，放任日本在中国的东北地区与华北地区肆意扩张，进而诱使日本进攻苏联，最终使日本成为亚洲战争策源地。

其次，就其排他性而言，与之前的1648年威斯特伐里亚体系、1814年维也纳体系，以及之后的1945年雅尔塔体系不同，1919年至1921年奠定的

“凡尔赛一华盛顿体系”,尽管同样反映大国的强力意志,但它对战败国家、敌对国家、弱小国家的态度却是极为苛刻的。首先,“凡尔赛体系”对待德国极尽敲骨吸髓之能事,英法两国并未致力于惩办以威廉二世为首的战争罪犯,而是把发动战争的犯罪责任强加到全体德国人民头上,将德国民众视为其敲诈勒索的对象,从而引起了德国民众的普遍愤恨;其次,“凡尔赛体系”对待苏联极尽包围孤立之能事,英法两国把苏联视为势不两立的意识形态对手,甚至不愿意从国家利益的角度把苏联视为制止纳粹德国扩张的平等伙伴,屡次企图挑动德国进攻苏联,最终搬起石头砸了自己的脚;再次,华盛顿体系对待中国极尽欺凌打压之能事,英法美日四国并未把中国这个第一次世界大战的同盟国与战胜国视为国际社会的平权成员,而是把中国视为它们共同宰割的对象,甚至不惜牺牲中国的主权独立与领土完整来讨好日本,从而失去了团结中国实现地区和平、阻止日本实施侵略扩张的宝贵机会。正因为“凡尔赛一华盛顿体系”的排他性,因此这个体系极为狭隘。可想而知,一旦德国重新崛起,一旦苏联站稳脚跟,一旦日本计谋得逞,这个构筑在“火山口之上”的无比脆弱的国际体系马上就会土崩瓦解。

三 深入探究指引

要了解“凡尔赛一华盛顿体系”的不稳定性,除了阅读本书前面两章介绍过的著作之外,我们建议阅读美国历史学家帕尔默、科尔顿、克莱默合著的《现代世界史》(上下册)。自从20世纪50年代以来,此书就是美国高等院校的通识教育教材,其学术影响力至今不衰。此书体系博大、条理清晰、逻辑严密、观点鲜明,涵盖与总结了西方历史学界对近现代世界史基本问题与前沿问题的主流观点与非主流观点,其分析问题的深刻性,超过后来出版的斯塔夫里阿诺斯编著的《全球通史》与本特利、齐格勒等人编著的《新全球史》。此书被译介为中文后,又根据其专题被拆分为五个单行本,其中第四分册即为《两次世界大战:西方的没落?》(帕尔默现代世界史4)。在这个分册中,帕尔默着眼于分析两次世界大战爆发的起因、经过、结果,尤其是对于两次世界大战爆发的国际关系背景,作出了富有深度的观察与评论。正因如此,此书可以作为初学者了解两次世界大战的有益参考。

第二章　第二次世界大战与战后和平

第二次世界大战，是由德国、意大利、日本三个法西斯主义国家挑起的一次反人类的战争，参与交战的两大阵营，分别是由德意日等国组成的法西斯联盟（轴心国），与由中英美法苏等国组成的反法西斯联盟（同盟国）。在反法西斯阵营中，既有英法美等资本主义国家，也有苏联等社会主义国家，甚至还有中国等尚未摆脱殖民地半殖民地处境的国家。这些政治制度不同、国际地位不同的国家，之所以能够放下歧见，联合起来，根本原因是要共同抗击有史以来对人类文明的最大威胁。总体而言，第二次世界大战是一场以反法西斯为最高目标的正义之战。

第一节　法西斯主义与绥靖政策

要为法西斯主义下一个确切的定义很难，因为法西斯主义作为各种极端主义的集大成者，本身具有容易产生变异的特性，不仅意大利、德国以及日本的法西斯主义有所差别（例如，意大利的法西斯主义、德国的纳粹主义、日本的军国主义），而且即使是同一个国家的同一场法西斯主义运动，也常常发生纲领上的急剧转向（例如在德国纳粹党内部，由于对二十五条纲领的不同理解，而产生的二次革命与镇压二次革命的内部斗争）。但法西斯主义还是有一些可资辨认的共性。例如，第一，这是一种出现于20世纪、资本主义高度发达阶段的政治运动；第二，这是一种植根于中下阶层、但又与统治阶级秘密勾结的群众运动；第三，这是一种既反对议会民主制度，又反对社会主义实践的极右运动；第四，这是一种鼓吹民族主义甚至种族主义，煽动民族复仇甚至种族灭绝的极端运动；第五，这是一种叫嚣对外扩张与武力征服的暴力运动；第六，这是一种奉行领袖原则与领袖崇拜的造神运动。以上六条，是法西斯主义运动的常见共性。

总体而言，法西斯政权是出现于20世纪，也覆灭于20世纪的现代政治现象。然而，法西斯政权的崛起却有着深厚的历史根源。而且，法西斯主义从社会运动崛起为国家政权，乃至再次发动世界大战，除了德意日三国统治阶级的极力煽动与普罗大众的狂热推动之外，英法两国在主导国际联盟期间，对德意日三国侵略行为的暗许与纵容同样难辞其咎，以至于英国首相丘吉尔后来把第二次世界大战称为“不必要的战争”，因为正是英法两国对法西斯政权侵略行为所采取的绥靖政策，让第二次世界大战最终变得无可避免。

一　概　述

1. 意大利法西斯主义

意大利在第一次世界大战期间，曾经与英法两国达成秘密交易，被协约国集团接纳为“参战友国”，而且在战争结束时又搭上英法美等国的便车，成为所谓的“战胜国”。然而，由于政治黑暗、经济落后、官僚腐败，当时的意大利是一个国力不足、士无斗志的弱小国家；意大利军队在面对奥匈帝国军队时总是伤亡惨重，败多胜少。在战争结束后的巴黎和会上，意大利希望凭借其在战争中的巨大牺牲，根据战争期间与英法两国达成的密约，取得亚得里亚海东岸的土地。然而，弱国无外交，意大利的要求被英法两国断然回绝。由此，在意大利国内产生了巨大的悲观、失望、愤懑的情绪，这就为墨索里尼及其法西斯运动的崛起提供了生根发芽的土壤。

本尼托·墨索里尼(1883—1945)出生于意大利一个家境并不殷实的小地主家庭，其父亲是个小地主，同时也做点手工打铁的工作，其母亲是女教师。墨索里尼的父亲既是小地主又是小工匠的双重身份，使其对无政府主义与社会主义都颇感兴趣，这种思想上的庞杂与摇摆，也对墨索里尼的思想造成了影响。1900年，墨索里尼加入意大利社会党。1901年，墨索里尼从中等师范学校毕业，担任小学教师，后来又担任过杂志社编辑，以及自由撰稿人。1911年，墨索里尼出任社会党地区书记；1913年，墨索里尼出任社会党中央领导人。然而，墨索里尼的思想始终是左右摇摆的，经常受到极端无政府主义的影响，令党内众人也对他的立场感到无所适从。

1914年11月，由于墨索里尼的言论大幅转变，从反对战争突然转向支持战争，实在忍无可忍的社会党同仁们，终于将墨索里尼开除出社会党。1914年12月，墨索里尼与一班被清除出党的前社会党员以及工团主义者，临时组建了“革命行动法西斯”，但此时墨索里尼的法西斯主义思想尚未成型，这个还带有几分“社会主义”色彩的小组织只不过是临时借用了“法西斯”(法西斯的本义是指古罗马高级官员出巡的仪仗，由一束棍棒捆着一把斧头构成，棍棒用于惩戒轻罪，斧头用于惩戒重罪，象征执政者掌管着生杀予夺的绝对权力)这个响亮的名号。随着意大利卷入第一次世界大战，“革命行动法西斯”的组织成员绝大多数上了战场，这个小组织便虎头蛇尾地偃旗息鼓了。

1917年，墨索里尼从战场上归来，着手重建法西斯组织。1919年3月，墨索里尼在米兰成立“战斗的法西斯”，总算是初步提出了法西斯组织的纲领，包括：“建立人民的制宪会议；宣布意大利为共和国，实现男女均享有普选权；取消元老院；实行官员选举；主张国际裁军；废除有限责任公司；抑制证券交易；登记和限制私有财产；没收非生产性资本；土地给农民；把工业、运输和公共服务业转交给技术人员和工人的工会……”[①]如果只是从这个纲领来看，墨索里尼重建的“战斗的法西斯”还是一个社会主义政党，最起码还带有社会主义政党的痕迹。但这种几乎全盘照抄社会党纲领的举动，让墨索里尼的法西斯组织变得毫无竞争力，“战斗的法西斯”在议会选举中迭遭惨败。事实证明，墨索里尼从左派的、社会主义的道路是走不通的，只有从右派的、民族主义的道路前进，才有可能突围而出，而改换门庭对墨索里尼来说并非难事。

在1919年至1921年间，社会党领导下的工人与农民，多次发起占领工厂、占领土地的行动，而“战斗的法西斯”乘机从退伍军人、无业人员、青年学生等各种民族主义分子当中招募打手，对社会党在各个地区的分支机构发动突然袭击。正是在这种你来我往的街头暴力中，“战斗的法西斯”逐渐博

---

① 杜美：《欧洲法西斯史》，上海：学林出版社，2000年，第105页。

得了统治阶级的信任，也随之完成了“战斗的法西斯”从左派组织向右派组织的演变。1921年11月，墨索里尼整合法西斯主义运动各个派系的力量，正式成立“民族法西斯党”，这是一个以极端民族主义为其核心理念的政党，拥有超过30万穷凶极恶的武装党徒。由于该党的成员都穿黑色制服，因此“民族法西斯党”又被称为“黑衫党”，他们已经成为意大利国家权力的有力竞争者。

1922年7月，“民族法西斯党”开始命令其属下的武装战斗队员占领各个城市，同时镇压各地工人的反抗。1922年10月，分布于全国各地的法西斯战斗队完成集结，开始从意大利南部的那不勒斯向首都罗马进军，而墨索里尼本人则留在意大利北部的米兰静观形势变化。由于统治阶级当中的绝大多数头面人物，尤其是军队和警察的主要头领，都相继倒向“民族法西斯党”，墨索里尼终于迫使意大利国王任命他为意大利王国的首相，“民族法西斯党”成功夺取意大利政权。墨索里尼上台后，马上将大批法西斯战斗队成员改编为由政府供养、但由法西斯党指挥的“国家安全志愿民兵”，进一步强化了“民族法西斯党”的武装力量，也为后来意大利加入第二次世界大战，在无形中作了初步的军事准备。

2. 德国纳粹主义

在德国、意大利、日本三国之中，只有德国是第一次世界大战的战败国。对于德意志民族来说，废除《凡尔赛和约》，打破“凡尔赛体系”，是重建德国大国地位的必由之路。在德国举国上下群情激愤的背景下，钢盔团、志愿团等叫嚣复仇的极端民族主义武装组织，在德国如同雨后春笋般遍地开花，而法西斯主义也在德国的土地上生根发芽。然而，最终主导德国法西斯主义运动的，却是一名来自奥地利的德意志人。

阿道夫·希特勒(1889—1945)出身于奥地利一个家境并不宽裕的海关官员家庭，其父亲是海关低级官员，其母亲是家庭主妇。希特勒的父亲曾经因为公务而派驻德国南部的巴伐利亚，而希特勒也跟随父亲到德国去生活过一段时间，对德国留下了非常深刻的美好印象。希特勒小时候可以说是天资聪颖，可惜好景不长。“小学里，希特勒可说是一名优秀学生，在林茨市中学里却成为经常不合格而补考、甚至留级的学生，他只对历史感兴趣，深受一位德意志民族主义者的历史教授的影响，成了德意志民族主义者。他主张奥地利并入德国，组成大德意志国，反对多民族的奥匈帝国。”严重的偏科导致希特勒的学业成绩急剧下滑，而父母的早亡更是让希特勒的求学生涯难以为继。

1903年，希特勒的父亲去世，家庭的收入立即陷入困顿；1907年，希特勒的母亲去世，他顿时成了无人可以依靠的孤儿。1908年，希特勒带着父母留给他的微薄遗产，离开故乡到首都维也纳去碰运气。希特勒本来想要投考维也纳美术学院，却因为学历太低与技法欠佳等种种原因，始终未能考上维也纳美术学院，家财散尽的希特勒最终沦落为维也纳街头的流浪汉。但即使穷困潦倒，希特勒对各种流行的极端政治思想，尤其是种族主义思想，却依然表现出极其浓厚的兴趣。“希特勒的民族主义思想就进一步同种族主义相结合。希特勒的五年维也纳流浪生活为他的政治世界观的形成打下‘坚实的基础’。其世界观的主要内容为：种族主义、反犹主义、民族复仇主义、社会达尔文主义、专制独裁主义、反马克思主义和超阶级的‘族民共同体’思想。”[①]

1914年8月，第一次世界大战爆发，希特勒自愿报名参军，但他参军的地点却不是在奥地利首都维也纳，而是在德国巴伐利亚首府慕尼黑。在战场上，担任传令兵的希特勒屡次受伤，并且因为作战英勇而获得一枚一级“铁十字勋章”。战争结束后，无处可去的希特勒只能依靠军队谋生，成为德国国防军部的秘密调查员。作为战败国的军队，当时的德国国防军主要承担对内监视和对内镇压的政治任务。1919年9月，国防军部指派希特勒去调查一个被称为“德国工人党”的小型党派，因为这个党派似乎带有社会主义性质。然而，天生对政治活动具有敏感触觉的希特勒却抓住了这个难得的机会，顺势加入“德国工人党”，并成为其领导集团的一员。此后不久，希特勒更是离开了国防军部，全身心投入政治活动。

1920年2月24日，在希特勒的主持下，“德国工人党”在慕尼黑制定了《民族社会主义德国工人党（纳粹党）根本纲领》，简称为“二十五条纲领”，该党随即改名为“民族社会主义德国工人党”，简称为“纳粹党”。在这二十五条缺乏系统联系与逻辑关系的纲领中，最能够体现德国纳粹党的法西斯主义特征的，莫过于前面八条纲领，具体行文如下：

“一、我们要求所有德国人（德意志人——引者注）在民族自决权的基础

---

① 丁建弘：《德国通史》，上海：上海社会科学院出版社，2002年，第321页。

上联合成为一个大德意志。二、我们要求德意志民族对其他民族享有平等权利，我们要求废除《凡尔赛和约》及《圣日耳曼和约》。三、我们要求得到领土和土地（殖民地）来养活我国人民和迁移我国过剩的人口。四、只有本民族同志才能成为公民。无论职业如何，只有日耳曼血统的人才能成为本民族同志。因此，任何犹太人不能成为本民族同志。五、凡非公民只能作为客人居住在德国，且需受制于有关外国人的法律。六、只有公民才享有决定国家领导和法律的权利。因此我们要求任何公职，不管何等种类，不管是中央、邦或区一级，都应由公民来担任……七、我们要求国家首先提供公民就业和生活的可能性。如果不能养活全国居民，就应把外国人（非公民）驱逐出境。八、阻止任何非德意志人迁入境内，我们要求迫使自1914年8月2日以来迁入德国的非德意志人立即离开我国……”①

从“二十五条纲领”的首要内容当中，我们可以看出，德国纳粹党具有明显的排外主义倾向与反犹主义倾向，而当时德国内忧外患的政治乱局，则为纳粹党的崛起提供了机会。1921年8月，希特勒在纳粹党外围建立“冲锋队”（SA），招揽退伍军人与无业人员入队，作为纳粹党的武装组织，准备以武力夺取政权，此后又在“冲锋队”内部另行设立“党卫队”（SS），招揽青年学生与富家子弟入队，作为希特勒本人的贴身护卫。1923年1月，德国与法国和比利时因为赔款支付问题而关系破裂，法国和比利时出兵占领德国最为发达的工业区鲁尔区，酿成“鲁尔危机”。德国政府采取人为制造通货膨胀的“消极抵抗”政策，导致德国大批中产阶级的毕生积蓄化为乌有，德国政府由此而大失民心。1923年11月，希特勒及其领导下的纳粹党徒在巴伐利亚的首府慕尼黑发起“啤酒馆暴动”（在巴伐利亚各大城市，有些啤酒馆的规模相当巨大，能够容纳上千人集会，也是地方行政官员对群众发表讲话的理想场地），企图绑架巴伐利亚地方行政长官，首先在巴伐利亚发动政变，然后向柏林进军。结果暴动失败，希特勒被判入狱，在被监禁期间，希特勒对狱友赫斯（后来成为希特勒的贴身助手）口授《我的奋斗》。此书是希特勒的思想记录，其观点、行文与逻辑都比较混乱，但当时在德国年轻人的心目中产生了巨大的影响。1924年，希特勒因为德国国防军的包庇而提前出狱，此后纳粹党改走议会斗争路线，继续积蓄力量。

---

① 杜美：《欧洲法西斯史》，上海：学林出版社，2000年，第284—285页。

1929年至1933年的资本主义世界经济危机，对德国的冲击尤为严重，因为赔款负担的重压，也因为道威斯计划与杨格计划的存在，德国经济极为依赖美国经济，因此也比英法两国更容易受到美国经济崩盘的波及。在经济危机的背景下，德国的选民开始出现两极分化，要么向左转，投向德国共产党；要么向右转，投向德国纳粹党。而德国社会民主党、天主教中央党等传统资产阶级政党的支持率则急剧下降。1933年1月，在德国工商业精英阶层的联合游说之下，德国总统兴登堡终于同意，任命国会第一大党纳粹党的领袖希特勒为德国总理，以防止国会第二大党共产党的力量进一步壮大。1933年2月，希特勒指示纳粹党徒制造"国会纵火案"，以此为借口大肆逮捕和迫害共产党员甚至部分社会民主党员，并且趁机剥夺全体共产党国会议员与部分社会民主党国会议员的议事资格。

1933年3月，希特勒强迫残缺不全的德国国会通过《消除国家与人民痛苦法》，简称为《授权法》，其主要内容包括：第一条，国家法律亦得由德国政府按照德国宪法规定的程序制定；第二条，德国政府制定的国家法律如不以国会和参议院的组织本身为对象，得与德国宪法相异，德国总统的权力不变；第三条，德国政府所制定的国家法律由内阁总理发布并在国家法律公报中发表，如无其他规定，法律于发表之次日起生效；第四条，德国与外国所订涉及国家立法事务的条约，无需获得参与立法工作的团体的同意，德国政府发布履行此项条约的必要的规定；第五条，本法自公布之日起生效，本法于1937年4月1日失效，如现任德国政府被另一政府代替时，本法亦即失效。通过《授权法》，希特勒名正言顺地削弱了国会的立法权力，并且顺理成章地集立法权与行政权于一身。1934年6月，希特勒为了防范"冲锋队"发动"二次革命"，果断下令"党卫队"清洗了"冲锋队"，此举既铲除了纳粹党武装组织中的异己分子，又讨好了德国国防军，巩固了希特勒对武装部队的控制能力。1934年8月，德国总统兴登堡去世，希特勒颁布《元首法》，宣布总统职位与总理职位合并，自称"元首"，同时还是德国国防军的最高统帅。此后，纳粹党推行"一个国家，一个领袖，一个政党"的法西斯专政，希特勒的独裁统治秩序被完全确立起来了。

3. 日本军国主义

与德国的纳粹主义、意大利的法西斯主义（狭义）相比，日本的法西斯主义(广义)还保留着19世纪中后期、从欧洲列强尤其是普鲁士传入的军国主义特色,此外还带有日本本身的忠君爱国色彩。“军国主义是以战争为手段对外侵略扩张,对内实行军事警察暴力统治的国家体制,即以军事立国,奉行军事至上主义。在意识形态上就是一个国家或地区的人们所具有的政治的、社会的及人生的价值观均以军事的、军队的价值为最高标准,军事或军队成为最高的价值。军国主义的意识形态应该说从明治维新以来就是日本国家意识形态中心之一。从军人敕谕开始,通过教育敕谕等形式向日本民众灌输忠君爱国的思想。这个君就是天皇,天皇也正是日本军队的统帅……在现实中,日本自明治维新以来确立的国家目标都是在战争中实现的,同时,穷兵黩武、接连不断的侵略战争使日本获得了巨大的利益,军人们也因此获得了极大的荣誉,从而被人们所尊重……因此,军国主义在日本民众中的渗透和影响自不待言。”“这种军国主义的思想或意识形态比法西斯主义为害更烈,因为军国主义思想或价值观在日本存在的时间更长,而且在所谓自卫、爱国的面纱下更具有欺骗性。”①

那么,是否日本的法西斯主义,就仅仅具有传统的军国主义内涵?并非如此,实际上,在20世纪20年代,日本的确经历了一个相当复杂的、军国主义与法西斯主义合流的过程。“和军国主义相比,法西斯主义在内部建立极权统治方面更为突出,而在对外侵略扩张上则完全一样。但应该指出,法西斯主义是个更短暂的历史现象。军国主义可以追溯到古希腊的斯巴达,而当今的世界也有类似于军国主义的现象,但法西斯主义主要是指二战前后的德国、意大利、日本的政体和意识形态。从某种意义上来说,是近代的产物。当它和军国主义结合在一起时,就意味着现代的侵略战争。这是一对最亲密的伙伴。”②

总体而言,在民族自尊心极为强烈的日本,产生过以日本传统武士道精神为基底的民间法西斯主义,以及武士道精神与德国军国主义相结合的军部法西斯主义(军部是陆军省、海军省、陆军参谋本部、海军军令部四个军队权力部门的统称)。民间法西斯主义以北一辉、大川周明、井上日召等人为精神领袖,他们从西方的政治思想到东方的宗教信仰当中,吸收营养、寻找

---

① 王仲涛、汤重南:《日本史》,北京:人民出版社,2008年,第313—314页。

② 王仲涛、汤重南:《日本史》,北京:人民出版社,2008年,第314页。

根据，生搬硬套、生吞活剥地发展出几套忠君爱国、为皇请命、替天行道的荒谬学说。民间法西斯主义发源于民间，但并不局限于民间，尽管这些学说散发着武士道精神的腐臭气味，却成功吸引到大批中下层军官和士官的支持，在军队中上层中也有半心半意的支持者，如荒木贞夫、真崎甚三郎、小畑敏四郎等人。他们崇尚皇道主义，主张天皇亲政，为此不惜发动武装政变，此即为军队尤其是陆军当中的“皇道派”。

值得注意的是，近代日本的军国主义，并非仅仅是传统武士道精神的现代变种，而是带有模仿自德国军国主义的因素，其中德国军事家鲁登道夫提出的“总体战”思想，对日本军人的影响尤为明显。在第一次世界大战中后期(1916 年 8 月起)，兴登堡出任德国军队总参谋长，鲁登道夫出任德国军队军需总监，“战争的延长使最高统帅部成为德国实际的独裁者……他们不但掌握军事指挥权，实际上掌握了一切重大的政治决策权。皇帝完全退居幕后，在大部分岁月，德国真正的统治者是统帅部里那位无情的、顽固的、精悍的军国主义分子鲁登道夫。他不满足于战争中的军事指挥权，他干预民政的一切重要方面。鲁登道夫断然拒绝服从政府，反而迫使政治领导人服从自己。帝国议会无论从其传统或者从其法律地位来说，都无法与最高统帅部的专制独裁相抗衡。”[①]如果说 19 世纪普鲁士军事家克劳塞维茨认为“战争是政治的延续”，那么 20 世纪德国军队军需总监鲁登道夫就认为“政治要为战争服务”。由于日本在陆军建设方面处处模仿德国，这种“总体战”思想对 20 世纪 20 年代留学德国的少壮派军官产生了巨大影响，如永田铁山、冈村宁次、东条英机等人。这批留学德国的军界精英，回国之后绝大多数晋身将校高位，他们反对皇道派的武装政变计划，主张军部循序渐进地在日本国内建立起“总体战”体制，此即为军队尤其是陆军当中的“统制派”。

“皇道派”与“统制派”在建立法西斯统治的手段方面有所分歧，但在建立法西斯统治的目的方面却是完全一致的。正因如此，在 20 世纪 30 年代中前期，军队内部总算是维持了表面上的团结。1932 年 5 月 15 日，一批陆海军少壮派军官与士官发动兵变，叛乱部队突然袭击了首相官邸、政友会总部、三菱银行、东京警视厅等重要地点，杀害了主张裁军的犬养毅首相，史称“五一五兵变”。这次兵变结束了日本的政党内阁时期，兵变被平息之后，天

① 丁建弘:《德国通史》,上海:上海社会科学院出版社,2002 年,第 292 页。

皇任命退役海军大将斋藤实为首相，组建了所谓的“举国一致”内阁，军人统治取代文官政治。不过，这个表面上“举国一致”的内阁，却未能从根本上平息军队内部的“皇道派”与“统制派”之争，及至20世纪30年代中后期，两派的政见之争与权力之争已经趋于白热化。1936年2月26日，一批陆军少壮派军官与士官再次发动兵变，叛乱部队突然袭击了首相官邸等重要地点，企图袭击首相冈田启介（未遂），杀害了内大臣斋藤实、大藏大臣高桥是清、陆军教育总监渡边锭太郎，打伤了天皇侍从长铃木贯太郎，史称“二二六兵变”。这次由陆军“皇道派”策动的兵变发生后，由于天皇的近臣被大批杀伤，天皇的统治权威受到巨大威胁，因此天皇、海军与陆军“统制派”主张坚决镇压，最终“皇道派”受到压制，“统制派”在与“皇道派”狗咬狗的斗争中，最终完成了日本的法西斯化。此后上台执政的广田弘毅内阁，完全堕落为军部的帮凶。

日本的法西斯化与日本的对外侵略有着异常紧密的联系。如果说，“九一八事变”促成了“五一五兵变”的发生，那么“二二六兵变”反过来又促成了“七七事变”的发生。日本的法西斯化，与日本的对外侵略，形成相互推动的恶性循环。“军人统治能够得以建立是和日本的对外侵略分不开的，任何事件促成军人执政的作用都不能和‘九一八事变’相比。而不断地对外侵略反过来又支持和加强了军人在政治、社会和经济中无可动摇的地位。军部的对外战略成为国家至高目的。”“在日本军人实际上执掌政权的情况下，法西斯君临了日本。”①

值得注意的是，日本的法西斯化并不具有明显的政变特征，因为日本的明治宪法已经为日本的法西斯化准备了条件。“应该指出，日本法西斯统治依然是在明治宪法的框架里，这和德国、意大利的法西斯有所不同。虽然希特勒也是被选举上台的，但在此之前，他发动的国家社会主义运动，打破了过去的政党政治，在一定程度上可以说是由旧政权的外部进入国家政治权力中心的。而日本的陆军法西斯在镇压了皇道派后，就以渐进的、统一的形式在明治宪法的体制内掌握了政权。因此，对于日本法西斯的定性，就有两种不同说法，一种说是天皇制法西斯主义，指的是日本法西斯政权的法律根据还是在明治宪法之内。而另一派认为是军部法西斯主义，因为日本法西

① 王仲涛、汤重南：《日本史》，北京：人民出版社，2008年，第339—340页。

斯政权的主要承担者是军部。”[①]实际上，“天皇制法西斯主义”也好，“军部法西斯主义”也罢，两者是紧密地结合在一起的，根本不可分离。

4. 日本侵略行动与亚洲战争策源地形成

自从日本完成明治维新以来，对外侵略扩张就是日本政府的既定国策，而中国则是日本侵略政策的最大受害者。从1894年至1895年的甲午中日战争、1904年至1905年的日俄战争，到1914年开始的第一次世界大战，无论是中日两国之间的交战，还是日本与俄、德等国的战争，无不以中国的领土为战场。逐步蚕食、最终吞并中国，就成为日本历代军国主义者的首要目标。早在1927年7月7日，田中义一内阁在“东方会议”上提出《对华政策纲要》，其主要内容包括：日本对于“满蒙”，特别是对于东三省，应与中国本土区别看待；凡对日本在“满蒙”的“特殊地位权益有侵害之虞时，则不论来自何方”，都要决心为“防卫”采取断然措施。及至1927年7月25日，田中义一更是向天皇呈递了所谓的《田中奏折》(也有学者认为，奏折出自日本陆军中将铃木贞一的手笔)，其中出现了“欲征服中国，必先征服满蒙；欲征服世界，必先征服中国”的字句。

1928年6月，正是根据“东方会议”的精神，日本关东军制造了“皇姑屯事件”，炸死了拒绝与日本政府和日本关东军合作的东北军阀张作霖，企图在中国东北制造政治力量真空，趁乱一举占领中国东北，但由于准备不够充分，日本关东军的阴谋未能得逞。1928年12月，张作霖的继承人张学良宣布“东北易帜”，南京国民政府在形式上完成了全国统一。但日本侵略者并不甘心。1930年4月，在蒋介石、阎锡山、冯玉祥、李宗仁四大派系之间爆发了中原大战，东北军张学良率领10万精兵入关，协助蒋介石作战，导致中国东北兵力空虚。1931年9月18日，日本关东军在沈阳对东北军北大营发动突然袭击，进而占领东北军的大本营沈阳，史称“九一八事变”。此后半年，日本关东军沿着中国东北的铁路系统继续窜犯，先后攻陷中国东北各个主要城市，中国东北全境沦陷。1932年1月28日，为了转移国际社会对日本在中国东北侵略行动的关注，日本海军陆战队对上海市区发动突然袭击，史称“一·二八事变”。1932年3月，日本关东军在中国东北建立傀儡的伪“满

---

① 王仲涛、汤重南：《日本史》，北京：人民出版社，2008年，第345—346页。

洲国”，把清朝废帝溥仪扶植为伪“满洲国”执政。1933 年 2 月，日本关东军进犯热河省。1935 年 7 月，日本政府策动“华北五省自治”（河北、山东、山西、绥远、察哈尔）。至此，东北沦丧，华北危急，日本政府发动全面侵华战争只是时间问题了。

如前所述，在“二二六兵变”之后上台的广田弘毅内阁，表面上是文官政府，实际上是军部的走狗。1936 年 8 月 7 日，在陆军与海军的双重授意下，广田弘毅内阁提出《基本国策纲要》，简称为《国策基准》，以实现“外交和国防互相配合，一方面确保帝国在东亚大陆的地位，另一方面向南方海洋发展”。此时，日本法西斯主义者的扩张野心已经不再局限于中国，而是准备征服亚洲太平洋地区的其他国家。

《基本国策纲要》的主要目的包括：对大陆政策的基本方针，在于希求满洲国健全发展，日满国防巩固，消除北方苏联威胁，防范英、美，实现日、满、华三国紧密合作，以促进日本经济发展，应注意保持与各国友好关系；对南方海洋，努力促进民族经济发展，一面避免刺激他国，一面以渐进和平手段扩张势力，并与满洲国建成相配合，力求国力充实和加强。《基本国策纲要》的主要手段包括：扩充陆军军备，以对抗苏联于远东所能使用的兵力为目标，特别应充实在满洲与朝鲜的兵力，使在开战初期即能对其远东兵力加以一击；扩充海军军备，应配备和充实兵力，足以对抗美国海军，确保西太平洋制海权。

从 1927 年的《对华政策纲要》，到 1936 年的《基本国策纲要》，日本法西斯主义者的侵略胃口越来越大，而在日本侵略者的铁蹄下惨遭蹂躏的受害国民众也越来越多。随着日本法西斯主义者发动的对外侵略战争的步步升级，日本最终成为亚洲战争策源地。

5. 德国侵略行动与欧洲战争策源地形成

1933 年 1 月，在希特勒及其纳粹党上台后，纳粹德国政权通过把德国的国民经济转向战争轨道，奇迹般地在德国消灭了失业现象。然而，这种非正常的统制经济是难以长期持续的，最终必然要以战争为出路。1936 年 10 月，希特勒授权戈林主持“四年计划”，其目标是要在四年时间内，让德国的战略资源做到“自给自足”，其主要内容包括：第一，大力发展军备重工业尤其是化学工业；第二，扩大战略原料代用品生产以及化学合成；第三，突击进口战略原料，增加战前储备。显而易见的是，希特勒与戈林是在为战时经济作动员准备。

除了经济准备之外，希特勒还下令德国国防军加紧进行军事准备，并且抓紧制定作战计划。1937 年 11 月，希特勒口授《霍斯巴赫备忘录》（由希特勒的军事副官霍斯巴赫笔录），其主要内容包括："元首继续说道：德国政策的目标是获得安全，保存和扩大种族团体，因此它是一个生存空间问题……唯一出路在于获得更多生存空间……德国面临的问题是：在哪里能以最小的代价取得最大的成果……德国政策必须考虑到两个可恨的敌人：英国和法国，它们是不会容忍屹立于中欧的德国巨人的。两国都反对德国在欧洲或海外地位进一步加强，在这方面它们能够赢得国内一切政党的支持……如果我们确认使用具有风险的武力作为下列计划的基础，那么还需要回答'什么时候'和'怎样行动'的问题……今天谁也不知道 1943－1945 年将是怎样的情况。只有一件事情是肯定的，那就是我们不能再等了……如果元首还活着，他的不可变更的决心是，最迟在 1943－1945 年解决德国空间问题。"显而易见的是，鉴于希特勒所设定的解决德国生存空间问题的最后时限，欧洲的全面战争已迫在眉睫了，而且首先受到攻击的，必然是德国最为痛恨的英法两国，而不是更为强大的苏联。

6. 英法两国绥靖政策与英法苏三国谈判

丘吉尔早在出任首相之前，就已经预见到德国重新崛起的必然性，以及德国再次发动战争的危险性，同样也预见到英法苏合作的必要性。但在 20 世纪 30 年代的英国，在无原则和平主义的烟雾遮挡之下，像丘吉尔这样眼光独到的政治家，只会被苟且偷安的人们视为战争贩子。正是在英法两国的普通民众普遍对法西斯暴政缺乏警惕的情况下，英法两国走上了绥靖政策的道路，最终搬起石头砸了自己的脚。

在 20 世纪 30 年代的法国，也有眼光远大的外交家巴尔都，尝试继承白里安的和平事业，为欧洲各国的集体安全再添保障。1934 年 6 月，法国外交部长巴尔都提出《东方公约》（草案），为德国、波兰、捷克斯洛伐克、芬兰、苏联以及波罗的海三国提供边界安全保证，其主要内容包括：第一，按照国联盟约精神，上述国家愿承担义务，在一缔约国攻击另一缔约国时，立即给予援助；第二，任何签约国不得给予未参加本条约之侵略国以任何支持；第三，如果一缔约国进行攻击或威胁攻击，其他当事国愿为避免冲突及促使挽回和平共同会商；第四，如果一个非缔约国对签约国进行攻击或威胁攻击，缔约国应承担同样义务。《东方公约》其实是对《莱茵保安公约》的必要补充，如果《东方公约》得以缔结，则东欧各国与西欧各国的边界安全就都有了条约保证，因此东欧各国甚至包括苏联在内，对巴尔都的提案都表示欢迎。然而，在德国的拉拢引诱之下，与苏联有领土纠纷的波兰，与德国一起联合抵制《东方公约》，这份对波兰的国家安全最为有利的公约就此被搁置。1934 年 10 月，巴尔都在接待外宾时被纳粹德国派出的杀手杀害，《东方公约》最终不了了之。在此之后，纳粹德国与法西斯意大利加紧了对外侵略扩张的准备，而英法两国也全力推行绥靖政策，从而为纳粹德国与法西斯意大利的对外侵略行动打开了方便之门。

1935 年 10 月，法西斯意大利入侵北非埃塞俄比亚，英法两国只对意大利采取了无关痛痒的所谓“制裁”措施，并未实施关键战略物资尤其是石油的禁运，坐视埃塞俄比亚灭亡。1936 年 3 月，纳粹德国派兵进入莱茵非军事区，英法两国毫无反应。1936 年 7 月，西班牙内战爆发，英法两国组织所谓的“不干涉西班牙内战委员会”，对西班牙共和国实施武器禁运，却无视德意两国对西班牙叛军提供军事援助，坐视西班牙共和国灭亡。1938 年 3 月，德国军队开进奥地利境内，迅速占领奥地利全境，英法两国继续坐视不理。此时的英法两国但求避战自保，甚至妄想纳粹德国与法西斯意大利将侵略的矛头指向苏联。随着张伯伦出任英国首相，达拉第出任法国总理，绥靖政策被推向高潮。

在英国，“内维尔·张伯伦继任首相后，讨好德国的意念强过鲍尔温（英国前首相——引者注）。他自信对欧洲、甚至对整个世界的局势都了如指掌，一反前任首相不过多过问外交事务的惯例，兼掌外交大权。英国政府终于形成一套明确的绥靖计划。该计划的战略目标是以他国利益为代价，避战求和，尽量保持英国摇摇欲坠的大国地位。该战略设想的实施手段是：通过谈判和秘密交易，让出英国的次要利益，出卖中欧、东欧弱小国家的根本利益，祸水东引，牺牲苏联，确保西欧相对安全。为此，他同意意大利侵占埃塞俄比亚，容忍佛朗哥在西班牙建立独裁政权。”“张伯伦的种种举措，助长了希特勒的野心。”①英国首相张伯伦在出卖弱小国家、讨好纳粹德国的道路

① 阎照祥：《英国史》，北京：人民出版社，2003 年，第 365 页。

上越走越远，英国在欧洲大陆上的友好国家逐一减少，但张伯伦在英国民众心目中的声望却不减反增，因为张伯伦满足了英国的和平主义心理。然而，无原则的和平主义，是换不来真正的和平的。“的确，在当时，有许多英国人支持张伯伦，主张不惜一切代价维持和平。绥靖主义并不是张伯伦一个人的错，而是当时的一种思潮。英国人希望他们的善意能得到好报，侵略者得到了犒赏就会心满意足。但希特勒并不领他们的情……”①

在法国，“当纳粹德国一帆风顺地向外扩张之时，法国的反纳粹空气是相当稀薄的，法国人的普遍情绪就是：只要战火不烧到法国人身上，管它德国在外面干什么事。”②如果说英国还能依靠英吉利海峡的庇护以求避战自保，那么随着法国的盟友国家逐一沦陷，纳粹德国与意大利在欧洲大陆的逐步扩张，此时法国其实是受到了纳粹德国与意大利的双重威胁，但法国民众对此仿佛浑然不觉。“值得注意的是，与一战前法国为数不少的人大肆叫喊战争，鼓吹对德复仇形成强烈反差的是，当第二次世界大战的威胁日益逼近的时候，法国绝大多数国民却受到了和平主义思潮的影响，一厢情愿地想从法西斯国家，尤其是纳粹德国处乞求和平。”③正是在这种和平主义思潮的影响下，法国总理达拉第只能对英国首相张伯伦主导的绥靖主义政策亦步亦趋了。

绥靖政策被推向高潮的标志性事件，是英法两国出卖捷克斯洛伐克的“慕尼黑阴谋”。纳粹德国在吞并奥地利之后，已经在地理上对捷克斯洛伐克完成了局部包围，但面对严阵以待的捷克斯洛伐克军队，希特勒及其幕僚不敢轻举妄动。与纳粹德国相比，捷克斯洛伐克虽然只是个小国，但捷克斯洛伐克拥有从奥匈帝国继承下来的斯柯达兵工厂，该厂的生产规模仅次于纳粹德国的克虏伯兵工厂，是欧洲大陆第二大兵工厂，从机枪、坦克，到飞机、大炮，斯柯达兵工厂无所不造，从而使捷克斯洛伐克拥有一支装备精良、训练有素的现代化军队。捷克斯洛伐克还拥有德捷边境的苏台德山区，崇山峻岭成为捷克斯洛伐克防范纳粹德国入侵的天然屏障。然而，由于苏台德山区的居民以德意志人为主，希特勒便授意苏台德山区的纳粹分子在当

① 钱乘旦、许洁明：《英国通史》，上海：上海社会科学院出版社，2002年，第331—332页。

② 陈文海：《法国史》，北京：人民出版社，2004年，第477页。

③ 吕一民：《法国通史》，上海：上海社会科学院出版社，2002年，第327页。

地挑动矛盾，制造事端。尽管捷克斯洛伐克的少数民族政策，是在东欧各国之中最为开明的，但希特勒依然以苏台德山区的德意志居民“受到迫害”为由，频频发动舆论攻势，诱迫英法两国对捷克斯洛伐克施加外部压力。在此期间，张伯伦不惜两次乘飞机赶往纳粹德国面见希特勒，唯恐怠慢了希特勒便错失了实现和平的宝贵机遇。

1938年9月29日，英国首相张伯伦、法国总理达拉第、德国元首希特勒、意大利领袖墨索里尼在德国南部的慕尼黑举行会议，准备就捷克斯洛伐克的苏台德山区问题作出决定，会议没有邀请当事国捷克斯洛伐克派代表出席，也没有知会与捷克斯洛伐克订有互助条约的苏联参加。当天深夜，四国首脑私下达成《关于捷克斯洛伐克割让苏台德领土给德国的协定》，又称为《慕尼黑协定》：“基本内容是：(一)捷在苏台德区的军队的撤退将在10月1日开始；(二)从苏台德领土上的撤退应于10月10日完成，不得破坏目前存在的任何设施。协定附件规定，捷境内波兰人和匈牙利人的少数民族问题得到‘解决’后，四国将保障捷的新国界。”[①]《慕尼黑协定》实际上撤除了捷克斯洛伐克自我保卫的地理屏障，而且由于纳粹德国挑动波兰与匈牙利在少数民族问题上继续制造事端，英法两国根本不需要继续承担对捷克斯洛伐克的安全保证。1939年3月，纳粹德国军队开入捷克首都布拉格，进而占领捷克斯洛伐克全境，规模巨大的斯柯达兵工厂也由此成为纳粹德国的战利品。

捷克斯洛伐克的灭亡，意味着英法两国的绥靖政策完全破产。“将苏台德和捷克收入囊中之后……对‘生存空间’有无限欲望的希特勒又将进攻方向转向面积更大的波兰。与波兰订有军事互助盟约的英法两国似乎开始警觉起来，这时它们想到了可以与东方的苏联一起来遏制纳粹德国的扩张势头。但是，出于对共产主义的憎恶和恐惧，英法两国政府对于同苏联的联合一直显得三心二意、漫不经心，而且它们还经常设想，如能让纳粹德国去攻打苏联，那将是最好不过的事情。因此，英法与苏联的接触也就自然变成了马拉松式的扯皮。”[②]

在捷克斯洛伐克灭亡后，英法两国开始尝试与苏联接触。然而，英法两

---

① 丁建弘：《德国通史》，上海：上海社会科学院出版社，2002年，第358页。

② 陈文海：《法国史》，北京：人民出版社，2004年，第480页。

国既低估了苏联的军事实力，又怀疑苏联的真实意图，英法两国对英法苏三国谈判毫无诚意可言，只派出了级别较低且缺乏签约授权的军事代表团，乘坐轮船越过波罗的海，慢慢悠悠地前往苏联进行谈判。与此相反，苏联既有强大的军事实力，又有充分的谈判诚意，斯大林派出了具有签约授权的国防部长伏罗希洛夫元帅，作为军事代表团谈判代表。英法苏三国谈判本应从1939年3月就应该开始，但由于英法两国毫无诚意，谈判被拖到1939年8月才开始，而且英法两国总是纠缠于某些无关紧要的细节，谈判始终毫无进展。苏联方面开始怀疑，英法苏三国谈判的本身就是英法两国为纳粹德国进攻苏联争取时间的骗局，是另一个"慕尼黑阴谋"。

然而，纳粹德国深知苏联的军事实力比英法两国强大得多，希特勒也深知在进攻西欧之前，必须首先排除苏联出兵干预的可能性。1939年8月，德国外交部长里宾特洛甫主动联系苏联外交部长莫洛托夫，试探苏德两国签订互不侵犯条约的可能性。苏联方面起初对纳粹德国提出的谈判建议持有怀疑态度，但在英法苏三国谈判破裂后，斯大林果断决定立即与纳粹德国谈判。1939年8月23日，苏德两国签订《德国和苏维埃社会主义共和国联盟互不侵犯条约》，简称为《苏德互不侵犯条约》，又被称为《莫洛托夫一里宾特洛甫条约》。条约附有一份《秘密附加议定书》："议定书划分了东欧的势力范围：立陶宛和波兰西部属于德国的势力范围；芬兰、爱沙尼亚、拉脱维亚以及纳雷夫河、维斯瓦河和桑河以东的波兰地区划归苏联势力范围。在东南欧没有划定明确的分界线，但苏联强调它在比萨拉比亚的利益，德国则声明对这一地区'不感兴趣'。"[①]平心而论，希特勒与斯大林都把这份"互不侵犯条约"视为避免或者拖延对方进攻己方的权宜之计，而且"秘密附加议定书"也的确是国际社会上弱肉强食的典型事例。但对苏联来说，要打破英法两国"祸水东引"的阴谋，最好的选择莫过于与德国签订"互不侵犯条约"。

曾经在第一次世界大战期间领导过英国的杰出政治家劳合·乔治，对未能达成英苏同盟协议表示过深切遗憾，而丘吉尔更是对张伯伦提出了尖锐甚至激烈的批评。然而，在当时的和平主义思潮与绥靖主义迷雾之下，在英国政坛上春风得意的只能是张伯伦之流。正当张伯伦与达拉第自以为是地在慕尼黑缔造了"一代人的和平"，正当张伯伦与达拉第掉以轻心地敷衍

① 丁建弘：《德国通史》，上海：上海社会科学院出版社，2002年，第360—361页。

了英法苏三国谈判之际,西欧地区已经是末日将至。

二 视野拓展及重点问题分析

为什么《非战公约》未能阻止世界大战再次爆发？首先就要了解《非战公约》出台的历史背景与主要意图。如前所述,法国总理兼外交部长白里安提出订立《非战公约》,其首要目的是要强化法美两国的双边关系,从中求得法国自身安全的保证。尽管白里安提出的条约草案并不涉及任何军事同盟义务,而只是约定法美两国永不兵戎相见,因此这更像是一份互不侵犯条约。换言之,是协约而不是盟约。然而,在美国国务卿凯洛格看来,任何类似的双边条约,都有可能被法国以及其他欧洲大国视为美国偏袒法国的外交姿态,从而让美国失去在外交领域的主动权与灵活性。因此,凯洛格顺水推舟,将双边条约改造为多边条约,既让美国博得了维护世界和平的美名,又让法国的如意算盘彻底落空。由于作为公约发起国的法国与美国,以及作为公约参加国的英国、德国、苏联、日本等国家,对"非战公约"都持有半心半意、将信将疑的态度,因此各个缔约国都根据自身的国家利益或者扩张意图,对《非战公约》提出了各种各样、千奇百怪的保留条件。比如,英国、美国以及日本,都认为世界上某些地区乃是其国家核心利益之所系,因此在这些远离其领土之外的地区保留所谓的"例外权利"与"自卫权利",从而让《非战公约》成为一纸空文。

如果我们再看看法国方面提出的保留条件,则我们会更加明白为何《非战公约》形同废纸。法国方面提出的保留条件主要有四条,除了"不得与国际联盟现有条约相抵触"这一点合情合理之外,其余三条都可以说是直接推翻了《非战公约》。这三条包括:第一,"所有国家都应加入条约;只有普遍加入后,条约始生效。"正因为《非战公约》并非首先在会员国之间先行生效,而是必须等到世界上所有国家签订条约之后方才生效,因此其真正生效时间便富有争议性,而正在从事侵略活动的国家如日本,便可以此为借口逃脱遵守条约的义务。第二,"每个国家都应保留合法防御权。"由于对何谓"合法防御权"并无清晰界定,因此正在从事侵略活动的国家如日本,便可强词夺理地将中国东北地区、华北地区风起云涌的抗日爱国运动,诬称为对日本在华外交特权的侵犯,从而为赤裸裸的对华侵略行动,包裹上"合法防御"的漂亮外衣。第三,"如果一国破坏它不进行战争的保证,则所有其他国家自动解除义务。"作为"非战公约"的创始会员国，法国对待《非战公约》的态度确实匪夷所思。在个别缔约国破坏《非战公约》时，法国的态度并非在捍卫《非战公约》的同时，主动联合所有缔约国家，对个别侵略国家采取专门的军事制裁措施；法国的态度是在放弃追究个别侵略国家的战争责任的同时，宣布所有缔约国家同时解除条约义务，这无异于为个别从事侵略活动的国家直接免去战争罪行。正是由于法国以及其他参与《非战公约》的大国，都无意于遵守名存实亡的《非战公约》，因此《非战公约》也就不可能阻止世界大战的再次爆发。

三　深入探究指引

要了解法西斯主义运动在欧洲各国的兴起，我们不妨阅读国内学者杜美的著作《欧洲法西斯史》。这是一部关于欧洲各国的法西斯主义运动的国别史。在此书中，作者不仅尝试对法西斯主义给出明确的定义，而且对法西斯主义在欧洲的兴起过程，作了简单明了的梳理和分析。而且在后面的主体章节中，作者不仅分别介绍了意大利与德国这两个法西斯国家的法西斯化过程，而且还介绍了介乎于意大利与德国之间的奥地利法西斯主义运动，以及法国与英国这两个西欧民主国家的法西斯主义运动，可以说涵盖了欧洲各个主要国家。最后，作者还辑录了国内学者于20世纪80年代翻译的《民族社会主义德国工人党（纳粹党）根本纲领》，也就是臭名昭著的纳粹党"二十五条纲领"(1920年2月24日于慕尼黑)。这段严格按照原文翻译的译文，有助于我们直接去考察与反思德国纳粹主义运动的纲领主旨与精神实质，从而对德国纳粹主义运动有更为深刻的认识。

第二节　第二次世界大战

尽管第二次世界大战爆发于1939年9月，但其实早在1931年9月起，日本军队就开始全面侵占中国东北，之后更加向中国华北步步进逼，从1937年7月起，日本军队更加开始全面侵略中国。此时英法美等国并未对抵抗侵略的中国施加援手，予以帮助，也未对发动侵略的日本施加压力，予以制裁。及至1938年3月与1939年3月，当纳粹德国先后吞并奥地利与捷克斯洛伐克时，英法两国依然固守绥靖政策，依然采取牺牲他国、避战自保的消极策略。因此可以说，反法西斯阵营的组成并非一蹴而就，而是随着法西斯主义国家对外侵略扩张的扩大而逐步形成的。正因如此，反法西斯战争才会进行得如此艰苦卓绝。幸运的是，在反法西斯联盟各成员国的共同努力下，人类终于埋葬了罪孽深重的法西斯政权。

一 概 述

1. 第二次世界大战的爆发

按照国际通行的主流历史观点，1939 年 9 月 1 日，德国入侵波兰，意味着第二次世界大战全面爆发。因为从那时起，英法两国对德国宣战，欧洲几个主要大国都被卷入了战争。然而，我们认为国际通行的历史观点带有欧洲中心主义色彩，大有商榷的余地。在我们看来，1937 年 7 月 7 日，日本全面发动侵华战争，才是第二次世界大战爆发的真正起点。我们的观点主要有两个论据：一方面，中日两国是第二次世界大战的两大主要交战国，在后来的法西斯阵营与反法西斯阵营中，日本是德意日三大轴心国的一员，而中国则是中英美苏四大同盟国（后来是中英美法苏五大同盟国）的一员，中国还是抗击日本侵略的绝对主力。另一方面，中国战场是第二次世界大战的一大主战场，足以与苏德战场、北非战场、西欧战场以及太平洋战场并列，中国军民在抗击日本侵略的过程中坚持最久、牺牲最大，为反法西斯战争取得最终胜利做出了巨大贡献。

1937 年 7 月 7 日深夜，日本军队借口有士兵失踪，对驻守北平郊外宛平县城的中国军队发动突然袭击，此后对北平与天津发动大规模进攻，史称“七七事变”。中国人民的抗日战争由此全面爆发。1937 年 8 月 13 日，日本军队再次对上海发动大规模进攻，史称“八一三事变”。中国军队在上海市区及其外围地区英勇抵抗，将日本军队死死钉在淞沪地区长达三个月之久，打破了日本政府“三个月内灭亡中国”的阴谋。1937 年 9 月，中国国民党与中国共产党正式结成“抗日民族统一战线”，史称“第二次国共合作”（第一次国共合作是指北伐战争），中华儿女团结一致抵抗日本侵略者。1937 年 12 月 10 日，南京保卫战开始，中国军队进行了可歌可泣的殊死抵抗，但由于各个部队的指挥官在接到撤退命令后丢下部队临阵脱逃，无人指挥的城防阵地陆续崩溃。1937 年 12 月 13 日，南京陷落，日本军队对南京城内的战俘与平民，开始了长达六个星期之久的惨绝人寰的血腥屠杀，保守估计大约有30万手无寸铁的中国军民被杀害，史称“南京大屠杀”。此后，日本军队沿着交通线路以及长江两岸继续向中国内陆进犯。狂妄的日本侵略者没有估计到，中国军民的浴血抗战将持续到日本侵略者被彻底驱逐出中国为止。

在日本全面侵略中国的同时，纳粹德国、法西斯意大利以及日本这三个法西斯主义国家也加紧筹备相互勾结的计划。早在1936年11月5日，根据墨索里尼对希特勒发出的合作建议，法西斯意大利就与纳粹德国首先建立了“罗马一柏林轴心”，法西斯国家集团由此有了“轴心国”的称谓。1936年11月25日，为了从东西方向同时围堵苏联，纳粹德国与日本签订了《反共产国际协定》，1937年11月6日，法西斯意大利加入《反共产国际协定》，由此形成了“罗马一柏林一东京轴心”，“轴心国”集团至此初露端倪，但正式的军事同盟条约尚未签订，随着德意日三国各自对外扩大侵略，尤其是纳粹德国准备在欧洲大陆发动全面战争，德意日三国订立正式的军事同盟被提上议事日程。

1939年5月22日，在纳粹德国进攻波兰前夕，纳粹德国与法西斯意大利签订《德意友好同盟条约》，又被称为《钢铁同盟条约》，其主要内容包括：第一，缔约双方应经常保持接触，以便就所有与它们的共同利益或欧洲总形势有关的问题达成协议。第二，如果缔约双方的共同利益受到任何国际事件损害，双方应立即为维护这种利益而采取的措施进行磋商；如果缔约一方的安全或其他生存利益受外来威胁，另一方应从政治和外交上给予受威胁一方全力支持，以消除这一威胁。第三，如果违反缔约双方意愿和希望而发生缔约国一方陷入与另一个国家或几个国家的战争纠纷，缔约另一方应立即以盟国身份以其全部军事力量在地面、海上和空中予以援助。第四，为保证在上述情况下迅速履行第三条规定的同盟义务，缔约双方应在军事方面和战时经济方面进一步加强合作。第五，缔约双方一经签约，就有义务在共同进行战争情况下只有征得双方完全同意才能缔结停战与和平协定。尽管墨索里尼别出心裁地把德意同盟称为“钢铁同盟”，但国力不济的法西斯意大利只不过是纳粹德国的附庸。

1939年9月1日，德国军队根据预先制定的征服波兰的“白色方案”，出动62个师（约为150万人）、2500辆坦克、2000架飞机，从德国本土、东普鲁士、斯洛伐克三个方向对波兰国土发动突然袭击。由于德国军队已经率先完成了装甲化与机械化，德国军队能够以闪电般的速度对波兰军队进行分割包围。9 月 17 日，德国军队兵临华沙城下，波兰政府逃罗马尼亚，苏联军队以波兰政府已经逃亡国外为由，马上出兵进入波兰国土。9 月 18 日，苏德两国军队在布列斯特一立托夫斯克会师，波兰国土被苏德两国完全瓜分。9 月 28 日，华沙沦陷，在距离德波两国开战还不到一个月的时间里，波兰已经亡国。

1939 年 9 月 3 日，英法两国对德国宣战，自此英法两国与德国处于战争状态，第二次世界大战蔓延到整个亚欧大陆，但在对德宣战之后，英法两国军队始终躲在马其诺防线的后方，并未对德国西线守军采取有威胁的军事行动，英法两国见死不救的怪异局面，被人们称为“奇怪战争”或者“静坐战争”。实际上，所谓的“奇怪战争”并不奇怪，因为英法两国还再幻想德国在占领波兰之后，与苏联之间再无缓冲地带，德国接下来便会进攻苏联。然而，洪水总是从堤围最为薄弱的地方冲破，而冲破英法两国所在的西线，明显比冲破苏联所在的东线容易得多。毕竟在 20 世纪 20 年代，苏德两国被英法两国操纵的国际联盟孤立于国际社会时期，苏德两国曾经展开过异常紧密的军事合作。苏联红军为德国国防军提供训练场地，德国国防军为苏联红军提供训练课程，苏德两国军队都深知对方的战斗作风顽强彪悍，远非厌战畏敌的英法两国军队可比。

1940 年 4 月 9 日，德国军队以保护丹麦与挪威的中立为借口，同时进攻丹麦与挪威，丹麦军队放弃抵抗，德国军队于当天占领丹麦全境，同时也于当天占领挪威所有人烟稠密的地区。残余的挪威军队退到北极圈附近坚持抵抗，英法两国向挪威派出了数量有限的远征军，但在奋力战斗之后被德国军队赶下大海。北欧战役保障了从瑞典通向德国的铁矿石运输线，为德国军队进攻西欧扫除了来自侧翼的威胁。

1940 年 5 月 10 日，德国军队根据预先制定的征服西欧的“黄色方案”，出动 136 个师(约为 300 万人)、2500 辆坦克、3800 架飞机，同时对荷兰、比利时、卢森堡以及法国发动扇形进攻。德国陆军总司令布劳希奇制定的“黄色方案”原本只是“施里芬计划”的翻版，同样是越过比利时进攻法国，毫无突然性可言，深谙装甲突击战术的曼斯坦因与古德里安，绕过布劳希奇直接向希特勒进言，将“黄色方案”的主攻方向选定在法国东北部的阿登山区，选择以最短的进攻路径直插巴黎。希特勒最终采纳了曼斯坦因与古德里安的建议，将西线的德国军队分为三个集团军群：A 集团军群作为全军主力，下辖 3

个集团军45个师，负责在直面法国的阿登山区方向突破法国军队的防线，完成任务后直接进攻巴黎。B集团军群作为右路侧翼，下辖2个集团军29个师，负责进攻荷兰与比利时，完成任务后南下法国。C集团军群作为左路侧翼，下辖2个集团军18个师，负责从正面进攻马其诺防线，但仅仅是佯攻而不是强攻，以吸引法国军队在马其诺防线驻守的要塞部队为目的。余下的40多个师，作为德国最高统帅部直接指挥的总预备队，随时准备支援A、B、C三个集团军群。经过修订的“黄色方案”投入实施以后，战争进行得比想象当中还要顺利。

1940年5月10日，国小兵少的卢森堡军队在交战当天就宣布投降；5月14日，荷兰军队放弃抵抗，德国军队占领荷兰全境；5月28日，比利时军队放弃抵抗，德国军队占领比利时全境。在法德边境，德国军队的进展同样神速。1940年5月12日，德国的装甲部队只用了两天时间就完全穿越阿登山区并且攻占了色当要塞；5月26日，英国远征军以及部分法国军队，被如同潮水般涌来的德国军队围困在法国北部港口城市敦刻尔克，英国政府与英国海军马上启动“发电机计划”，动用一切能够动用的军用船只与民用船只，在此后一周时间内撤出了33万危在旦夕的部队，史称“敦刻尔克大撤退”，从而为日后盟军在西欧发动反攻，保留了最为宝贵的有生力量。此后的战局对法国越来越不利。1940年6月10日，法国政府宣布撤出巴黎；6月13日，法国首都巴黎被宣布为不设防城市；6月14日，德国军队兵不血刃地占领了巴黎；6月18日，法国政府宣布停止抵抗；6月20日，法国政府宣布投降。1940年7月1日，在德国军队的监视下，以法国元帅贝当为首的投降派官员，在法国中部的温泉疗养胜地维希成立傀儡政权，维希政权又称法兰西国家，贝当自任国家元首。在短短六个星期之内，号称“欧洲第一陆军强国”的法国就一败涂地，长期奉行绥靖政策与祸水东引政策的法国政府，终于首先尝到了绥靖政策的苦果。

1940年9月27日，在纳粹德国横扫西欧之后，纳粹德国、法西斯意大利与日本签订《德意日三国同盟条约》，其主要内容包括：第一，日本承认并尊重德意志和意大利在欧洲建立新秩序的领导权；第二，德意志和意大利承认并尊重日本在大东亚建立新秩序的领导权；第三，德意志、意大利和日本同意循上述路线努力合作，三国承允如三缔约国之一受目前不在欧洲战争或中日冲突中的一国攻击时，应以一切政治、经济和军事手段相援助；第四，德意志、意大利和日本声明上述各条款毫不影响三缔约国各与苏俄间现存的政治地位。

根据《德意日三国同盟条约》,德意两国与日本分别承认对方在欧洲大陆与亚太地区的扩张计划。然而,在很大程度上,《德意日三国同盟条约》仅仅具有政治意义而并不具有军事意义,因为在后来的苏德战争与美日战争中,纳粹德国与日本其实毫无战略配合可言。由于《德意日三国同盟条约》并不影响德意日三国与苏联的政治关系,因此在德国进攻苏联时,德国并没有提前知会日本,而日本也可以援引《苏日中立条约》,采取袖手旁观的态度,等到苏德战场出现明显有利于德国的局面时,日本才投入对苏联的进攻。而在日本偷袭美国之前,日本也同样没有提前知会作为盟友的德国。与之相类似,德国与意大利的扩张计划也是矛盾百出。轴心国集团成员出于自身的利益和目的,始终急于抢占它们分别划定的地盘,这种急功近利的各自为战,为反法西斯阵营团结一致打败法西斯国家,留下了难得的机遇。

2. 第二次世界大战的扩大

1940年夏天,正是法西斯国家集团对外侵略屡屡得手的时期。在亚洲,日本侵略者已经深入中国内地,中国东部大片国土沦丧,中华民族到了最危险的时候。在欧洲,德国侵略者已经横扫东欧、北欧、西欧,只剩下孤悬海外的英国还在孤军奋战。日本侵略者与德国侵略者的气焰嚣张到了极点。1940年7月16日,希特勒下令执行"海狮计划",企图抢占英吉利海峡制空权,为德国军队渡海进攻英国本土准备条件。8月13日起,德国空军开始对英国本土进行大规模轰炸。德国空军用于英国战场的飞机大约为2500架,其中轰炸机大约为1300架,而英国空军用于阻击德国空军的飞机大约1300架,交战双方可谓众寡悬殊,英国空军的飞行员是在用勇气和生命捍卫大不列颠。

然而,由于德国空军只有用于野战目标的轻型俯冲轰炸机,缺乏用于城市目标的重型战略轰炸机,而劳师远征的德国空军战斗机飞行员,与本土作战的英国空军战斗机飞行员势均力敌,而且英国空军飞行员还可以借助海岸雷达来发现敌人。此外,德国空军元帅戈林的作战计划与战场指挥混乱不堪,因此"海狮计划"并未达到抢占英吉利海峡制空权的效果。8月28日,英勇无畏的英国空军飞行员轰炸了德国首都柏林,尽管这次轰炸仅仅具有提振士气的意义，但成功地激怒了希特勒。从1940年9月7日起，出于对英国空军轰炸柏林的报复心理，德国空军将轰炸重点从军用机场、维修车间、油料仓库等战略目标，转向伦敦、伯明翰、考文垂等居民密集的城市。德国空军这一重大失误让英国空军承受的压力大为减轻，稳住阵脚的英国空军开始对德国空军发起大规模的反击，大批德国轰炸机被英国战斗机击落，德国军队渡海进攻英国本土变得遥遥无期。从1940年9月17日起，希特勒下令无限期搁置"海狮计划"，不列颠保卫战取得重大胜利。

在"海狮计划"陷入胶着之后，希特勒开始考虑在攻打英国之前首先攻打苏联，等到苏联灭亡之后再迫使英国就范。希特勒的狂妄计划，使德国再次步入"两线作战"的历史覆辙。1941年6月22日，根据德国最高统帅部制定的"巴巴罗萨计划"（巴巴罗萨指红胡子，是神圣罗马帝国皇帝腓特烈的绰号，此君在十字军东征时掉进河里淹死，因此这个名字其实很不吉利），德国军队大举进攻苏联。德国及其仆从国的军队出动了190个师（约为300万人，仆从国的很多个师都不满员，而且除了罗马尼亚部队之外，其他仆从国部队的战斗力都比较低下）、3800辆坦克、47000门火炮、4900架飞机，此后德国军队陆续增兵至550万人，投入兵力远远超过此前"白色方案"（进攻波兰）与"黄色方案"（进攻西欧）的总和。

在"巴巴罗萨计划"中，德国军队也被分为三个集团军群，分别是作为主力部队的中央集团军群，下辖50个师，进攻方向是白俄罗斯与俄罗斯，最终目标直指苏联首都莫斯科；作为左路部队的北方集团军群，下辖29个师，进攻方向是波罗的海沿岸的立陶宛、拉脱维亚、爱沙尼亚，最终目标直指彼得格勒；作为右路部队的南方集团军群，下辖57个师，进攻方向是乌克兰，最终目标直指战略要地斯大林格勒。当时苏联红军的防守兵力为170个师（约为290万人）、1500辆坦克、60000门火炮、1500架飞机，此后苏联红军陆续增兵至500万人，但前线兵力损失极为巨大。人类历史上最大规模的陆地战争，在苏联与德国这两个世界最强陆军强国之间展开。

由于苏联在20世纪30年代的"大清洗"中，大批富有战斗经验的前线指挥官被枪决（苏联红军军官被枪决者达到3万人），因此苏联红军的战斗力大打折扣。尽管苏联红军的士兵作战异常英勇，但运转不灵的指挥系统，以及不切实际的反攻命令，让上百万苏联红军白白牺牲。德国军队在苏联国土上如入无人之境，明斯克、基辅等重要城市相继沦陷。1941年7月15

日，距离苏德战争爆发已不到一个月，德国军队已经攻占了通向苏联中西部的交通枢纽城市斯摩棱斯克，此地距离苏联首都莫斯科还不到400公里，通向莫斯科的大门已经被打开，但此时中央集团军群的大批部队被调往乌克兰方向，企图抢占南俄平原的粮食产区，从而错过了最佳进攻时机。

1941年9月30日，天气已入秋凉，德国军队重新开始围攻莫斯科，莫斯科保卫战打响。根据德国陆军总参谋部制定的“台风计划”，德国军队出动了76个师(约为180万人)，1700辆坦克，14000门火炮，1400架飞机，开始全力进攻莫斯科。当时苏联红军的防守兵力为75个师(约为125万人，很多个师因为伤亡巨大而并不满员)、1000辆坦克、7600门火炮、700架飞机。在莫斯科城下，苏联红军表现得异常英勇顽强。1941年11月7日，俄国十月革命纪念日，莫斯科城外已是炮火连天，斯大林在红场检阅苏联红军，受阅部队通过检阅台后，直接奔赴前线，许多受阅官兵再也未能回来。在战况最为危急的时刻，德国军队已经能够通过望远镜看到红墙上的钟楼，曾有苏联红军的基层指挥官说过：“俄国虽大，但已无路可退，身后就是莫斯科。”苏联红军终于以巨大的牺牲抵挡住德国军队的疯狂进攻。1941年12月5日，苏联红军对莫斯科城下的德国军队发起反击，在一个月内将德国军队击退100公里至250公里，取得了莫斯科保卫战的胜利。

在苏德两国军队鏖战于莫斯科城下之时，日本法西斯主义者唯恐“错过公共汽车”，积极筹划进攻东南亚，夺取石油、橡胶、矿山等战略资源，并且企图在东南亚建立地区霸权。然而，除了迫使法国维希政府乖乖交出印度支那，并且出兵占领泰国之外，进攻马来半岛(后来的马来西亚)则会触犯英国的殖民利益，进攻东印度群岛(后来的印度尼西亚)则会触犯荷兰的殖民利益，进攻菲律宾更是会直接触怒美国。与此同时，随着日本在东亚侵略范围的扩大，美国对日本的态度也日趋强硬，从袖手旁观、空言谴责，到经济制裁、贸易禁运。而且，此时尚未卷入第二次世界大战的美国，已经与英国结成准盟友关系。

1941年8月13日，美国总统罗斯福与英国首相丘吉尔共同签署了《大西洋宪章》，并于次日向全世界发表，其主要内容包括：第一，(美英)两国不追求领土或其他方面扩张；第二，凡未经有关民族自由意志所同意的领土改变，(美英)两国不愿其实现；第三，尊重各民族自由选择其赖以生存的政府形式的权利，各民族中主权和自治权横遭剥夺者，(美英)两国俱欲设法予以恢复；第四，待纳粹暴政最后毁灭后，（美英）两国希望可以重建和平，使各国俱能在其疆土内安居乐业，并使全世界所有人类悉有自由生活，无所恐惧，亦不虞匮乏。也是在这次会议上，美国总统罗斯福还重申了“言论自由、信仰自由、免于匮乏的自由、免于恐惧的自由”即所谓“四大自由”原则。1941年9月24日，苏联政府宣布承认《大西洋宪章》的基本原则。

眼看德国军队在苏联国土上取得节节胜利，日本法西斯主义者终于不甘于人后。1941年12月7日，日本海军航空兵偷袭珍珠港，杀伤美国士兵3600多人，摧毁美国作战飞机200多架，毁伤美国各型战舰近20艘。这次突如其来的空袭，让美国海军太平洋舰队损失惨重，但对美国海军夏威夷基地造成的破坏相当有限，军用机场、维修船坞、油料仓库等关键设施受损轻微，而且美国强大的国力也足以弥补珍珠港事件所造成的损失。更为重要的是，珍珠港事件让美国国内的孤立主义思维与和平主义幻想一扫而空，美国由此成为中国、英国、苏联以及其他反法西斯国家的坚定盟友。随着苏联和美国先后加入反法西斯阵营，力量对比出现了明显有利于反法西斯国家的变化。

1942年1月1日，以中英美苏四大国为首的26个共同抗击法西斯集团侵略的国家联合发表《联合国家宣言》，其主要内容包括：第一，每一政府各自保证对与该政府作战的三国同盟成员国及其附从者使用其全部资源，不论军事或经济；第二，每一政府各自保证与本宣言签字国政府合作，不与敌人缔结单独停战协定或和约。至此，团结一致的反法西斯同盟正式成立，而反法西斯战争尽管任务依然艰巨，但前景已经趋于光明。

3. 第二次世界大战的转折

1942年，世界反法西斯战争的各个主战场都出现了伟大的转折。1942年7月，在苏德战场，德国军队在进攻莫斯科遭遇挫折后，逐步将主攻方向转向南俄平原与顿河河曲，企图在夺取乌克兰的粮食产区以后，继续南下夺取里海沿岸的巴库油田，而苏联南部的交通要津斯大林格勒，是德国军队南下攻占巴库、或者北上包抄莫斯科的必经之路。7月17日，斯大林格勒保卫战打响，苏德两国在斯大林格勒方向投入了超过200万军队彼此厮杀。在斯大林格勒城市外围，苏德两国最为精锐的部队，在极为狭窄的地域里展开了城市争夺战。斯大林格勒城市外围的德国军队有18个师（约为30万人)、500 辆坦克、3000 门火炮、1200 架飞机,而斯大林格勒城内的苏联守军虽然号称有 38 个师,但实际上不足 30 万人,绝大多数都是在之前的阻击战当中被打残的不满员的师,武器弹药不足,技术兵器奇缺。然而,苏联红军的士兵在城市的废墟之间与德国军队巧妙周旋,每一栋尚未倒塌的建筑物都被当成坚固的堡垒反复争夺,这种阵地犬牙交错的近身肉搏战,让德国军队的炮兵部队与航空部队难以发挥作用。正当斯大林格勒城内战况激烈时,苏联红军已经准备在远离斯大林格勒的外围地区发起反包围。

1942 年 9 月至 11 月,苏联红军开始秘密集结兵力,在斯大林格勒方向,苏联红军集中了 143 个师(约为 110 万人)、1500 辆坦克、15500 门火炮、1300 架飞机,面对德国军队的 80 个师(约为 100 万人)、700 辆坦克、10300 门火炮、1200 架飞机,苏联红军在斯大林格勒方向的军队数量已经超过德国军队,可以发起反包围了。1942 年 11 月 19 日与 20 日,苏联红军开始发起反攻,至 11 月 30 日,苏联红军对斯大林格勒城下的德国陆军第 6 集团军完成合围,将近 30 万德国军人成为瓮中之鳖。1943 年 2 月 1 日,经过长达两个月的围困,负隅顽抗的德国陆军第 6 集团军终于独木难支,随着集团军司令保卢斯元帅向苏联红军投降,艰苦卓绝的斯大林格勒保卫战宣告结束。斯大林格勒保卫战的胜利,意味着德国军队已经丧失了继续进攻苏联的主动权,攻守胜负的天平已经开始向苏联倾斜,这是第二次世界大战中最为重要的转折点。

在苏德战场出现重大转折的同时,在美日战场上也出现了重大转折。1942 年 5 月 8 日,美日两国海军在澳大利亚与新几内亚之间的珊瑚海爆发大规模遭遇战,史称“珊瑚海战役”。由日本海军 3 艘航空母舰(“翔鹤”、“瑞鹤”、“祥凤”),对阵美国海军 2 艘航空母舰(“约克敦”、“列克星敦”)。由于美国海军的航空母舰吨位较大、载机量也较多,因此双方航空兵力大致相当。交战的结果是美日两国海军各自损失 1 艘航空母舰与 1 艘驱逐舰。由于日本海军损失的是轻型航母“祥凤”号,而美国海军损失的是重型航母“列克星敦”号,因此美国所受损失似乎更大,但美国海军在珊瑚海战役中遏止了日本海军对新几内亚莫尔兹比港的进攻,从而暂时解除了日本在澳大利亚登陆的危险。更为重要的是,日本海军两艘主力航母“翔鹤”与“瑞鹤”因为舰体受损、战斗减员,无法参加后来的中途岛战役,这是美国海军在珊瑚海战役中最大的收获。

1942年6月4日,日本海军对美国夏威夷群岛最西端的中途岛发起大规模攻势,史称“中途岛战役”。日本海军能够动用的航空母舰本来多达10艘。然而在“珊瑚海战役”之后,“翔鹤”号与“瑞鹤”号航空母舰用了将近一个月还迟迟未能修复(美国海军的“约克敦”号航空母舰只用了三天三夜就基本完成修复),“翔凤”号航空母舰用于保护大而无当而且并未参战的战列舰队(与此同时美国海军的战列舰大多已在珍珠港事件中沉没),“瑞凤”号航空母舰用于支援中途岛登陆,还有两艘轻型航母用于支援阿留申群岛登陆,日本的航空母舰部队被拆散得七零八落。正因如此,在中途岛附近海域,情况与“珊瑚海战役”时大致类似,由日本海军4艘航空母舰(“赤城”、“加贺”、“苍龙”、“飞龙”),对阵美国海军3艘航空母舰(“企业”、“大黄蜂”、“约克敦”)。同样由于美国海军的航空母舰吨位较大、载机量也较多,因此双方航空兵力依然大致相当。

在战斗开始前夕,日本海军犯了两个致命错误:首先是日本海军联合舰队司令山本五十六始终以其战列舰编队(7艘战列舰加1艘航空母舰)为主力,拒绝为航空母舰编队(4艘航空母舰加2艘战列舰)提供护航;然后是日本海军航空母舰部队司令南云忠一以中途岛美军基地为主要攻击目标,而不是以美国海军航空母舰编队为主要攻击目标,而且第一航空母舰战队(“赤城”、“加贺”)司令南云忠一,与第二航空母舰战队(“飞龙”、“苍龙”)司令山口多闻之间,常常就攻击目标与出击时机等问题发生意见分歧。与日本海军正好相反,美国海军太平洋舰队司令尼米兹、美国海军第16特混舰队(“企业”、“大黄蜂”)司令斯普鲁恩斯、美国海军第17特混舰队(“约克敦”)司令弗莱彻,带着美国海军在珍珠港事件与“珊瑚海战役”之后的全部仅存部队,集中兵力对付来犯的日本海军航空母舰部队。

由于美国海军的密码破译、战场侦察、目标选择、出击时机都比日本海军出色得多,因此在美日两国海军交战之后,日本海军有4艘重型航空母舰全军覆没,而美国海军只有老旧的“约克敦”号被击沉(与此同时美国国内正在开足马力建造几十艘全新的航空母舰)。更为重要的是,日本海军两个航空母舰战队的飞行员几乎全部阵亡,这是日本海军飞行员当中的精锐部队。可以说,中途岛大海战摧毁了日本海军的进攻能力,攻守胜负的天平已经开始向美国倾斜,这是第二次世界大战中足以与斯大林格勒战役比肩的转折点。

1942年10月,在北非战场,由蒙哥马利率领的英国军队第八集团军(11

个师，23 万人），与由隆美尔率领的德意“非洲军团”（12 个师，10 万人），在埃及北部的阿拉曼地区展开大战，史称“阿拉曼战役”。由于英国军队背靠尼罗河三角洲，而且兵力占据优势，而德意“非洲军团”背靠沙漠，补给困难，因此阿拉曼战役以英国军队取胜，德意“非洲军团”被驱逐至突尼斯而告终。在阿拉曼战役之后，反法西斯盟军在北非与地中海地区的进攻越打越顺手。阿拉曼战役被视为可与斯大林格勒保卫战、中途岛大海战的第二次世界大战的三大转折点，但其战略意义主要体现为保证苏伊士运河安全，以及确保反法西斯盟军在地中海南岸的控制权，其重要性实在难以与斯大林格勒保卫战和中途岛大海战相比。

1943 年，世界反法西斯战争继续取得重大进展。在中国战场，中国国民党领导的正面战场，与中国共产党领导的敌后战场，相互之间形成有力的配合，继续打击、杀伤日本侵略者。在太平洋战场，美国陆军与美国海军密切配合，采取“蛙跳战术”打击日本侵略者。所谓“蛙跳战术”，是指在美国海军拥有制海权与制空权的前提下，美国海军陆战队与美国陆军只攻占具有战略意义的岛屿，而对于只有码头、没有机场的次要海岛，则采取跨越与封锁的策略，从而有效减少伤亡，此举大大加速了美国军队在太平洋战场的进展。在北非战场，1943 年 3 月至 5 月，英美盟军在突尼斯战役中歼灭德意“非洲军团”。1943 年 7 月至 8 月，英美盟军又成功地在意大利西西里岛登陆，并且准备在意大利本土登陆，战线即将被推回欧洲大陆。1943 年 7 月，墨索里尼领导的法西斯意大利政权因为政变而倒台。1943 年 9 月，意大利政府与英美盟军签订停战协定，反法西斯战争取得重大进展。

在苏德战场，1943 年 7 月至 8 月，苏联红军与德国军队进行了人类历史上最大规模的坦克大战，史称“库尔斯克战役”。在这次战役中，德国军队总共投入了 78 万人、3000 辆坦克、10000 门火炮、2000 架飞机，而苏联红军总共投入了 191 万人、5000 辆坦克、25000 门火炮、3000 架飞机。1943 年 7 月，在普罗霍罗夫卡地区，德国坦克与苏联坦克短兵相接，德国坦克拥有火力优势、装甲优势与质量优势，而苏联坦克拥有速度优势与数量优势。尽管在战后的统计中，德国坦克部队的损失与伤亡，比苏联坦克部队的损失与伤亡要小得多，但德国军事工业部门的运转能力已经达到极限，而苏联的军事工业部门还在源源不断地为前线提供支援，在这种比拼综合国力与动员能力的消耗战当中，德国终于在苏联面前败下阵来。“库尔斯克战役”的结果清楚表明,德国军队已经完全丧失了进攻能力,此后攻守双方形势逆转,苏联红军已经在稳扎稳打地向着苏德边境步步推进了。

4. 第二次世界大战的胜利

1944年,反法西斯阵营开始了全面反攻。在苏德战场上,从1944年起,苏联红军对德国军队实施了风卷残云的十次大规模突击,史称"十大打击"。这十次进攻战役展现了苏联红军高超的战争艺术,往往在上一次突击尚未结束之前,另一次突击就已经开始,让败退之中的德国军队完全没有喘息的机会。在"十大打击"之中,苏联红军歼灭了200多万德国军队,不仅收复了全部被占国土,而且已经深入东欧,逼近柏林。在西欧战场上,1944年6月6日,为了开辟第二战场,以美英两国为首的盟军在诺曼底半岛北部的五个登陆场大举登陆,史称"诺曼底登陆"。由于德国军队错误判断盟军的登陆地点为英吉利海峡最窄处(也就是加来海峡,从英国的多佛尔到法国的加来),因此盟军在登陆初期虽然也遇到过有力的阻击,但总体过程相对顺利。1944年7月25日,盟军登陆兵力已经达到288万人。1944年8月25日,盟军以自由法国的军队为先导,解放巴黎,标志着"诺曼底登陆"战役取得重大胜利。此后,盟军继续向法德边境推进。

在太平洋战场上,1944年10月,美国海军与日本海军在菲律宾莱特湾海域决战,这是人类历史上规模最大的一次海战,日本海军出动了4艘航空母舰、9艘战列舰、19艘巡洋舰、34艘驱逐舰、200架飞机,这已经是日本海军能够动用的全部兵力了。然而,美国海军出动了17艘航空母舰、18艘护卫航空母舰、12艘战列舰、24艘巡洋舰、141艘驱逐舰、1500架飞机,美日两国海军之间压倒性的兵力对比,使莱特湾海战变成美国海军对日本海军的围攻战。莱特湾海战的结果是日本海军的主力舰队几乎全军覆没。在此之后,日本海军已经没有能力对美国海军造成任何威胁了,而美国海军也转而从台湾岛与琉球群岛一线向日本本土逼近,太平洋战争胜利在望。

1945年,反法西斯战争进入了最后阶段。1945年4月16日,柏林战役正式打响,苏联红军出动了162个师(约为250万人)、6200辆坦克、42000门火炮、7500架飞机,围攻德国军队的48个师(约为100万人)、1500辆坦克、10400门火炮、3300架飞机。4月25日,苏联红军对大柏林地区形成合围;4月27日,苏联红军攻入柏林中心城区,4月29日,苏联红军开始强攻柏林国会大厦;4 月 30 日,苏联红军将胜利的红旗插上国会大厦楼顶,而希特勒则在元首地堡开枪自杀。1945 年 5 月 2 日,德国军队向苏联红军投降。1945 年 5 月 8 日与 5 月 9 日,希特勒的继承人、德国海军元帅邓尼茨,代表德国最高统帅部分别向西方盟国与苏联投降。至此,在德意日法西斯轴心国集团中最为强大的德国,终于被彻底击败。

1945 年 4 月至 6 月间,美国军队与日本军队在日本本土西南方向的琉球群岛(日本称冲绳群岛)展开大规模厮杀,史称“冲绳岛战役”。这是美国军队参战以来遇到的最为残酷和惨烈的战役,日本军队伤亡近 10 万人,美国军队伤亡近 7 万人,再加上日本军队在战局不利时强迫冲绳岛居民集体自杀“殉国”,冲绳岛平民死亡多达 14 万人。由于死亡人数太多,战斗结束后美国国内甚至取消了原定的庆祝活动。也正是在冲绳岛战役之后,美国政府决心动用原子弹,以避免美国军队登陆日本本土之后可能出现的上百万士兵的伤亡。8 月 6 日,美国军队在广岛投下第一颗原子弹;8 月 9 日,美国军队在长崎投下第二颗原子弹。8 月 14 日,日本天皇通过广播发表《停战诏书》,表示接受盟国提出的《波茨坦公告》。8 月 15 日,日本无条件投降(实际上是有条件投降,保留天皇制度就是最大的条件)。1945 年 9 月 2 日,日本政府代表在停泊于东京湾的美国战列舰“密苏里”号上签署正式投降书。至此,德意日法西斯轴心国集团全部被击败,第二次世界大战宣告结束。

“这样,第二次世界大战就结束了,它比第一次世界大战更残酷、更具破坏性。同第一次世界大战的 2840 万人的伤亡人数相比,这次大战的伤亡人数达到了 5000 万人,其中包括 2000 万苏联人、1500 万中国人(中国军民在第二次世界大战中的伤亡人数应为 3500 万人,中国是所有反法西斯阵营成员国当中牺牲最为惨重的国家——引者注)、500 万德国人、250 万日本人、100 万英国人和法国人、30 万美国人。最令人震惊的是,在这 5000 万伤亡人数中,有近五分之一的人是被残忍地杀害的。这 1000 万受害者是因种族、宗教、政治或其他原因而被当做‘不受欢迎的人’被灭绝的。”[①]两次世界大战对人类社会所造成的浩劫是空前的,当人类历史翻过这最残酷的两页之后,人们往往以“战后世界”来形容 1945 年以来的世界格局。在 1945 年以

① (美)斯塔夫里阿诺斯:《全球通史:从史前史到 21 世纪》(第 7 版修订版)(下册),吴象婴、梁赤民、董书慧、王昶译,梁赤民审校,上海:上海社会科学院出版社,2006 年,第 727 页。

后，对抗还是合作，战争还是和平，依然是人类社会难以避免的重大抉择，但纵观战后60多年的历史，人类在处理战争与和平的问题时，比起半个世纪以前的人们总算是冷静得多、慎重得多。

二　视野拓展及重点问题分析

要了解为什么“国际联盟”未能阻止世界大战再次爆发，首先就要了解“国际联盟”的产生方式、构成方式、运作方式。

首先，就产生方式而言，最早在世界大战期间提出建立“国际联盟”等世界国际组织的是英美两国爱好和平的普通民众。诚然，普通民众有着维护和平的良好愿望，然而在“国际联盟”的产生过程当中，英法美三国的统治阶级，都将“国际联盟”歪曲为实现其国家利益的外交工具，具体表现为惩办德国、围堵苏联以及通过委任统治的方式重新瓜分殖民地的外交工具。正因如此，“国际联盟”从其诞生之日起，就已经违背了普通民众呼吁成立“国际联盟”以维护世界和平的良好初衷，无论是被打败的德国，还是被孤立的苏联，上至国家领袖，下至普通民众，都不会对“国际联盟”维护世界和平的职能抱有太大的希望。尤其是在德国，人们更是把“国际联盟”视为《凡尔赛条约》的附属产物(《国联盟约》即为《凡尔赛条约》的序言)，从而对“国际联盟”深恶痛绝，即使在德国重新成为国际联盟行政院常任理事国之后，也依然是“国际联盟”内部的破坏性力量。

其次，就构成方式而言，早在“国际联盟”成立之初，美国就因为国内普遍存在的孤立主义浪潮，被迫否决《凡尔赛条约》及其附属的《国联盟约》，从而未能加入“国际联盟”，此事却被英法两国视为操纵“国际联盟”的天赐良机；而对苏联，英法两国更是视之为势不两立的意识形态对手，刻意把苏联排除在“国际联盟”之外，最终美苏两个最有实力的大国都未能加入“国际联盟”，从而在外部瓦解了“国际联盟”的代表性；而对德国，英法两国将其视为“国际联盟”所针对的主要对象，从而引起德国民众对“国际联盟”的普遍愤恨，尽管德国后来还是加入了国际联盟行政院并且成为常任理事国，但德国与日本、意大利一样，最终都只是把“国际联盟”视为实现其扩张计划的绊脚石，屡屡触犯《国联盟约》而从未受到“国际联盟”的制裁，从而在内部瓦解了“国际联盟”的权威性。

再次，就运作方式而言，自从“国际联盟”成立以来，对“侵略者”以及“侵略行为”就没有清晰的界定，也没有相应的制裁措施，而且在谴责“侵略者”时，实行完全不切实际的全体成员国一致通过原则，而不是实行较为切实可行的大国一致通过原则。因此，在国际社会出现一个国家对另一个国家的“侵略行为”时，“国际联盟”的行动能力极为有限，就连个别国家的侵略行为都无法制止，更加不要说阻止世界大战再次爆发了。

三　深入探究指引

要了解第二次世界大战对人类历史的意义，我们建议阅读美国历史学家斯塔夫里阿诺斯的著作《全球通史：从史前史到21世纪》。在此书中，斯塔夫里阿诺斯重申了通行于西方历史学界的一个重要观点，即两次世界大战是欧洲列强的全球霸权地位被逐步削弱乃至最终消失的过程，即所谓“西方的没落”(这里所指的西方是狭义的西方，仅指欧洲大陆)。斯塔夫里阿诺斯认为，如果说第一次世界大战在表面上加强了欧洲列强的全球霸权地位(以英法两国取得奥斯曼土耳其帝国在中东的领地为标志，英法两国均到达其海外殖民帝国的顶峰)，那么，以英法两国为代表的欧洲殖民帝国对海外殖民地的实际控制，其实已经因为欧洲列强自身实力的衰落，以及因为殖民地知识精英与普通民众的觉醒而被削弱。至第二次世界大战结束以后，欧洲列强这种外强中干的状况终于被彻底暴露出来。自从1945年以来，殖民地的民族独立运动风起云涌，最终导致欧洲殖民体系在较短时间内崩溃。斯塔夫里阿诺斯的观点，对于了解两次世界大战以来国际社会的格局变动，提供了有益参考。

第三节　雅尔塔体系与联合国

1919年至1921年成型的“凡尔赛—华盛顿体系”，以及负责维护这一体系的国际联盟，并未能够阻止世界大战的再一次爆发，而“凡尔赛—华盛顿体系”也随着战事再起而迅速崩溃。1944年至1945年，随着第二次世界大战临近结束，反法西斯联盟的主要领袖也开始考虑如何维护战后和平的问题。如果说“凡尔赛—华盛顿体系”的痼疾在于国际联盟欠缺代表性(美国始终未能加入，苏联长期受到排斥)与权威性(对于德国与日本两大战争策源地的形成坐视不理)，那么当新的战后国际体系建立起来时，必须要有更具有代表性与权威性的国际组织来取代国际联盟，这就是“雅尔塔体系”与联合国应运而生的历史背景。

一 概 述

1. 雅尔塔体系

在第二次世界大战中后期，随着战局的走向日益明朗，反法西斯阵营的主要同盟国，已经开始就战时合作与战后安排密集召开首脑会议，其中主要的几次会议包括：卡萨布兰卡会议（1943 年 1 月，美英法三国与会，主要讨论对德作战问题，确定首先从在地中海沿岸而非大西洋沿岸开辟战场）、开罗会议（1943 年 11 月，美英中三国与会，主要讨论对日作战问题，确定日本窃取自中国的领土必须归还中国，确定帮助朝鲜实现民族独立）、德黑兰会议（1943 年 11 月，美英苏三国与会，同时讨论对德对日作战问题，确定在大西洋沿岸开辟第二战场，确定苏联对日作战及其获取的回报，确定战后波兰国土向西推移）。

由于 1943 年战争还在紧张进行中，尽管总体战局对反法西斯阵营明显有利，但德国与日本仍然有反击的可能，因此在卡萨布兰卡会议、开罗会议与德黑兰会议上，主要议题是战时合作，次要议题是战后安排。到 1945 年，随着战局进一步明朗化，德、意、日轴心国阵营的最终失败只不过是时间问题，因此在 1945 年举行的雅尔塔会议与波茨坦会议上，美、英、苏三国主要讨论战后安排，而战时合作则已经隐隐出现裂痕。

1945 年 2 月，美国总统罗斯福、英国首相丘吉尔，以及会议的东道主苏联最高领导人斯大林，在苏联克里木半岛上的海滨度假胜地雅尔塔举行会晤。此次会议讨论的主要议题包括：分区占领德国问题、重新划定波兰领土与重新建立波兰政府问题、苏联对日作战问题，以及成立联合国等问题。其中，苏联为参加对日作战提出了三个交换条件：外蒙古现状须予以维持；日本在日俄战争中从沙皇俄国手中夺取的“权益”须予以恢复；千岛群岛须交予苏联。在这三个条件中，前面两个交换条件都严重损害了中国的领土主权，但英美两国为了换取苏联对日本作战，在并未知会中国政府的情况下，牺牲了中国的国家利益。

在雅尔塔会议上最重要的成果，莫过于关于联合国组成方式的种种安排。美、英、苏三国首脑认为，应该要建立联合国以取代国际联盟，联合国最重要的机构是安全理事会，相当于此前的国际联盟行政院。联合国安全理事会由五个常任理事国与六个非常任理事国(1965 年以后改为 10 个非常任理事国)组成，中、英、美、法、苏五国为常任理事国。可以说，建立联合国，以及确定联合国安全理事会的构成形式，是雅尔塔会议关于战后安排的最重要决议。以联合国取代国际联盟，实际上也意味着以反映战后现实的"雅尔塔体系"取代早已不合时宜的"凡尔赛一华盛顿"体系。

1945 年 7 月，美、英、苏三国首脑又在德国首都柏林郊外的波茨坦再次会晤，继续商定战后安排，此次会议讨论的主要议题包括：分区占领德国问题(增加分区占领德国首都柏林的决定)、重新划定波兰领土问题(确定波兰国土向西推移)、苏联对日作战问题(确定日本投降的条件)，并且决定在战争结束以后惩办战争罪犯。在很大程度上，波茨坦会议是对雅尔塔会议未尽事宜的后续讨论。

然而，由于领导人的更迭，波茨坦会议的气氛远远不如雅尔塔会议。1945 年 4 月 12 日，美国总统罗斯福因为脑出血而溘然长逝，新近接任的美国总统杜鲁门是个意识形态色彩极为浓厚的顽固派。"罗斯福和斯大林曾设想美国与苏联应该共同主宰世界。但是随着战争结束的临近，美苏两国政府的首脑们发现：彼此间的共同利益越来越少，彼此间的共同语言越来越少，相互间的冲突越来越多，相互间的不信任感越来越深。"[①]1945 年 7 月 28 日，英国首相丘吉尔由于国内大选落败而失去与会资格，新近接任的英国首相艾德礼缺乏丘吉尔的外交经验。由于美英两国领袖的易人，波茨坦会议如同一次无疾而终、不欢而散的会面，并未取得比雅尔塔会议更进一步的、具有划时代意义的重大成果。也正因如此，第二次世界大战结束以后建立起来的国际体系，被称为"雅尔塔体系"。

2. 联合国

1942 年 1 月 1 日，以中、英、美、苏四大国领衔的 26 个反法西斯联盟成员国，在美国首都华盛顿共同签署了《联合国家宣言》，表示承认 1941 年 8 月 14 日《大西洋宪章》的原则：动用全部军事力量与经济力量对轴心国及其

---

① 张建华：《俄国史》，北京：人民出版社，2004 年，第 217—218 页。

仆从国作战；不单独与轴心国及其仆从国签订停战协定或者和平条约。《联合国家宣言》的签署，为后来建立的国际组织——联合国奠定了最早的合作基础。1945年6月26日，以中、英、美、法、苏五大国领衔的50个联合国创始会员国，在美国旧金山共同签署了《联合国宪章》。1945年10月24日，《联合国宪章》正式生效，联合国正式成立，联合国总部设在美国纽约。1946年4月18日，国际联盟宣布解散，其财产与档案移交联合国，其维护和平的使命也被联合国所取代。

与国际联盟相比，联合国有两大优势。首先是安全理事会常任理事国组成方式的优势，其次是安全理事会议事规则的优势。

就联合国安全理事会常任理事国的组成方式而言，中、英、美、法、苏五大国都是在反法西斯战争当中付出过巨大牺牲、做出过卓越贡献的国家，由这五大国担任安全理事会常任理事国，是对反法西斯战争伟大成果的肯定，而在当年国际联盟行政院的常任理事国中，日本与德国都是具有军国主义传统的国家，并且最终分别成为亚洲战争策源地与欧洲战争策源地，是发动第二次世界大战的罪魁祸首，这也是国际联盟未能维持世界和平的重要原因。

就联合国安全理事会的议事规则而言，安全理事会采取实质问题"五大国一致"的原则，即关于程序问题的决议，只需要简单多数同意即可以通过，而关于实质问题的决议，必须要五大国均不表示反对(可以投赞成票，也可以投弃权票，甚至某大国代表缺席，也被视为不反对)的情况下才可以通过，至于某个问题属于程序问题还是属于实质问题，同样适用于"五大国一致"原则，在五大国意见不一致时，通常被认定为实质问题。与国际联盟行政院那种任何问题必须全体与会国一致通过(就连发动侵略的当事国也有投票权与否决权)的议事规则相比，联合国安全理事会的议事规则要周全合理得多，也确保了联合国安全理事会在维护和平、制裁侵略方面有更为充分的行动能力。

美国历史学家斯塔夫里阿诺斯曾经在《全球通史》中写道："第二次世界大战完成了对欧洲全球霸权的破坏，这一破坏始于第一次世界大战。因此，这两次大战对世界历史具有相似的意义。不过，它们也存在着重大差别，这些差别对当今的国际舞台有着重要意义。比起先前的霍亨索伦王室(德意志帝国王室——引者注)和哈布斯堡王室(奥匈帝国王室——引者注)，纳粹和日本军国主义者对欧洲和亚洲秩序的破坏要大得多。德国人侵占了整个欧洲大陆，日本人则侵占了整个东亚和东南亚。但是，这两大帝国都是短命的。它们到1945年已不复存在，留下了两大包括具有重要的经济和战略价值的地区在内的权力真空。同任何意识形态方面的原因差不多，这两大权力真空的存在导致了冷战的爆发，使各交战国不能在1945年之后立即形成全面的和解。""两次大战战后时期的另一个差别是1945年以后殖民地臣民进行了卓有成效的革命，这与1918年以后帝国权力的加强形成了鲜明对照。20年内，欧洲诸幅员辽阔的帝国几乎全部消失。因此，战后不久全球两大著名的发展便是殖民地革命和冷战。"①其实，从过去以欧洲为中心的"威斯特伐里亚体系"和"维也纳体系"，到后来以欧美为中心的"凡尔赛—华盛顿体系"，再到后来以美苏为中心的"雅尔塔体系"，欧洲实际上已经被边缘化了，而这在很大程度上是两次世界大战的必然结果。

二　视野拓展及重点问题分析

为什么联合国比国际联盟更能发挥维护和平的作用？如前所述，国际联盟的产生方式、构成方式、运作方式都存在着不可救药的先天缺陷，而在建设联合国的过程中，在各个成员国的共同努力下，可以说在一定程度上加强了联合国的代表性与权威性，从而使联合国比国际联盟更能发挥维护和平的作用。

首先，就代表性而言，国际联盟早在诞生之初，就被英法两国所操纵，美国并未加入，德国饱受打压，苏联备受孤立，而日本和意大利更是其中的破坏性力量，以中国为代表的殖民地半殖民地国家欠缺发言权与影响力，因此国际联盟的代表性其实并不充分，很容易沦为英法两国以及日本任意玩弄的工具。但联合国与国际联盟有所不同，尽管美苏两国处于尖锐的意识形态对立之中，但这两个超级大国都成为联合国的重要参与者，英法两国作为传统大国，在联合国安理会当中也保留其席位，中国作为发展中国家的唯一代表，在联合国安理会中也有一席之地，而德国（冷战时期分裂为东德与西德，分别拥有联合国会员资格）、日本和意大利作为发动第二次世界大战的三个轴心国成员，在被接纳进联合国的同时，在联合国安全理事会（相当于

① （美）斯塔夫里阿诺斯：《全球通史：从史前史到21世纪》（第7版修订版）（下册），吴象婴、梁赤民、董书慧、王昶译，梁赤民审校，上海：上海社会科学院出版社，2006年，第728页。

国际联盟行政院)不再拥有大国资格,因此联合国的代表性比国际联盟的代表性更为充分,更能发挥维护和平的作用。

其次,就权威性而言,国际联盟自从其诞生时起,就对一个国家对另一个国家的侵略行为,采取貌似公正但实则偏袒的态度,例如国际联盟在"九一八事变"之后派出的"李顿调查团",就公然为日本侵略者辩护。国际联盟对意大利侵略埃塞俄比亚,对德国和意大利卷入西班牙内战,同样是睁一只眼闭一只眼,从而逐渐丧失了其在弱小国家心目中的权威性。但联合国与国际联盟有所不同,联合国对待地区冲突,其应对措施比国际联盟更为积极主动。尽管在此过程中,联合国也曾经被某些大国所玩弄,例如在朝鲜战争中,所谓的"联合国军"旗号成为美国军队入侵朝鲜半岛的遮羞布,但在后来的地区冲突中,例如在海湾战争中,联合国还是发挥了维护和平、制止侵略的积极作用。展望未来,尽管联合国在其运作过程中依然存在诸多不足,但世界上各个主权国家还是应该通过联合国来维护和平、化解冲突,而非绕过联合国而采取单边行动。

三　深入探究指引

要了解第二次世界大战结束后国际秩序的重大变动,我们建议阅读法国历史学家德尼兹·加亚尔、贝尔纳代特·德尚、阿尔德伯特等人编写的《欧洲史》。如前所述,两次世界大战所导致的欧洲全球霸权的衰落(乃至欧洲各国自身的衰落),在美国和苏联这两个新近崛起的超级大国之间留下了巨大的政治经济力量真空,为了取得压倒对方的实力优势,美苏两国竞相争夺欧洲大陆,使得刚刚经历过第二次世界大战洗礼的欧洲,旋即又被卷入美苏冷战的旋涡之中。在此书中,作者以简明扼要的语言,向人们讲述了被历经破坏的欧洲,如何在冷战阴影中艰难重建的历程。从中不难看出,在经历两次世界大战之后,曾经在国际关系格局当中占据中心地位的欧洲各国,早已在美苏冷战的大背景中被边缘化,然而正是这种边缘化,却使得欧洲各国的统治精英与普通民众冷静地反思过去引发全面战争的历史,从而使这片爆发过两次世界大战的欧洲大陆,成为一片相对安静祥和的地区。

第三章　冷战：长期和平？

二战结束后，美苏这两个战时的盟国迅速转变为敌手，双方不仅在全球范围内组织起了各自的政治军事集团，而且还在军事、政治、经济、意识形态等各个方面展开了全面对抗。由于双方势均力敌、各自掌握了能互相摧毁的核武器，同时又迫于渴望世界和平的国际舆论的压力，因此美苏和东西方两大阵营之间的这种全面对抗一直保持在"冷战"的层次而没有向"热战"转化，从而导致了从二战结束后到苏联解体前这一段时期内再未发生大国之间的全面战争和世界大战。但大国之间的冷战绝不意味着世界局势的安定和和平，北大西洋公约组织和华沙条约组织两大军事集团的对抗和军备竞赛，以及不断爆发的核危机和各种危机，都令整个世界生活在"恐怖和平"之中。

第一节　冷战的形成

由于互相之间的不信任，美苏在二战结束后迅速走向了互相敌对。为了稳固继承自雅尔塔体系的各自势力范围，双方通过一系列军事一政治的双边与多边结盟，分别在西欧和东欧组建了北约与华约两大军事集团而互相对峙。这两大军事集团的军事对峙构成了冷战在欧洲的主要表现形式。

一　概　述

第二次世界大战严重削弱了欧洲传统强国和日本，美国和苏联成为战后主导整个世界格局的两个超级大国。按照二战末期美苏领导人的设想，美苏两国原本是要在战后进行合作以维持世界的和平，但这种合作却因为二战结束后不久双方之间出现的严重分歧而迅速走向分裂。随着这两个超级大国形成对立，世界其他许多国家也在这两个国家的影响下纷纷加入资本主义国家阵营或社会主义国家阵营，从而形成了东西方两大阵营的对峙。

在对立中，西方国家于 1949 年成立了北大西洋公约组织这一政治军事联盟（简称北约），而苏联和东欧社会主义国家则在 1955 年成立了针锋相对的华沙条约组织（简称华约）。这两大军事集团不仅互相对峙，而且还展开了以发展核武器为内容的核军备竞赛，以求恐吓和遏制对手。这使得整个人类社会始终处在随时可能被核战争毁灭的阴影下。但由于核武器的巨大破坏性会导致两国都在核战争中被摧毁，因此美苏双方又竭力避免两个大国之间爆发直接的冲突和战争（热战）。东西方两大阵营这种尽力避免“热战”，但又在政治、军事、经济、意识形态等领域展开全面对立的“冷战”，构成了二战结束后到 1990 年代初整个国际舞台中的主要内容。

由于美苏两国的力量此消彼长、而两大阵营内部也不断分化演变，从 1947 年开始的冷战也不断变化。1948 年发生在欧洲的第一次柏林危机和 1950 年发生在亚洲的朝鲜战争，令两大阵营的冷战对峙走向激化，彼此之间的核军备竞赛也日益加速。1958－1961 年发生的第二次柏林危机和 1962 年 10 月爆发的古巴导弹危机，则令冷战走到了世界大战的边缘。这些危机让美苏两国认识到，在彼此都拥有核武器的情况下进行对抗具有同归于尽的巨大风险。从 20 世纪 60 年代初开始，美苏双方开始进行限制与裁减核武器的谈判，以缓和冷战对峙的严重局面。同时，1948 年发生的苏南冲突，1950 年代末期发生的中苏分裂，和 60 年代开始的法国独立性的发展，标志着两大阵营都处在不断的分化之中。

虽然从 60 年代初美苏两国开始缓和两国之间的关系，但是双方不断在世界其他地区推行的扩张政策大大削弱了其实力。美国于 60 年代初开始介入越南战争，却令自身深陷其中，不仅美国的军事实力和国际声望遭到了极大打击，美国国内也出现了严重的动荡，从而导致美国的国力被严重削弱。1969 年上台的尼克松政府转而执行对苏联的“缓和”外交。

与此同时，实力不断增强的苏联转而采取进攻战略，积极扩张自己的全球霸权，并在 70 年代末入侵阿富汗，其霸权主义达到了顶峰。但苏联入侵阿富汗后也陷入与美国卷入越南战争时面临的同样局面，而苏联国内经济发展也日益停滞，其实力遭到极大地削弱。1981年美国里根政府开始执政后，重新与苏联展开对抗，并提出了俗称为"星球大战"的"战略防御计划"，建立多层次多手段的反弹道导弹系统。里根政府通过这一计划，成功地将苏联拖入了与美国进行军事、高科技等方面的竞争中，这进一步加重了苏联的经济问题，苏联经济呈现出下滑的颓势。1985年苏联新领导人戈尔巴乔夫上台后，推行"新思维"战略，要求与美国进行缓和，强调"人类生存高于一切"，并在国内进行政治"多元化"改革。但戈尔巴乔夫的改革并未取得成功，此后苏联出现了严重的社会动荡，并于1991年12月解体。而东欧社会主义国家也于1989年发生了"东欧剧变"，东欧各国共产党先后丧失了执政党地位。至此，持续了四十多年的两大阵营对峙格局结束，冷战走到了终点。

二 视野拓展及重点问题分析

1. 北约与华约两大军事集团的形成

二战结束后，西欧由于自身力量在二战中遭到了极大的削弱，因此对共产主义和苏联在西欧扩张力量保持了极大的戒心和警惕。由于担心强大的苏联可能发动军事进攻，西欧国家一方面组建了各种军事同盟，以求协调各国军力而加强彼此的安全，另一方面希望能得到美国的军事保护。而西方各国组建军事集团的行动反过来又刺激了苏联，苏联转而联合东欧国家建立军事同盟，这样最后形成了北大西洋公约组织和华沙条约组织两大军事集团在欧洲对垒的情况。

西欧最早出现的军事同盟集团是1947年3月4日，英国和法国为防备德国可能对两国进行再次侵略而签订的《敦刻尔克条约》，规定两国在面临德国侵略时要采取互助措施。冷战出现后，西欧日益担心可能遭到苏联的军事打击。在美国的支持下，英国外交大臣贝文在1948年1月初提议西欧建立一个将西方国家组织起来的集体安全组织"西方联盟"。[①]

就在贝文提出这一建议的前后，欧洲先后发生了苏联和东欧国家拒绝

① （英）彼得·卡尔沃科雷西主编：《国际事务概览：1947—1948年》，上海：上海译文出版社，1990年，第121—123页。

马歇尔计划、共产党和工人党情报局成立、捷克发生二月事件等一系列重大事件，这令西欧更加恐惧，因此法国、比利时、荷兰和卢森堡都赞同英国的这一提议。1948 年 3 月 17 日，英、法、比、荷、卢五国外长在布鲁塞尔签订了《布鲁塞尔条约》，建立了“布鲁塞尔条约组织”。该联盟的核心内容就是五国任何一国在遭到侵略和维持国际和平时，五国彼此要进行互助。美国大力支持这一军事同盟的成立，而苏联则持强烈的批评态度。[①]

“布鲁塞尔条约组织”建立后，西欧国家希望美国能积极对欧洲进行军事介入，以确保西欧的安全。作为答复，美国不仅要求西欧国家必须表现出愿意抵抗侵略的决心和努力，更要求西欧联盟进一步扩大，将美国认为是具有战略意义的其他欧洲国家吸收进来，以对付苏联。1948 年 7 月到 1949 年 3 月，美国、加拿大和布鲁塞尔条约国在华盛顿举行会议，商讨签署北大西洋公约和建立北大西洋公约组织的事宜。在此期间，又先后邀请了挪威、丹麦、瑞典、冰岛、爱尔兰、葡萄牙等国加入。1949 年 3 月 18 日，美国国务卿艾奇逊公布了北大西洋公约的正式文本，4 月 4 日，美国、加拿大、比利时、法国、卢森堡、荷兰、英国、丹麦、挪威、冰岛、葡萄牙和意大利各国代表在华盛顿签署了这一条约，到 8 月 24 日各国先后批准了这一公约后，公约正式生效，北大西洋公约组织正式成立。[②]

北约成立之初，其主要机构有大西洋理事会、防务委员会和 5 个军事性地区计划小组，都是围绕如何加强各国军事合作和统一防务这一核心问题展开的，此后北约在组织结构上不断完善，会员国范围也不断扩大。就组织结构而言，1949 年 11 月 18 日北约在第二届理事会上成立了防务财务和经济委员会，开始推动北约各成员国的经济合作。1950 年北约成立了常设理事会，负责北约各项政策的实施。最为重要的是，朝鲜战争爆发后由于担心苏联会对西欧进行武力威胁，1950 年 12 月 8 日北约理事会做出决议，成立了欧洲盟军司令部，由美国的艾森豪威尔担任盟军最高司令，负责统筹欧洲各国军事力量与美国军事力量，以形成一支统一的军事力量来防卫欧洲。

---

① (英)彼得·卡尔沃科雷西主编：《国际事务概览：1947—1948 年》，上海：上海译文出版社，1990 年，第 141—151 页。

② 《战后世界历史长编》编委会：《战后世界历史长编：1948 年》，上海：上海人民出版社，1978 年，第 31—113 页。

此后北约还于1952年建立了大西洋盟军司令部、海峡司令部等。随着这些军事机构的建立以及相应部队的形成和部署,北约成为一个真正的军事集团。

随后北约成员的不断扩大。1952年希腊和土耳其加入了北约,更为重要的是1955年5月联邦德国也正式加入了北约,成为西方对抗东方国家的桥头堡。朝鲜战争爆发后,美国一直极力想要将德国纳入到北约之中,以便武装德国来抵抗苏联可能的威胁。为了达到这一目的,1952年5月26日美国联合英法与联邦德国签订了《波恩条约》,结束了西德的被占领状态,恢复了西德的主权。但美国设想的、德国单独武装并与其他国家建立"欧洲防务集团"的计划由于法国对德国的担心而搁浅,但此后英美继续联手推动欧洲国家建立集体防务组织。1954年10月23日,布鲁塞尔条约组织5成员国同联邦德国和意大利在巴黎签署《巴黎协定》,对《布鲁塞尔条约》进行了修改,决定将"布鲁塞尔条约组织"改为"西欧联盟",同时联邦德国和意大利加入"西欧联盟",而"西欧联盟"则作为北约防务体系的一部分发挥作用。这就为德国加入北约铺平了道路。1955年5月6日《巴黎协定》生效,西欧联盟正式成立,5月9日联邦德国正式加入北约,德国实现了重新武装。①

在西方国家形成北约这个军事集团的过程中,社会主义国家为了与其抗衡,加强社会主义各国之间的军事协调和合作,也开始组建自己的军事集团。1954年10月《巴黎协定》签署后,1954年11月苏联政府曾照会23个欧洲国家和美国政府,要求他们不要批准《巴黎协定》,并建议召开欧洲集体安全会议,讨论"防止德国军国主义再起"等问题,并缔结维持欧洲集体安全的《欧洲集体安全条约》,但遭西方国家的拒绝。同年11月29日至12月2日,苏联同阿尔巴尼亚、保加利亚、波兰、民主德国、捷克斯洛伐克、罗马尼亚、匈牙利在莫斯科举行"欧洲国家保障欧洲和平和安全会议",声称如西方国家批准《巴黎协定》,苏联和东欧国家将在组织武装力量和联合司令部方面采取共同措施。1955年3月,八国就缔结集体友好互助条约的原则、组建联合武装力量及其统帅部等问题进行了协商,并取得一致意见。

5月5日西欧联盟形成后,5月14日苏、阿、保、匈、东德、波、罗、捷八国

---

① 刘同舜、姚椿龄:《战后世界历史长编:1955年》,上海:上海人民出版社,1997年,第182—214页。

在华沙签署了由苏联领导人赫鲁晓夫起草的《阿尔巴尼亚人民共和国、保加利亚人民共和国、匈牙利人民共和国、德意志民主共和国、波兰人民共和国、罗马尼亚人民共和国、苏维埃社会主义共和国联盟、捷克斯洛伐克共和国友好合作互助条约》,简称《华沙条约》。该条约有效期为二十年(到期可顺延十年)。同年6月4日,根据《华沙条约》第六条规定,华沙条约组织的这一军事、政治同盟正式成立。华沙条约组织总部设在莫斯科。随着1955年华沙条约组织的成立,北约和华约两大军事组织的对峙成为东西方两大阵营在欧洲军事对立的主要内容。

北约和华约两大军事组织都从上世纪60年代开始发生变化。在北约方面,由于戴高乐上台后法国要求获得外交上的独立权,1966年7月1日法国退出了北约军事一体化机构。而华约的变化更大。由于苏联与阿尔巴尼亚交恶,阿尔巴尼亚于1968年9月13日宣布退出华沙条约组织。而1968年8月苏联利用华约组织的武装力量对捷克斯洛伐克的“布拉格之春”改革运动进行武装干涉,更令华约组织沦为苏联干涉其他社会主义国家内政的工具。

到90年代初,随着苏东剧变的发生,华约组织迅速走向解体。1990年10月3日,两德合并后,民主德国退出华沙条约组织。1991年2月25日,在布达佩斯召开的华约政治协商委员会非常会议决定从1991年4月1日起终止在华沙条约范围内所签订的军事协定的效力,废除华沙条约的军事机构。同年7月1日,华沙条约缔约国在布拉格举行会议,宣布华沙条约组织正式解散。随着华约组织的解散,两大军事组织长达30多年的军事对峙状态结束。

2.以核武器为核心的军备竞赛

1945年8月6日和8月9日,美国在日本广岛和长崎投放的原子弹展现出了巨大的杀伤力和破坏力。在原子弹投放的当天,广岛伤亡人数高达14万,长崎伤亡人数达10.4万人,此后还不断有人死亡,而且许多人因为受到核辐射污染而在一生中遭受到各种病痛的折磨。广岛市距离核弹爆心投影点2.8公里半径里全部建筑物被毁,爆心投影点4公里半径内大部分房屋被破坏。长崎市距离核弹爆心投影点2.5公里半径里全部建筑物被毁,爆心投影点4公里半径内大部分房屋被破坏。

美国在日本投掷的原子弹展现了核武器具有其他武器难以比拟的巨大破坏力和威慑力，因此二战结束后不久世界各大国纷纷确立了建立自己的核武库以威慑对手的核战略。在这种核战略影响下，全世界范围内出现了激烈的核军备竞赛，这令整个人类社会处在核战争的阴影之下。

从二战结束到 1949 年苏联爆炸了自己的原子弹这一时期，全世界只有美国拥有原子弹及投射工具战略轰炸机，美国在核武器上的这一优势令美国开始逐步确立其核威慑理论，即通过掌握具有优势的核武器来震慑对手或潜在的对手，使其不敢对美国采取不利的行动。[①] 但苏联领导人很早就认识到了核武器的重要性，并在二战即将结束的时候开始秘密研发核武器，并于 1949 年 8 月 29 日引爆了自己的第一枚核弹。苏联成功开发出自己的核武器，意味着美国的核垄断被打破。从此开始，美苏双方为了实现自己的核优势，开始大力发展自己的核力量，从而形成了核军备竞赛。

1949 年 8 月苏联爆炸了自己的原子弹后，美国为了实现自己的核优势，于 1951 年 5 月爆炸了威力更大的热核武器氢弹的实验装置，这枚氢弹实验装置的爆炸威力为 1040 万吨梯恩梯当量，相当于投向日本广岛那颗原子弹威力的 800 倍，其威力大大超过了原子弹。美国政府试图利用氢弹来威慑苏联，继续自己在核武器上的优势。但事与愿违，1953 年苏联就成功研发了真正意义上的热核武器氢弹。非但如此，苏联还在核武器的投射工具方面取得了重大进步——1955 年拥有了核武器投射工具——远程战略轰炸机，1957 年苏联更成功试射了世界第一枚洲际导弹——洲际导弹可以更为容易、更加快速地将核弹头投掷到敌方领土上，并成功发射了世界第一颗人造卫星。面临苏联的核竞赛，美国也不甘示弱。此后美国分别于 1958 年 1 月和 1959 年 10 月成功发射了自己的卫星和洲际导弹。为了能在军备竞赛中超过和压倒对手，美苏两国还分别开发成功了更加隐蔽、生存能力更强的核潜艇，以及拦截对方洲际导弹的反弹道导弹等。双方的核军备竞赛愈演愈烈，其竞争范围也从陆地、天空扩展到深海、太空。[②]

在美苏之间进行核军备竞赛的同时，一些国家也出于维护本国国家安全的考虑，开始研发核武器，这导致了核武器的扩散。1952 年 10 月 3 日英

① 王仲春：《核武器、核国家、核战略》，北京：时事出版社，2007 年，第 103 页。
② 王仲春：《核武器、核国家、核战略》，北京：时事出版社，2007 年，第 80—88 页。

国成功引爆原子弹，成为了第三个拥有核武器的国家，并很快拥有了氢弹、核潜艇、洲际导弹和战略轰炸机。而法国则于1960年1月研制成功自己的原子弹，并随后拥有了氢弹、核潜艇、战略轰炸机和洲际导弹。中国也于1964年10月16日引爆了自己的原子弹，并于1967年6月和此后发展出了自己的氢弹、战略轰炸机、洲际导弹和核潜艇。随后印度、巴基斯坦等国都在冷战时期成为拥有核武器的国家，核武器的扩散呈现出愈演愈烈的趋势。

核军备竞赛与核武器扩散，对人类社会构成了巨大威胁。从50年代起，全世界范围内兴起了反核运动。此外，1961年的古巴导弹危机让美苏两个核大国认识到核军备竞赛极为危险、极易触发核冲突，而且核军备竞赛也对美苏两国造成了极大的经济压力。为了缓和彼此的核对立和威胁，为此从70年代起美苏开始了限制战略武器谈判(简称核裁军)。经过努力，美苏之间签订了多个核军备管制协议，使双方都可以减少于核武器系统的开支。这些协议虽然对双方的核武库数量进行了一定限制，但由于美苏双方不断开发新型核武器及其投射工具，如爆炸威力更大、精度更高的核武器和多目标重返大气层载具武器，因此其成果有限，美苏双方都保存了足以毁灭对方几次的能力。

1980年苏联入侵阿富汗之后，美国对苏联的态度开始重新强硬，不仅放弃了核裁军，而且还开始了新一轮竞争质量优势的核军备竞赛。罗纳德·里根当选美国总统后，美国开始进行太空反弹道导弹系统，又名“星球大战”计划。苏联领导人戈尔巴乔夫曾希望与里根就削减美苏核武库问题达成共识，但里根却坚持进行“星球大战”以获得对苏联的军事优势。① 这引起了美苏之间新一波的核军备竞赛，并对苏联经济造成了极大的压力，是苏联经济走向衰败的原因之一。

三　深入探究指引

二战后期美国与苏联两国是世界反法西斯同盟中两个互相合作的盟友，但二战结束后不久这两个世界上最强大的国家却迅速的走向对立，从而令整个世界进入到了冷战时代。两个曾经的盟国为何如此快地走向对立、冷战是如何起源的？这个问题对于理解二战后整个世界的战争与和平非常

① 谭汉:《美苏的太空军备竞赛》,《国际问题研究》,1985年第2期,第11—16页。

关键。当今学术界的普遍看法是，二战结束后初期整个国际格局处在剧烈的变动之中，而当时两个超级大国美苏两国出于对彼此的疑虑和误解，采取了互相刺激和不断升级的敌对行动，最终导致了冷战的形成。

二战结束后，美国成为世界上最强大的国家，不仅其经济实力令其他国家难以望其项背，而且还是世界上唯一的核武器拥有国。美国在二战结束前后，积极推行自己有关战后世界安排的设想。根据美国的设想，1944 年 8 月 21 日到 9 月 28 日举行了有美、苏、英、中参加的“敦巴顿橡树园会议”，专门讨论成立一个战后国际组织、邀请世界所有国家平等参加、维护国际和平和安全的问题。这次会议确定要成立联合国这个国际组织以维护战后的世界和平，以避免再出现在短短二十年之内就出现两次世界大战这样的情况。虽然彼此之间在一些重要问题上存在着分歧，但各大国都同意建立联合国这个国际组织以解决国际纷争。1945 年 4 月 25 日，在美、苏、英、中四大国的邀请下，50 个国家的代表出席了在美国旧金山举行的联合国家会议。1945 年 6 月 25 日，各国代表一致通过了《联合国宪章》，10 月 24 日随着中、美、英、法、苏五国和其他 24 个签字国批准了联合国宪章后，联合国宪章正式生效，联合国正式成立，成为战后维护世界和平、促进国际合作的最重要国际组织。

在二战即将结束时，美国还确立了自己在世界经济领域的霸主地位。在 1944 年 7 月 1 至 22 日美国新罕布什尔州举行的布雷顿森林会议上，美国凭借自己强大的经济实力确立了美元作为战后世界结算货币的地位——美元同黄金挂钩，而各国货币的汇率则与美元挂钩。同时还建立了由美国牵头的国际货币基金组织和国际复兴开发银行这两个重要的世界金融组织，来稳定战后世界金融秩序和援助各国经济复兴。通过美元的霸主地位，再加上国际货币基金组织和国际复兴开发银行这两个工具，美国成为资本主义世界经济中的霸主。

在这些国际组织的创设过程中，美国与苏联之间存在着较大的分歧。苏联由于实力较弱，在积极参与创设这些国际组织的同时，也特别注意维护自己的利益。例如在建立联合国时，苏联就一直要求联合国常任理事国要拥有绝对否决权，并因为担心自己的经济主权遭到侵犯而未加入布雷顿森林体系。尽管存在着一些分歧，但此时双方还能保持合作的态势，但到了 1946 年，双方开始走向对立。

二战结束前后苏联的一些扩张措施引起了西方国家的不满和猜忌。为了在黑海获得出海口，1945 年 6 月苏联要求与土耳其签订新的苏土友好条约，以保证苏联对黑海海峡的控制。同时，为了控制伊朗以便通过波斯湾进入印度洋，1945 年 5 月在伊朗政府提出外国军队撤出伊朗的呼吁后，苏联非但不从伊朗撤军，反而支持伊朗国内的阿塞拜疆人和库尔德人进行分裂活动，并要求获得伊朗的石油租让权。苏联的这些做法引起了美国的不满，并怀疑苏联怀有扩张的野心。而在波兰问题上，苏联坚持两点：波兰东边的国界应当遵循“寇松线”而有利于苏联；波兰政府应当主要以苏联扶植的波兰民族解放委员会为基础构成。但苏联在波兰问题上的这一做法遭到了杜鲁门的强烈谴责，双方于 1945 年中就此问题产生了严重的争论。苏联认为美国的这种做法并未考虑到苏联的国家利益，尽管苏联后来作出了一定的让步，但坚持以有利于苏联的方式解决波兰边界问题和政府问题。

除了苏联的这些行动引起了美国的敌视之外，新上台的杜鲁门政府也十分敌视共产主义和苏联。杜鲁门就任美国总统后不久就于 1945 年 5 月 8 日停止了对苏联的“租借法援助”，同时美国政府开始寻求新的对苏战略。1946 年 2 月 22 日，美国驻苏联大使馆临时代办乔治·凯南向国内发回了一封长达八千字的电报，系统分析了战后苏联外交政策的内容和特点，并就美国的外交政策调整提出了看法。凯南的这封长电报认为，苏联由于其长久以来的不安全意识和共产主义意识形态而采取扩张性的对外政策，但在具体执行方面将谨慎小心、灵活处事地与西方展开长期的较量。为此凯南建议美国应当采取一种长期的对苏遏制战略，既遏制苏联的扩张，又可以对苏联施加压力而令其内部发生变化。① 凯南的长电报在美国政府内外引起了极大的反响，美国政府以遏制苏联和共产主义为内容的冷战政策开始逐步成型。

在冷战的形成过程中，英国，特别是当时已经下台的英国前首相丘吉尔，发挥了十分重要的作用。1946 年 3 月 5 日，丘吉尔在美国总统杜鲁门家乡密苏里州富尔顿的威斯敏斯特学院发表了著名的“铁幕演讲”。在演讲中，丘吉尔宣称苏联已经将整个东欧纳入其势力范围，“从波罗的海海边的

① 张曙光：《美国遏制战略与冷战战略再探》，上海：上海外语教育出版社，2007 年，第 22—31 页。

什切青到亚得里亚海海边的的里雅斯特,已经拉下了横贯欧洲大陆的铁幕。"丘吉尔认为整个欧洲已经被苏联的铁幕分成了互相对抗的两个部分,面对苏联在东欧实行的"暴政"以及不断进行的扩张,美国应当和英国建立紧密的同盟,以共同对抗苏联。丘吉尔的"铁幕演讲"在美国和西方国家引起了极大的反响,为美国冷战政策的形成创造了舆论,可以说,丘吉尔的"铁幕演说"拉开了冷战的序幕。

凯南长电报的公布和丘吉尔公开发表的"铁幕演说",令斯大林对美国、英国更加猜忌。在凯南长电报和丘吉尔演说的刺激下,苏联也开始调整其对西方的政策。1946 年 9 月 27 日,苏联驻美大使诺维科夫也向苏联外交部长莫洛托夫发回了一封类似凯南长电报的电报,着重分析了战后美国的对外政策,特别是美国的对苏政策,并对苏联应当做出的反应发表了意见。诺维科夫认为美国政府在二战结束后的外交政策核心是谋求世界霸权,而苏联与东欧社会主义国家则是妨碍美国实现其目标的唯一障碍。因此美国在二战期间实行的与苏联合作政策已经结束,其对苏联的政策正在转向强硬的压制和限制苏联的政策。诺维科夫的电报得到了苏联领导人的赞成,反映了苏联领导人此时已经对与美国合作失去信心,其对西方国家的政策也转向对抗。

1947 年初东欧各国联合政府发生了一系列对非共产党人政府成员进行清洗的活动。例如波兰共产党人在 1947 年初的选举中获胜后,将原来联合政府中农民党排除在政府之外。匈牙利的小农党总书记则在 2 月 26 日被驻匈苏军逮捕。保加利亚、南斯拉夫和罗马尼亚的农民党领袖也先后在 1947 年遭到清洗。东欧各国发生的这种变化引起了西方国家的极大不满,认为这些行动都是在苏联的支持下发生的,为此对苏联更加敌视和警惕。在这种考虑下,美国于 1947 年积极介入了"希、土危机"。

1947 年初,由于英国无力镇压由希腊共产党领导的、反对英国殖民统治的武装起义,导致希腊和土耳其两国出现了"希、土危机"这种革命迅速发展的态势。面对这一困境,1947 年 2 月 21 日英国政府正式要求美国接手希腊和土耳其问题,要求美国向希腊和土耳其提供援助以防止这两个国家落入苏联控制之下。而美国政府将解决这一问题看成是自己作为自由世界领袖来限制苏联和共产主义扩张的第一步,因此欣然答应了英国政府的这一请求。为了让美国国会同意美国政府对希腊和土耳其进行援助,1947 年 3 月

12日美国总统杜鲁门向国会参议院和众议院两院联席会议发表了被称为“杜鲁门主义”的咨文演讲。杜鲁门指出，目前世界上的斗争就是“自由制度”与“极权政体”之间的斗争，各个国家必须在这两者之间做出选择。美国作为自由世界的领袖，必须支持各国自由人民。在目前希腊和土耳其的局势下，美国必须采取行动，才能拯救这些国家，也才能令其他自由国家树立信心与极权主义进行斗争。在杜鲁门政府的积极活动之下，美国国会在5月通过了《援助希腊和土耳其法案》，随后在美国的大力支持下，希腊政府军镇压了希腊共产党的武装起义。杜鲁门主义的出台说明，美国已经公开与苏联对立起来，二战时期形成的美苏同盟彻底结束，冷战正式开始。

此时欧洲的局势也风起云涌。由于西欧经济凋敝，社会动荡，各国共产党的力量日益壮大。由于担心西欧各国落入共产党人手中，美国领导人决定援助西欧恢复其经济活力、实现经济繁荣，以此稳固西欧的社会秩序，令共产党人失去夺权的机会。1947年6月5日美国国务卿马歇尔在哈佛大学毕业典礼上发表了有关欧洲复兴计划的演讲，他在这一演讲中提出的内容被称为“马歇尔计划”。马歇尔计划提出，美国准备向欧洲所有有兴趣并愿意承认美国提出的援助原则的国家提供一个系统的、较为长期的经济援助，帮助欧洲各国实现经济自立，并进一步实现各国经济的恢复和发展。

马歇尔计划提出之后得到了西欧资本主义国家的欢迎，苏联也曾经一度想要加入马歇尔计划，但因为美国要求受援国必须提交本国经济数据，苏联担心自己的经济主权受到损害而最终拒绝加入马歇尔计划。同时，由于担心东欧国家被纳入到西方世界经济的轨道而影响自己对东欧各国的控制，苏联强令原想加入马歇尔计划的东欧国家退出相关的谈判。苏联和东欧国家退出马歇尔计划后，参与国家实际上就仅限于欧洲的资本主义国家。1947年7月12日，英国、法国、奥地利、爱尔兰、意大利、比利时、荷兰、卢森堡、冰岛、丹麦、挪威、瑞典、瑞士、希腊、土耳其和葡萄牙等16国在巴黎举行了经济会议，讨论了向美国申请援助的问题，并拟定出较为详细的计划。各国经过与美国的磋商并对原计划进行了修改后，具体计划被提交给美国，供美国政府和国会讨论批准。美国国会与美国政府反复协调意见后，于1948年4月2日通过了《1948年对外援助法》，次日美国总统杜鲁门签署执行，至此马歇尔计划正式实施。从冷战的角度来看，马歇尔计划的实施令美国与西欧实际上结成了经济上的同盟。[①]

美国政府的这些举动反过来又刺激了苏联。为了加强社会主义国家之间的经济联系，并抵抗马歇尔计划对东欧社会主义国家的经济吸引力，在美国和欧洲国家启动了"马歇尔计划"后不久，苏联与东欧社会主义国家也进行了由苏联外长莫洛托夫提出的"莫洛托夫计划"。从 1947 年 7 月到 8 月，苏联分别与保加利亚、捷克斯洛伐克、匈牙利、波兰、南斯拉夫、罗马尼亚、阿尔巴尼亚先后签订了一系列的贸易、易货、支付、科技合作、航海、贷款条约和协定，以加强苏联与这些国家的经济联系，同时也弱化和切断东欧国家与西方世界市场的联系。为了更进一步地加强社会主义国家之间的经济联系以形成一个与资本主义世界经济平行的市场，1949 年 1 月 5 日到 8 日，苏联、保加利亚、匈牙利、波兰、罗马尼亚和捷克斯洛伐克六国代表在莫斯科举行会议，1 月 25 日发表了有关成立经济互助委员会(简称经互会)的公报。1949 年 4 月经济互助委员会在莫斯科举行首次会议，经互会正式成立。经互会的成立加强了社会主义国家之间的经济合作和经济分工，从而形成一个封闭的经济集团。但东欧国家经济与西方经济世界的脱节，以及苏联在经互会中利用自己的优势地位对东欧国家进行的经济剥削，在一定程度上妨碍了东欧国家的经济发展。[②]

同时，为了协调欧洲各国共产党的行动并加强彼此之间的联系，1947 年 9 月在波兰的西里西亚举行了欧洲 9 国共产党和工人党参加的会议，专门讨论建立一个机构来加强各国的联系和协调。这次会议发表了《关于国际形势的宣言》，采纳了苏联共产党代表日丹诺夫报告中的主导思想，明确提出了国际政治舞台已经形成互相对立的资本主义和社会主义两大阵营，双方在各个领域都展开了激烈的竞争。这次会议的结果使各国同意建立共产党情报局这个机构来协调各国之间的行动并互相交流情报。这一机构的成立成为社会主义阵营形成的第一步。[③] 同时，1948 年 3 月间，苏联迅速与从二

---

① 金卫星：《马歇尔计划与美元霸权的确立》，《史学集刊》，2008 年第 6 期，第 70—77 页。

② 张盛发：《苏联对马歇尔计划的判断和对策》，《东欧中亚研究》，1999 年第 1 期，第 72—81 页。

③ 沈志华：《共产党情报局的建立及其目标——兼论冷战格局形成的概念界定》，《中国社会科学》，2002 年第 3 期，第 172—187 页。

战战败国转变为社会主义国家的罗马尼亚、匈牙利和保加利亚签订了各种双边友好合作互助条约。加上在二战末期苏联与捷克斯洛伐克(1943 年 12 月)、南斯拉夫(1945 年 4 月)、波兰(1945 年 4 月)签订的友好合作条约和战后合作条约,苏联实际上与东欧社会主义国家都签订了军事互助条约,进行了政治和军事的结盟。在苏联的鼓励下,东欧各个社会主义国家也于 1947—1949 年间缔结了友好互助合作条约,成为政治和军事盟国。这样,到 1949 年,苏联和东欧社会主义国家已经加强了彼此之间的政治和军事联系,形成一个与资本主义世界对立的阵营。

苏联和东欧社会主义国家加强彼此之间经济、政治、军事联系的活动,以及 1948 年 2 月捷克斯洛伐克发生的共产党人通过非议会斗争手段实现一党专政的“二月事件”,反过来又刺激了西方国家。出于对苏联和共产主义力量扩张的恐惧,1948 年 3 月英、法、比、荷、卢五国外长建立了军事同盟性质的西欧联盟,其矛头直指苏联。因为担心自己的力量不足以抵抗苏联侵略的可能,西欧国家极力邀请美国对欧洲进行军事介入。经过协商,1949 年 8 月美国与西欧国家建立了北大西洋公约组织。北约组织不仅仅是一个军事集团,也是美国与西欧国家在政治、经济方面结盟的标志。在这个过程中,社会主义国家也相应地采取了对策。1955 年 3 月苏联和东欧国家召开了会议,就组建社会主义国家军事集团以对抗北约的想法达成一致意见。随着 1955 年 5 月北约组织接受西德加入北约,允许西德重新武装,5 月 14 日苏、阿、保、匈、东德、波、罗、捷八国在华沙签署了《阿尔巴尼亚人民共和国、保加利亚人民共和国、匈牙利人民共和国、德意志民主共和国、波兰人民共和国、罗马尼亚人民共和国、苏维埃社会主义共和国联盟、捷克斯洛伐克共和国友好合作互助条约》,简称《华沙条约》。至此,冷战两大阵营在政治、军事、经济等各个领域的对峙和冷战全面展开。

第二节 核战争阴影下的冷战危机

两大军事集团的对立形成冷战时期的“恐怖和平”。虽然美苏两国与华约、北约两大军事集团之间并未发生直接的热战,但双方之间却不断发生十分严重的危机,在危机中双方都处在严重对峙的状态。在这一系列危机中,最为严重的是 1948 年和 1958 年两次柏林危机和 1962 年古巴导弹危机,美苏两国在这些危机中直接对立,甚至互相使用核武器进行威胁,从而将整个人类社会推到了核战争的边缘。

一 概 述

在冷战中各种危机频发的一个原因是美苏两国都在危机爆发时采取了战争边缘政策。为了在冷战僵持状态中获取最大好处,美苏领导人都不约而同地故意将局势推向战争边缘。同时又将危机控制在一定范围内而不至于引发美苏两国之间真正的军事冲突或战争,以便借此向对手施加强大的政治、军事和心理压力,从而期望对手做出让步。尽管美苏领导人都有意将危机控制在自己可操控的范围之内,但这种做法极易引起对手的误解和采取敌对措施而导致危机不断升级,而且双方在危机升级过程中极易产生擦枪走火的现象,从而将整个人类社会置于危险的境地。

在经过了数次危机之后,美苏两国都认识到大国之间的危机极易引发核战争和全面战争。为了避免导致同归于尽的核战争的爆发,美苏双方都开始采取措施来缓和双方的对峙状态。从 60 年代初期开始美苏两国展开了削减核武器、防止核武器扩散的谈判。双方的这些措施缓和了美苏两国和北约、华约两大军事集团之间的冷战,也缓和了国际局势,减少了大国之间爆发核战争的危险。

二 视野拓展及重点问题分析

1. 柏林危机

第二次世界大战后,分区占领了德国大柏林区的四国——苏联、美国、英国、法国,因为对美英法三国占领的西柏林法律地位所发生的争执,而引起了西方国家与社会主义国家出现了两次针锋相对的危机状况,这两次危机被统称为柏林危机。

德国投降后,根据美苏英法达成的雅尔塔协定,美苏英法四大国分区占领了德国和柏林,但雅尔塔协定要求应在一定时期内实现德国的民主选举和合并。随着冷战的开始,西方大国与苏联在德国的重建和合并问题上分歧严重,苏联迟迟不愿让德国各占领区合并,并拒绝西方的经济政策。为此 1948 年 2 月,美、英、法、比、荷、卢六国外长召开伦敦会议,讨论在西占区建立西德的问题。作为建立西德这一目标的经济手段,6 月 21 日美英法三国在西占区实行单方的新货币改革，即发行有B记号的马克。而苏联立刻采取了反击措施。苏联首先于3月30日通知驻柏林的美国军事长官，从4月1日起苏方将检查所有通过苏占区的美国人的证件，并检查所有货运和除了私人行李以外的一切物品，同时还在柏林实行了一系列交通管制。在美英法于6月18日宣布在西占区进行货币改革、开始了分裂德国的经济措施后，苏联立刻全面切断了西德和柏林之间的水陆交通，仅剩下三条空中走廊保持畅通。此外，作为报复，苏联于6月22日在苏占区实行货币改革，发行了新的D记号马克。由此，标志着美苏冷战第一次高潮的第一次柏林危机出现。[①]

苏联封锁了西柏林后，以美国为首的西方国家态度十分强硬。西方从6月24日开始对苏占区进行了反封锁，不仅中断了向苏占区的煤、钢出口，还限制了与苏占区的贸易。同时，美国还借机将可投掷原子弹的战略轰炸机调入欧洲——1948年7月17日、18日美国60架B—29型战略轰炸机进入英国，美国在英国建立了第一个战略空军基地，同时两个大队的B—29战略轰炸机进驻柏林西占区，其目的在于震慑苏联。同时美国于6月25日开始向柏林空运各种物资，并在6月29日加大了空运力度。[②]

在对抗中，苏联逐步落在下风。苏联对柏林的封锁并未能压服西方，但西方对苏占区的反封锁却对东德经济损害很大，而且国际局势趋于紧张，国际舆论多谴责苏联制造了这场危机。在这种情况下，苏联开始逐步调整在柏林危机中的强硬政策。1949年1月1日斯大林在回答美国国际新闻社欧洲分社金斯伯利·史密斯的提问时，第一次没有把封锁柏林问题和西占区货币联系在一起。美国也随后发出了缓和的信号。1949年2月美苏双方就如何解决柏林危机问题展开秘密谈判，在四大国达成协议后，1949年5月5日四国政府同时发布了关于解除德国各占领区和柏林之间各种限制的公报，宣布在5月12日结束“封锁”。随着苏联正式解除了对柏林的封锁后，

---

① 《战后世界历史长编》编委会：《战后世界历史长编：1948年》，上海：上海人民出版社，1978年，第314—330页。

② 《战后世界历史长编》编委会：《战后世界历史长编：1948年》，上海：上海人民出版社，1978年，第330—338页。

第一次柏林危机结束。[①]

第一次柏林危机并未能阻止德国分裂局面的出现。早在第一次柏林危机期间，西方国家就已经开始了在西占区建立独立的德国的步伐。1948年9月，西占区成立了以基督教民主联盟的康拉德·阿登纳为首的议会委员会来制定未来德国宪法。经过与美、英、法占领当局的反复协商后，1949年5月8日议会委员会通过了德国基本法，5月12日，美英法三国军事长官在法兰克福批准新法，同时公布占领法，标志着西德政府结构基本确立。5月23日，在英美法三国代表参加下，西占区通过"德意志联邦共和国基本法"。9月20日，德意志联邦共和国（西德）建立，定都波恩，以阿登纳为总理组成了第一届联邦政府。9月21日，占领法生效，令西德享有自主权，英美法三国保留管制联邦德国的外交、外贸、国防权力。苏联也采取了相应的措施：苏占区在1949年5月30日通过宪法，10月7日德意志民主共和国（东德）建立，定都柏林。至此德国彻底分裂为东西德。[②]

德国分裂后，因为西德经济恢复较快，因此吸引了大量的东德人通过西柏林逃往西德，对东德的稳定造成了极大的压力。同时西方拒不承认东德为独立的国家，从而导致东德的地位不稳。为了解决这些问题，1958年11月27日，苏联向英美法三国发出照会，要求它们在六个月内撤出西柏林的驻军，使西柏林成为自由市，否则苏联会把西柏林通道的管理权转交给东德。苏联希望通过这一举措，迫使西方国家不得不承认东德的独立国家地位，将西方国家的势力从柏林驱逐出去，从而稳定东德的政治、经济和社会秩序。

苏联的这一照会引发了第二次柏林危机。1958年12月31日美英法三国协调一致，拒绝从柏林撤军，也不接受民主德国接管西柏林通道。1959年1月初，美国政府决定在西德和西柏林进行军事准备，如果民主德国检查西柏林通道，美国将进行武装护送，并在遭到攻击时进行还击。

---

① 《战后世界历史长编》编委会：《战后世界历史长编：1948年》，上海：上海人民出版社，1978年，第358—365页。据统计，在柏林危机期间西方国家共空运140多万吨物资，航次19.5万次，空运费用2.5亿美元，飞机失事24架，机上人员死亡48人。

② 《战后世界历史长编》编委会：《战后世界历史长编：1949年》，上海：上海人民出版社，1980年，第340—371页。

面对西方国家的强硬态度，苏联态度有所软化。苏联领导人赫鲁晓夫表示六个月的期限并非最后通牒，并希望通过国家领导人会晤改善东西方关系。美国领导人同意举行新一轮四国首脑会议，但苏联必须首先收回六个月的最后通牒和先举行外长会议。在苏联调整立场后，5月11日到8月5日东西方外长会议举行，讨论了德国统一问题和柏林问题。这些举措虽然缓解了第二次柏林危机，但未能从根本上解决双方的分歧。1959年9月，在赫鲁晓夫访问美国期间，双方领导人虽然就德国和西柏林问题达成谅解，并同意举行首脑会议进行讨论，但计划中的1960年巴黎首脑会议却因U－2飞机事件而未能如期召开，柏林问题仍然悬而未决。

1961年约翰・肯尼迪就任美国总统后，赫鲁晓夫尝试与这位美国新总统磋商包括柏林和德国问题在内的一系列重大问题。1961年6月3日至4日，肯尼迪与赫鲁晓夫在维也纳举行了两国首脑会议。赫鲁晓夫要求缔结对德和约，令柏林变成自由市，外国军队撤出柏林。如果西方拒绝，苏联将在明年与民主德国缔结和约，将柏林管理权交给民主德国；如果西方对此进行军事干涉，苏联将予以迎战。苏联的这一威胁遭到肯尼迪的拒绝。为了施加压力，苏联于1961年7月初宣布停止裁军，并增加1/3的军费。美国联合其他西方国家立刻做出强硬反应，美国政府要求国会增加32.5亿美元的国防预算，并增加各军种服役人数，扩大民防及修筑防空措施。至此出现了东西方两大阵营严重对峙的第二次柏林危机。

同时东德人员通过西柏林逃亡西德的现象日益严重，对东德的政治、经济和社会稳定造成了极大的影响。为此，1961年8月13日，苏联及东德封锁了东西柏林之间的边界，东德加强了边界管理，要求东德公民出境必须经过特别批准。15日东德沿东西柏林分界线修筑了一道高达3.6米的水泥墙。在此后一段时期，东西方展开了互相恐吓和威胁。双方都不断进行部队调动、军事演习和核试验，10月28日美苏两国军队甚至出现了在勃兰登堡大门直接对峙的局面。柏林危机令整个国际局势走向了极端危险的地步。

但美苏领导人都不想因为柏林危机而令两个大国发生直接冲突。1961年9月，赫鲁晓夫向美国总统肯尼迪表示希望两国首脑进行磋商以解决柏林危机。9月21日美苏外长开始进行谈判。在西方坚决的态度面前，苏联做出让步，不再坚持于1961年12月31日之前缔结对德和约。第二次柏林危机至此有所缓解。

此后苏联开始采取措施缓和国际局势。在 1961 年 10 月 10 日苏共第 22 次代表大会上，赫鲁晓夫正式取消了英美法必须于 12 月底前撤出西柏林的期限，第二次柏林危机至此完全结束。随着苏联后来冻结了德国和西柏林的问题，美苏关系再度趋向缓和。

2. 古巴导弹危机

1959 年 1 月 1 日，卡斯特罗领导的革命力量，推翻了亲美的巴蒂斯塔独裁政权，1 月 2 日古巴共和国成立，美国给予了承认。但古巴随后进行了土地改革和对外国资本进行国有化的政策，并废除了美国公司在古巴的租让权和限制美国资本在古巴的特权。这些措施触犯了美国在古巴的经济利益，美国对古巴革命政权转而采取了敌视的态度。不仅从 1959 年开始对古巴进行军火禁运和经济封锁，还从外交上孤立古巴，于 1961 年初与古巴断绝外交关系。更为严重的是，美国于 1961 年 4 月 17 日策划了"猪湾事件"。美国中情局援助古巴流亡者组成的武装力量在古巴的猪湾登陆，企图通过武力推翻古巴革命政权，但这一武装袭击被古巴的革命军队扑灭。

在美国的压力和威胁下，古巴革命政府与苏联日益接近，不仅接受了苏联的外交支持和经济援助，更在猪湾事件发生后宣布古巴将走社会主义道路。为此苏联更加紧发展与古巴的关系，从政治、外交和经济等各个方面都给予古巴大力支持。一方面为了巩固古巴的革命政权，另一方面也为了加强苏联在西半球的战略地位以威慑美国，1962 年 5 月苏联与古巴达成协议，决定苏联秘密在古巴建造可以在极短时间内打击美国绝大多数地区的中程导弹基地。

1962 年 10 月 14 日美国情报机构发现苏联正在古巴建筑 6 个中程导弹基地，美国政府于 10 月 16 日至 20 日召开了国家安全委员会紧急会议，商讨如何处理苏联在古巴部署中程导弹问题。美国政府内部开始意见并不一致。一部分人认为应当通过外交途径和谈判来解决这一问题，但肯尼迪总统认为谈判不能解决问题，同时古巴的中程导弹基地建设速度很快，美国必须立刻做出反应。另一部分人则要求美国对古巴的导弹基地进行军事打击，以彻底摧毁这些导弹。但这一提议遭到了许多人的反对，认为这种打击未必能彻底摧毁苏联导弹，剩余的导弹可能被发射到美国而对美国进行报复。同时进行军事打击必然会伤害苏联人，从而引发苏联的强烈反应，有可能引发世界大战。最后美国政府于20日作出决策,决定采取国防部长麦克纳马拉的提议——对古巴进行全面封锁,不让苏联继续向古巴运送进攻性武器,在对峙中迫使苏联撤出已在古巴部署的中程导弹。美国政府于10月22日向各国通报了苏联在古巴建设中程导弹基地、美国决定对古巴进行全面封锁的消息。22日晚美国总统肯尼迪发表电视讲话,指出苏联正在古巴建设中程导弹基地,要求苏联从古巴撤走导弹并保持克制。从10月24日开始,美国派出军舰对古巴进行封锁,检查来往古巴的船只。同时美国还展开积极的外交活动,争取盟国和国际社会的支持。10月23日,美洲国家组织召开会议,同意美国对古巴采取封锁政策。同时美国驻联合国大使还请求安理会举行紧急会议,就苏联在古巴部署导弹问题进行讨论。

苏联政府一开始态度强硬,不仅抗议美国侵略古巴和其他国家的行为,还加速了在古巴的导弹基地建设。但随着美国封锁古巴行动的开始,苏联的态度发生了变化。24日有12艘驶往古巴的苏联船只停止前进。1961年10月26日赫鲁晓夫先后写了两封信给肯尼迪。在第一封信中,赫鲁晓夫提出苏联可以从古巴将导弹撤出,但美国必须保证不入侵古巴并解除海上封锁。第二封信中,赫鲁晓夫又要求美国从土耳其撤走针对苏联的中程导弹。

在美苏两国领导人紧急磋商的过程中,古巴导弹危机进一步发展。10月27日美国一架前往古巴侦察的U－2飞机被击落,美国军方要求对古巴进行军事打击,但遭到冷静的肯尼迪总统的拒绝。肯尼迪一方面向苏联方面施加压力,宣称如果再有美国飞机被击落,美国将进行还击,并要求苏联必须在28日之前作出撤走导弹的承诺,否则美国将采取行动。同时,肯尼迪又表示,可以撤走美国部署在土耳其、针对苏联的中程导弹,但不能公开的、单方面的宣布这一决定。经过紧张而又秘密的协商,美苏领导人在美国当地时间27日晚上达成一致,美国保证不入侵古巴并取消海上封锁,而苏联则撤出中程导弹。10月28日,赫鲁晓夫在广播讲话中公开答复肯尼迪,苏联政府下令将部署在古巴的中程导弹运回苏联。而美国国防部长于10月29日宣布,美国部署在土耳其的中程导弹将不迟于1963年4月1日撤走。①

---

① 赵学功:《古巴导弹危机与20世纪60年代的美苏关系》,《史学月刊》,2003年第10期,第65—72页。

在古巴导弹危机中，美苏两大国走到了核战争一触即发的对峙地步，双方领导人充分认识到两国之间发生直接对抗的危险。古巴导弹危机之后，美苏就部分禁止核试验问题达成了协议，自此美苏两国开始核军备控制的谈判，同时两国领导人之间还建立了"热线"联系，以避免因为误解而导致两国发生直接冲突的风险。此后，美苏之间再未发生类似柏林危机和古巴导弹危机这样严重的对抗，转而采取了其他间接的对抗方式。

三　深入探究指引

冷战中频频出现的大国之间的各种危机绝非偶然，是当时两大集团全面冷战对峙下而产生的一种必然。在美苏两国领导人的眼里，对方的一举一动都被视为是针对己方的敌对行动，而为了反击对方的敌对行动，自己有必要作出强硬而激烈的反应以威慑和遏制对手，这是冷战期间美苏两国均采取的威慑理论的变种"战争边缘"战略的实质——针对对手的所谓"敌意"行动立刻发出形式上的战争恐吓，将危机推至战争边缘状态，从而令对手作出让步。[①]

例如第二次柏林危机事件的直接起因就是赫鲁晓夫1958年11月27日向英美法三国发出的最后通牒式照会，而赫鲁晓夫的这一进攻性策略就是要将柏林问题的局势推到边缘状态，以观察西方的反应，从而为自己在两德问题上赢得一定的主动。[②] 而以美国为首的西方国家毫不示弱，提出了要以武力打开通往西柏林通道。[③] 双方这种互相威胁和恐吓的策略迅速将双方在柏林问题和两德问题上的对立推至危机的高度，从而引发了第二次柏林危机，令整个世界的局势因为柏林问题而再度出现了紧张。

在古巴导弹危机中，美国一方面对古巴进行了全面封锁，另一方面则进行了全国军事动员，故意造成准备与苏联全面开战的局面。而苏联方面在表面上也毫不示弱，一方面继续加速在古巴的导弹基地建设，同时继续命令苏联运输与导弹基地建设相关设施的货船不管美国的封锁令，而要强行驶

---

① 郑伟：《国际危机管理与信息沟通》，北京：中央编译出版社，2009年，第96页以下。

② http://www.wilsoncenter.org/sites/default/files/CWIHPBulletin11_p5.pdf

③ 石斌：《杜勒斯与美国对1958—1959年柏林危机的反应》，《国际论坛》，2000年12月，第20—26页。

入古巴。苏联货船与美国军舰一度出现了在加勒比海上对峙的局面，形势十分紧张。双方在表面上故作强硬的目的都在于要展示自己的坚定决心以恐吓对手，最终迫使对手屈服。

不过美苏两国领导人在面对危机状态时并不是要真正进入到战争状态，双方彼此发出战争恐吓的主要目的都是要为自己赢得战略上的主动和实际利益，因此双方都竭力避免两国直接发生战争，由此而形成美苏两大国的危机管理策略——如何将危机维持在可控水平之内，以战争威胁来恐吓对手而最大限度地损害对方的利益和最大限度地实现自己利益，同时又要保证两国不真正发生战争。这一危机管理策略在第二次柏林危机和古巴导弹危机都有极好的体现。

在第二次柏林危机期间，美国得到了赫鲁晓夫发出的最后通牒时，除了进行军事上的准备，仍保持了相当的灵活姿态。在针对民主德国即将接管西柏林通道，而西方国家将面临与东德打交道，从而在事实上承认东德或不承认东德，进而与东德军队发生军事冲突这一两难困境时，美国提出了将东德边境检查人员视为苏联代理人的策略，从而避免了上述困境，同时为苏联留下了回转的余地。随后，美国在联合西方国家加紧进行军事准备的同时，又通过倡议就此问题召开外长会议和在联合国中向苏联施加压力，从而为双方通过谈判方式化解第二次柏林危机创造了条件。

美苏两国在古巴导弹危机中也是如此。1962 年 10 月 14 日美国发现苏联在古巴建筑 6 个中程导弹基地后，经过反复讨论，美国的肯尼迪政府决定采取对古巴全面封锁的策略，同时将美国全部军事力量提升至备战水平，离与苏联开战只差一个等级。通过这样的软硬两手迫使苏联领导人通过各种渠道与美国领导人进行沟通，最后双方通过彼此妥协而化解了这场危机。美国迫使苏联从古巴撤出了中程导弹、同时树立了美国自身的强硬而又不失灵活的形象，而苏联则获得了美国不武装入侵古巴和从土耳其撤走针对苏联的中程导弹的不公开许诺。可以这样讲，通过这场危机，美苏双方都有所斩获。[①]

① 赵学功：《肯尼迪政府对古巴导弹危机的军事反应》，《历史教学》，2011 年第 20 期，第 8—15 页。

第三节 超越冷战

第二次世界大战结束之后,民族解放运动在全世界范围内取得了蓬勃发展的势头,许多殖民地通过各种形式的民族解放斗争而成为独立的国家。但随着美苏两国在全球范围内展开冷战对峙和竞争,新独立国家成为美苏争夺的对象,或利诱或威胁这些新独立国家加入己方阵营而参加到冷战中来。许多新独立的国家从维护民族独立和国家主权出发,在对外政策方面执行和平中立的不结盟政策,拒绝参加两大军事集团,反对在自己国家领土上建立外国军事基地。在与美苏两个超级大国的斗争中,许多新独立的国家都认识到:实力较弱的他们只能通过加强彼此间的国际合作、通过集体的力量来维护本国的政治独立和世界和平,这样才能为本国的独立发展创造良好的国际政治环境。由于这些新独立的国家有着共同的殖民地经历、落后的经济和对国际和平的强烈渴望,所以这些国家有意识地彼此互相支持靠近,在许多重大国际问题上态度一致、互相支持,由此逐步形成国际舞台上一支重要的政治力量——独立于东西方两大阵营之外的第三世界。第三世界国家通过一系列国际组织和国际舞台,在冷战时期发挥着重要的维持和平的作用。

一 概 述

在冷战初期,由于当时独立的第三世界国家较少,所以其发挥作用的渠道及其影响十分有限,主要是利用联合国这个国际组织发表自己的看法,表达维护世界和平的愿望。许多第三世界国家虽然自身实力较弱,但由于其领导人抓住了和平这个时代的主题,因此在当时的许多重要国际事务中发挥着非常重要的角色。例如印度、缅甸、斯里兰卡等国的领导人在朝鲜战争停火和谈中就发挥了重要作用。根据自身在国际事务中逐步积累起来的经验,第三世界国家认识到彼此之间在诸多问题上存在着共同语言和诉求,为了将彼此整合起来作为一个整体而发挥更大的影响和作用,从 50 年代中期开始,第三世界的国家开始探索如何集体行动以维护自身的利益,并对国际局势具有更大的发言权和影响。

第三世界国家第一次独立地探讨与自身切身利益相关的会议是 1955

年4月在印度尼西亚万隆举行的亚非会议。1954年6月,中国总理周恩来访问印度和缅甸,在中印和中缅两国总理会谈的联合声明中一致同意并共同倡导将互相尊重领土主权,互不侵犯,互不干涉内政,平等互惠和和平共处五项原则作为处理国家关系的准则。五项原则的公布,受到国际舆论、特别是亚非拉和欧洲国家广泛支持和响应。这大大促进了亚非各国之间团结合作的发展,也为亚非国家抛开彼此之间的矛盾、在共同的基础上谋求合作奠定了基础。正是在这种形势下,1954年12月底,印度尼西亚、缅甸、斯里兰卡、印度和巴基斯坦5国决定在1955年4月于印尼万隆举行亚非会议,并向包括中国在内的其他25个亚非国家和地区发出了邀请。在与会各国的共同努力下,特别是中国的积极参与下,亚非会议成功召开。亚非会议高举独立、和平、友好与合作的旗帜,形成举世闻名的万隆精神,并产生了深远的影响。

亚非会议后,第三世界国家的集体意识进一步增强,同时第三世界的力量也进一步增强。仅1960年,撒哈拉以南非洲就有17个国家宣告独立,形成著名的"非洲独立年"。这些新独立国家大都选择了独立、自主、不结盟的发展道路。为了加强彼此之间的联系,将相关的力量统合起来,在南斯拉夫领导人铁托、埃及领导人纳赛尔、印度领导人尼赫鲁的努力下,1961年9月1日至6日在南斯拉夫首都贝尔格莱德举行了首届不结盟国家和政府首脑会议。25个国家作为正式成员参加会议,3个国家作为观察员列席会议。会议通过了《不结盟国家的国家和政府首脑宣言》,一方面积极支持许多亚非拉国家争取民族独立的斗争,另一方面要求冷战各方缓和对峙,维护世界和平,并提出了不发达国家的发展问题。首届不结盟国家和政府首脑会议的举行,标志着独立于美苏之外的第三种国际政治力量即不结盟运动的形成。这一运动的形成和发展与整个国际斗争格局的演变同步进行,推动了国际政治力量由美苏两极向多极化方向转化。不结盟运动所确立的不结盟、独立自主的原则和反帝、反殖的立场,以后受到越来越多的第三世界国家的承认和支持,从而促进了第三世界的兴起和壮大。

到了20世纪60年代后期,第三世界国家的力量日益壮大,并越来越关注和平和发展问题,在各种国际舞台上发出自己的声音,从而有力地改变了国际舞台上的议题。

二　视野拓展及重点问题分析

第二次世界大战结束后,世界面貌发生了巨大变化,其中一个重要的变化是亚非拉许多地区的民族独立运动勃兴,涌现出了许多新的国家。到20世纪50年代中期,在亚非两大洲已涌现出30个独立国家。

战后美苏之间日益加剧的冷战对峙局势,严重威胁着亚非国家的独立与安全。由于美苏对中间地带的争夺,亚非地区成为世界各种矛盾和冲突集中的地区。许多亚非民族主义国家从维护民族独立和国家主权出发,在对外政策方面,坚持执行和平、中立和不结盟政策,拒绝参加侵略性军事集团,反对在自己国家领土上建立外国军事基地。越来越多的亚非国家认识到,为维护政治独立,发展民族经济与文化,有必要加强国际合作,并要求与中国等社会主义国家建立和发展友好关系。

1954年6月,周恩来总理访问印度和缅甸,探讨中国与这两个国家如何更好地解决领土纠纷问题。在中印和中缅两国总理会谈的联合声明中,三国领导人一致同意并共同倡导将互相尊重领土主权,互不侵犯,互不干涉内政,平等互惠和和平共处五项原则作为处理国家关系的准则。五项原则的公布受到了国际舆论的广泛支持和响应,并为解决第三世界国家内部存在的分歧提供了样板,为彼此之间的合作奠定了坚实的基础。

在具备了上述成熟的条件之后,1954年12月底,南亚5国(印度尼西亚、缅甸、斯里兰卡、印度和巴基斯坦)总理在印尼茂物举行会议,研究召开亚非会议问题。会议决定与会5国联合发起召开亚非会议,邀请包括中国在内的25个亚非国家和地区参加,并定于1955年4月在印尼万隆举行。这一会议将讨论世界局势,并就大家共同关心的问题交换意见,协调立场,以制订一个团结反帝反殖的共同纲领。这一倡议受到亚非各国的热烈欢迎。尽管有美国等国家的阻挠,甚至中国代表团部分成员在"克什米尔公主号"事件[①]中遭遇到了国民党特务的暗杀,但中国与其他亚非国家冲破重重障碍,彼此理解和支持,令这个第一次由亚非国家独立召开和主持的国际会议

① 1955年4月11日,中国代表团先行人员在包乘的"克什米尔公主号"专机自香港飞往印尼途中,因飞机上被国民党特务安放定时炸弹在沙捞越西北海面上空爆炸而坠海罹难。由于周总理应邀取道仰光同缅甸等国领导人会晤,这一暗杀周恩来总理的行动未能得逞。

得以顺利举行。

1955年4月18日至24日，亚非会议在万隆隆重召开，代表着占世界面积将近1/4(3100多万平方公里)和世界人口约2/3(14.4亿人)的29个亚非国家共计340名代表出席了会议，并有5个国家派代表团列席了会议。

这次会议取得了十分辉煌的成就。这一会议除了明确表达第三世界国家反殖民主义、积极支持各国人民的自由和独立的事业与反对种族歧视的斗争这一立场之外，还将维护世界和平和合作作为会议讨论的主题。会议的《最后公报》认为，国际争端不能诉诸战争，而应通过和平手段来解决，并对西方国家组织军事集团、侵犯他国领土完整或政治独立的行径提出了谴责。在《关于促进和平和合作的宣言》中，这次会议提出自由和和平是相互依靠的，任何国家都有权按照联合国宪章的宗旨和原则，自由选择它们自己的政治、经济制度和它们的生活方式。

亚非会议还制定出影响极大的“万隆精神”，即国际社会和平相处、友好合作的万隆会议十项原则。这一精神是对和平共处五项原则的引申和发展，又是五项原则的具体化与充分体现。万隆十项原则的提出扩大了和平共处五项原则的国际影响，促进了新型的国际关系的建立，这是亚非会议的一项十分重大的成就。值得强调的是，亚非会议有关各国友好合作的思想并不只限于政治领域，也扩大到了经济文化领域。亚非会议要求亚非各国在互利和互相尊重国家主权的基础上实行经济合作的建议。这在亚非国家面前展示了确立平等互助的新型合作关系的前景。

亚非会议还对联合国这一重要的国际组织提出了改组意见。亚非会议要求联合国的会员应具有普遍性，要求安理会支持接纳一些新独立的亚非国家加入联合国，并要求让更多的亚非国家担任安理会的非常任理事国，使它们对维护国际和平做出更有效的贡献。

亚非会议是亚非两大洲历史上的一个重要里程碑，具有伟大的国际意义和深远的影响。亚非会议高举独立、和平、友好与合作的旗帜，形成举世闻名的万隆精神。这个精神贯穿于会议所通过的各项决议之中，并产生了深远的影响。

由于亚非会议取得了巨大成功，所以印尼从1955年开始就不断提议召开第二次亚非会议，但直到60年代初一些亚非国家才将召开第二届亚非会议纳入到本国的议题中。1964年4月10日第二次亚非会议的筹备会议在印度尼西亚首都雅加达召开，决定于 1965 年 3 月 10 日召开第二次亚非会议。后来决定第二次亚非会议由阿尔及利亚举办，将于 1965 年 6 月 29 日举行。由于第三世界国家内部存在着极大的分歧，加之美国和苏联的反对，最终导致第二次亚非会议未能成功举办。[①]

三　深入探究指引

第二次世界大战结束后，由于殖民主义的力量在战争中遭到极大的削弱，而殖民地、半殖民地人民又在战争中进一步觉醒，民族解放运动和各国人民反帝、反殖革命运动蓬勃发展。自二战结束至 60 年代初期，有 40 多个国家先后摆脱殖民枷锁而赢得独立。仅 1960 年，撒哈拉以南非洲就有 17 个国家宣告独立，形成著名的"非洲独立年"。这些新独立国家大都选择了独立、自主、不结盟的发展道路。另一方面，老殖民主义者力图保住自己的殖民利益；而美国则乘机填补"真空"，推行新殖民主义政策。新老殖民主义的矛盾尖锐化、表面化。与此同时，正在兴起的另一个超级大国苏联也在同美国争夺亚非拉的广大中间地带。大国之间这种争夺势力范围的斗争，对第三世界国家的独立、主权和安全形成越来越大的威胁。在这种形势下，一些有声望和有影响力的独立国家领袖，如南斯拉夫的铁托、印度的尼赫鲁、埃及的纳赛尔、印度尼西亚的苏加诺和加纳的恩克鲁玛等逐渐形成了共同的或近似的看法，他们认为新独立的国家应当加强彼此之间在政治和经济上的合作，在此合作的基础上积极参与国际事务，反对新老殖民主义、反对大国干涉，为保卫世界和平做出自己的贡献。

1956 年 7 月 18 日至 19 日，南斯拉夫领导人铁托、埃及领导人纳赛尔和印度领导人尼赫鲁在南斯拉夫的布里俄尼岛举行政治会晤。7 月 20 日，3 国领导人发表一项《联合声明》。《声明》反对把"世界分成强有力的国家集团"，提出"应该建立世界规模的集体安全"、"应该继续并且鼓励奉行不同政策的各国领袖之间的接触和意见交换"。经过几年的酝酿和讨论，在 1960 年第 15 届联合国大会期间，铁托、纳赛尔、尼赫鲁、恩克鲁玛和苏加诺（这 5

① 张民军：《美国的遏制政策与第二次亚非会议的失败》，《历史教学问题》，2007 年第 2 期，第 57—60 页；李潜虞：《试论中国对第二次亚非会议政策的演变》，《国际政治研究》，2010 年第 4 期，第 115—133 页。

位领导人因此被称为“不结盟运动的创始人”)在纽约会晤,协商召开不结盟会议事宜。1961年2月至6月,铁托访问非洲9个国家,专门提出关于举行不结盟国家首脑会议的建议。

在铁托和纳赛尔的积极努力下,由埃及、南斯拉夫、印度、印度尼西亚、阿富汗5国发起(后来它们被称为“不结盟运动的发起国”),1961年6月间在埃及首都开罗召开了由20个国家的代表参加的不结盟国家首脑会议的筹备会议。这次会议规定了参加不结盟国家首脑会议的5项标准:(一)被邀请国必须执行以和平共处和不结盟为基础的独立政策,或者表现出与这一政策相一致的倾向;(二)被邀请国必须一贯支援民族独立运动;(三)它们不得是参与两大阵营纠纷的集体军事条约(军事同盟)的成员;(四)它们不得是有大国参加的、卷入两大阵营纠纷的区域性防御条约或双边条约的成员;(五)被邀请国不得赞成在其领土上为两大阵营之一的利益建立军事基地。筹备会议决定于1961年9月正式召开不结盟国家和政府首脑会议。

同年9月1日至6日,首届不结盟国家和政府首脑会议在南斯拉夫首都贝尔格莱德举行。25个国家作为正式成员参加会议,3个国家作为观察员列席会议。这次会议通过了《不结盟国家的国家和政府首脑宣言》。该宣言对当前国际形势作出了自己的判断:“不结盟国家和政府首脑……认识到,在非洲、亚洲、欧洲和拉丁美洲发生冲突的这个时期,现在存在着威胁世界和平的尖锐的危急情况,而且不能排除大国的对立有导致世界大战的可能性,要根本消除冲突的根源,就是要消除一切表现形式的殖民主义并且接受和在世界上实行和平共处的政策;遵循这些原则,过渡和冲突的时期就能够奠定各国间合作和兄弟关系的牢固基础。……战争从来没有像今天这样以如此严重的后果威胁着人类。另一方面,人类从来没有像今天这样拥有用以消灭作为国际关系中的政策工具的那么强大的力量。”

基于这一判断,该宣言认为不结盟国家应该在维护世界和平这一事业中扮演积极的角色:“与会国认为,在目前的情况下,有利于和平的不结盟国家的存在和活动,是保卫世界和平的更加重要的因素之一。与会国认为,重要的是,不结盟国家应该参与解决有关世界和平与安全的悬而未决的国际问题,因为没有一个不结盟国家能够不受这些问题的影响或者对这些问题无动于衷。”为此,不结盟运动表态积极支持当时的阿尔及利亚、安哥拉、突尼斯、古巴、刚果、南非、巴勒斯坦等国的民族独立斗争,认为殖民主义和帝国主义是制造世界冲突的根源。该宣言还向大国发出呼吁,要求各大国签订全面彻底的裁军条约,以缓和国际紧张形势。[①] 此外,该宣言还就联合国改革、改变国际经济秩序、德国等诸多重要的国际问题提出了自己的看法。

首届不结盟国家和政府首脑会议的举行,反映了不发达国家希望独立于美苏冷战之外的渴望,也标志着不发达国家作为独立于美苏之外的第三种国际政治力量正式登上国际舞台,开始发挥自己在维护世界和平方面的积极作用。

1964 年 10 月 5 日至 10 日,第 2 届不结盟国家和政府首脑会议在埃及首都开罗召开,共有 47 个成员国的代表团、10 个国家和两个组织的观察员参加会议。这次会议通过了表达不结盟国家政治立场的《和平和国际合作纲领》。该纲领延续了上次会议有关帝国主义和殖民主义为世界和平的主要威胁的看法,认为"帝国主义、殖民主义和新殖民主义是国际紧张局势和冲突的一个基本根源,因它们危及世界和平和安全。会议的与会国对联合国给予殖民地国家和人民独立宣言没有在一切地方得到实施感到遗憾,他们要求立即无条件地、彻底地和永远地废除殖民主义。"为此不结盟运动要求反帝反殖民主义、反对大国军事集团的对立,并就如何维持世界和平提出了更为具体的 11 条斗争策略,[②]这相比第一届不结盟首脑会议是一个很大的进步。而 1970 年 9 月 8 日至 10 日在赞比亚首都卢萨卡举行的第 3 届不结盟国家和政府首脑会议(共有 54 个成员国和 8 个国家、8 个组织作为观察员出席),则要求不结盟运动走向正式化、不结盟国家应当作为一个整体在国际舞台和重大国际问题上发出一致的声音。[③]

---

① 中国国际问题研究所编辑部编:《不结盟运动主要文件集》,北京:中国对外翻译出版公司,1987 年,第 18—26 页。

② 11 条策略为:(一)争取解放仍然处于附属地位的国家,消灭殖民主义、新殖民主义和帝国主义;(二)尊重各国人民的自决权,谴责使用武力阻挠这一权利的行使;(三)反对种族歧视和种族隔离政策;(四)和平共处;(五)尊重各国主权及领土完整;(六)根据联合国宪章的原则不以武力相威胁或使用武力解决争端;(七)全面彻底裁军:和平使用原子能,禁止一切核武器试验,建立无核区,防止扩散核武器和取消一切核武器;(八)反对军事条约,反对在外国驻军和建立军事基地;(九)执行联合国决议,使联合国有效地发挥职能;(十)推动经济发展和加强合作;(十一)进行文化、科学、教育合作。

③ 中国国际问题研究所编辑部编:《不结盟运动主要文件集》,北京:中国对外翻译出版公司,1987 年,第 55—57 页。

尽管前3次不结盟国家和政府首脑会议在反对大国霸权、积极发挥不结盟运动在国际舞台上的作用方面起了很大作用，但不结盟运动却很难摆脱冷战的影响。在1974年9月第4届不结盟国家和政府首脑会议召开前，苏联领导人勃列日涅夫在会前给本届会议主席布迈丁写信施加压力，指责不结盟国家把世界分为“大国”和“小国”、“穷国”和“富国”的主张，不许把美苏两国相提并论。阿尔及利亚公布了这封信，激起了与会国家的公愤。该会议宣言首次提出了反对霸权势力。此后，在历次不结盟国家首脑会议上，霸权主义都受到严厉的谴责和声讨。针对超级大国的军备竞赛和在世界各地的激烈争夺，这次不结盟国家首脑会议要求两个超级大国裁减军备，提出建立印度洋、地中海和拉美和平区的建议。[①] 在这次会议上，不结盟国家还决定建立常设机构——不结盟国家协调局会议，其任务是在两次首脑会议期间进行活动，以协调各不结盟国家的行动和立场。该协调局会议部长级会议每年开会一次，有时还召开特别会议。[②]

1976年第五届不结盟国家首脑会议的《政治宣言》强调帝国主义“将会以新殖民主义和霸权主义的方式继续存在”。在这次会上，亲苏的古巴强烈要求删去“霸权”二字，未被接受。在大会的发言中，许多国家不指名地谴责苏联。在《政治宣言》中，用“大国”、“富国”、“一切形式的外国统治”等字眼，把矛头指向苏联或同时指向美苏的地方多达20余处。在“印度洋和平区”问题上，苏联和美国同样处于被审判的地位。尽管在第5届不结盟国家首脑会议前，苏联通过外交途径向会议东道国斯里兰卡施加压力，要求删掉宣言草案中“大国争夺”的提法，但会议主席班达拉奈克夫人未予置理，在会上仍公开谴责“大国在印度洋的角逐”，既主张拆除美国的基地，也要求所有“大国撤走其海军和军事力量”。大会《政治宣言》就印度洋和平区问题专门写了一章，多处谴责“大国在印度洋的军事竞争”，并要求印度洋沿岸国家拒绝向外国军舰和军用飞机“提供方便”。[③]

1979年在古巴首都哈瓦那举行的第6届不结盟国家和政府首脑会议则

---

① 樊明荣:《不结盟运动的兴起》,《国际问题资料》,1985年第11期,第30—32页。

② 刘恩照:《不结盟运动的组织和发展概况》,《国际问题研究》,1986年第4期,第55页。

③ 周纪荣、汪于麟、孙鲲:《不结盟运动的发展与前景》,《现代国际关系》,1983年第4期,第2页。

更为清楚地反映了冷战与第三世界国家之间的复杂关系。由于会议的某些参加国特别是东道主古巴受到苏联的影响，使不结盟运动内部产生了意见分歧。由于古巴偏袒苏联对外政策而导致了缅甸宣布退出不结盟运动。[①]而作为不结盟运动的首批成员国之一的柬埔寨，因为遭到越南的侵略，其合法性遭到古巴等国的否定，从而在此次不结盟会议上引起了极大的争议。[②]但会议的最后宣言中仍要求"同大国和集团政策作斗争"。许多国家在发言中，强调不结盟运动"决不应该为任何集团服务"，"不应偏爱一个集团，而仇恨另一个集团"，"完全反对与任何势力集团或世界列强结盟"。其斗争矛头同时指向了美苏两个追求霸权的大国。[③]

第7届不结盟国家和政府首脑会议于1983年3月7日至12日在印度首都新德里举行。出席的有101个成员国，10个国家和8个组织作为观察员、10个国家和16个组织作为来宾出席了会议，使这次会议成为不结盟运动力量的一次空前大检阅。会议通过了《新德里文件》、《政治宣言》、《经济宣言》、《经济合作行动纲领》、《集体自力更生宣言》等一系列文件。这次会议坚持了不结盟运动的基本纲领和宗旨，较大程度上拨正了自上届首脑会议以来出现的偏袒苏联的方向，重申支持不干涉主权国家内部事务以及不允许对主权国家使用武力的原则，呼吁"外国军队"撤出阿富汗和柬埔寨，并要求"全面重建国际秩序"，以扭转目前在世界上存在的"争夺势力范围、统治地位和军备竞赛"的趋势。

---

① 郭隆隆：《在斗争中曲折前进——不结盟运动的困难和面临的挑战》，《国际问题资料》，1986年第18期，第3—5页。

② 中国国际问题研究所编辑部编：《不结盟运动主要文件集》，北京：中国对外翻译出版公司，1987年，第413页。

③ 周纪荣、汪于麟、孙鲲：《不结盟运动的发展与前景》，《现代国际关系》，1983年第4期，第2页。

第四章 冷战中的热战

虽然第二次世界大战结束后的冷战期间美苏两个超级大国之间并未爆发直接冲突和战争,而东西方两大阵营对峙的核心地区欧洲也再未发生战争,但各种局部战争和地区冲突却在欧洲以外的世界其他地区此起彼伏。这些战争或由美苏两个大国直接介入,或与美苏并无直接联系、但其发展和走向却受到了冷战的深刻影响。这些冷战中的热战成为二战后世界局势动荡不安的一个主要原因。

第一节 冷战体系中大国直接参与的热战

冷战期间,美苏两个超级大国之间虽然并未发生直接的武装冲突和战争,但在两大集团对峙的边缘地带,由于当地局势的变动而导致了双方势力范围发生着微妙而又重要的变化。为了稳固自己的势力范围以便在冷战对峙中形成相对于对手的优势地位,美苏两个大国都在一些关键地区直接介入了当地爆发的战争。美苏的这种介入导致了相关热战不断升级和延长,其结果不仅是导致了地区和世界局势日益紧张,两个大国自己也深陷相关热战的泥沼之中。

一 概 述

在二战后爆发的热战中,美苏两个大国介入其中的热战尤为引人注目。在这些热战中,规模较大、时间较长的朝鲜战争与越南战争都呈现出民族统一战争与冷战交织的特点。南北朝鲜、南北越南的出现，都与二战结束时美苏两国在安排战后世界格局时的势力范围划分有关。朝鲜半岛和越南之所以分别按照北纬38度和北纬17度而分别为大国所控制，就是源于大国在雅尔塔会议时对彼此势力范围的划分。冷战爆发后，在美苏两国冷战对峙背景下大国控制的地区都成立了独立国家，从而令民族国家的分裂呈现出长期化和固化的态势。但这种状况违背了当地人民要求实现民族国家统一的愿望，而在当时两大阵营对垒的国际格局下，这些国家要实现民族国家的和平统一极难实现，因此朝鲜半岛和越南都走上了民族统一战争的道路。

在这些地区实现民族国家统一的进程中，美苏两国出于自身冷战战略和冷战意识的考虑，或将这一事件看成是扩展自己势力范围的良机，或将此事看成是对自己冷战利益构成严重威胁的挑战，从而以各种方式积极参与其中，甚至自己直接出兵进行军事介入，从而将这些国家的民族统一战争的"热战"纳入到冷战框架之中。因此这些"热战"呈现出了表面上是民族统一战争或内部冲突、实际上是美苏两大国在背后彼此角逐的特点。

而阿富汗战争、安哥拉战争则是已统一了的国家发生的内战与冷战对峙中的大国(或其代理人)的军事介入交织在一起的热战。这些国家由于其历史原因导致了民族国家内部出现了较为严重的矛盾，从而引发了国家政局动荡或爆发内战，而美苏出于扩张自己的势力影响考虑，纷纷直接插手这些国家的内部事务，从而导致了这些国家的内战出现了长期化和扩大化的局势，成为整个地区乃至全球动荡的一个重要来源。

这些大国直接参加的热战，不仅对战争发生的所在国的政治、经济、文化、民族发展等各个方面作用深远，同时对美苏两个大国自身也产生了极大的影响。美国由于深陷朝鲜战争和越南战争，不仅在军事上遭到了削弱，而且还引起了国内政治、社会、经济等各个方面的动荡。而苏联更是因为发动阿富汗战争而导致自己的国力出现极大下降，也成为后来苏联的解体的一个重要原因。

二　视野拓展及重点问题分析

1.朝鲜战争

美苏两国在二战即将结束时划分彼此势力范围时，规定了在二战结束时美苏以北纬38度为界，对当时属于日本殖民地的朝鲜半岛进行军事占领以进行国际托管，为朝鲜建立统一而合法的民主政府进行准备。但随着1947年美苏冷战的开始，两个大国分别在自己的控制范围内大力扶持服从于自己的势力，双方无法就朝鲜半岛进行统一选举的问题达成一致。美国将此问题提交给了联合国，主张由联合国成立朝鲜半岛问题临时委员会，负责观察、监督分别在南北朝鲜举行的大选，通过全民选举的方式选出统一的国家机构，从而实现朝鲜半岛的统一。10月31日美国的提案被联合国通过，但未能在北朝鲜得到实施。1948年5月10日南朝鲜举行了选举，8月15日"大韩民国政府"宣告成立。同时北朝鲜也进行了自己的选举，在1948年9月9日朝鲜民主主义人民共和国宣布成立，苏联及东欧各社会主义国家立即予以承认。

虽然南北朝鲜分别成立了国家，但双方都以统一朝鲜半岛为目标，摩擦不断，1950年6月25日朝鲜战争爆发。由于朝鲜人民军进行了充分的军事准备，并得到了苏联的政治和军事支持，因此在战争初期朝鲜人民军迅速突破了韩国军队的防线，6月28日占领了韩国的首都汉城，到8月底朝鲜人民军已经占领朝鲜半岛90%的土地，拥有92%的人口。

朝鲜战争爆发后，美国立刻进行了干涉。6月27日美国在联合国提交了动议案，要求联合国介入朝鲜战争，恢复战前状态。苏联缺席了此次联大会议，联合国通过了美国的议案。随后，组成了以美国军队为主，英国、土耳其、加拿大、泰国、新西兰、澳大利亚、荷兰、法国、菲律宾、希腊、比利时、哥伦比亚、埃塞俄比亚、卢森堡、南非等国派出少量部队组成的联合国军，联合国军统一由美国驻远东司令部指挥。面对朝鲜人民军的节节攻势，联合国军司令、美国的麦克阿瑟将军于9月15日成功策划了仁川登陆，突袭了朝鲜人民军的后方，联合国军乘势发动攻击，于9月28日攻陷汉城，朝鲜人民军节节败退。

美国政府原来只准备将朝鲜军队赶回三八线以北，但因为战事进展得十分顺利，而美国前线指挥官又强烈要求越过三八线，打垮朝鲜军队以彻底解决朝鲜问题，9月27日，美国参谋长联席会议与总统杜鲁门都同意了麦克阿瑟的建议，但是总统要求麦克阿瑟只有在中国和苏联不会参战的情况下才可攻击北朝鲜。次日，美军部队进逼三八线。10月1日，韩国第一批部队进入朝鲜作战。10月7日美军越过三八线，大举攻入朝鲜。

在朝鲜半岛局势危急的情况下，中国领导人经过争论，于 1950 年 10 月 8 日决定组建志愿军，并于 10 月 19 日派遣志愿军入朝作战。中国人民志愿军入朝作战后，于 10 月 25 日发动抗美援朝第一次战役，取得了胜利。此后又于 11 月 25 日、1950 年 12 月 31 日成功发动了第二次、第三次战役，将联合国军赶回到三八线以南，并夺取了汉城和仁川。但由于后勤不足、部队长期作战疲惫、战线过长等原因，1951 年 1 月的第四次战役作战失利，中国人民志愿军和朝鲜人民军退回至三八线以北。此后双方陷于拉锯战，战线稳定在三八线附近。从 1951 年 7 月开始，双方进行停战谈判，同时仍不断展开进攻，以为在谈判桌上赢得更多的筹码，美国甚至一度发出使用核武器的威胁。1953 年 7 月 27 日上午 10 时双方签署了《朝鲜停战协定》及《关于停战协定的临时补充协议》。谈判的最终结果是：在北纬 38 度线附近以 1953 年 7 月 27 日 22 点整双方实际控制线南北各 2 公里宽处设立非军事区。1954 年，苏联官员和在朝鲜半岛参战的各国代表在瑞士日内瓦举行会谈。但谈判未达成一个永久和平计划，未能解决朝鲜半岛南北统一问题。

朝鲜战争是冷战时期两大集团之间发生的第一场热战。在朝鲜战争中，美国直接出兵朝鲜，苏联曾派遣空军以中国人民志愿军的名义参战，这样在名义上美苏双方并未发生直接的冲突，苏联领导人竭力避免将朝鲜战争转变为美苏两个大国之间的直接战争。美国政府领导人将提出核恐吓的麦克阿瑟调回美国，以避免朝鲜战争失控而升级，从而导致美苏两国直接对峙。

尽管美苏两国尽力控制朝鲜战争以避免再次出现世界大战，但朝鲜战争的爆发还是极大地加剧了两大军事集团的对峙与整个国际局势的紧张。朝鲜战争爆发后，西方国家担心欧洲会出现类似的情况，因此纷纷开始重整军备，并积极组建各种军事集团，最终导致了北约这个军事集团的出现，这反过来又刺激了苏联，随后也组建了华约军事集团，从而在欧洲形成两大军事集团对峙的局面。同时，在亚太地区，朝鲜战争的爆发不仅令朝鲜南北方出现了长久的对峙，也影响到了周边国家和地区的局势。朝鲜战争刚一爆发，美国就宣布台湾海峡国际化，并派出第七舰队进入台湾海峡，令中国共产党统一全国的计划推迟，造成了台海局势长期紧张。朝鲜战争爆发后，美国有意借助日本的经济和军事力量，开始调整对日政策，1951 年通过《旧金山和约》结束了日本战败国地位，并通过与日本签订同盟条约，将日本拉入了其军事盟国的轨道中，使得日本连同中国周边其他一些国家构成了封锁中国的包围圈。美国及其盟国的这些做法，令中国与美国处于十分尖锐的敌对状态，也令整个亚太局势持续紧张。

2. 越南战争

从1961年持续到1975年，美国直接出兵介入的越南战争，是冷战期间持续时间最长、大国直接进行军事介入的热战。越南战争因为与1945－1954年越南人民争取民族独立、反对法国殖民统治的第一次印度支那战争关系密切，所以又被称为第二次印度支那战争。越南战争的特点是民族解放和统一战争与冷战深刻地联系在一起，无论是第一次印度支那战争还是第二次印度支那战争，就越南人民来说都属于民族解放和统一战争，但由于美国的介入，这一战争最终成为美苏冷战的一部分和一个焦点，并对冷战的走向和变化产生了极大的影响。

(1)第一次印度支那战争(1946－1954)

越南在第二次世界大战爆发前是法国的殖民地，在第二次世界大战中则被日本占领。在二战结束前大国签订的有关安排世界战后格局的《雅尔塔协议》规定，中国和法国按照北纬17度线分区占领越南。由于二战结束不久中国就爆发了内战而无暇顾及北越，胡志明领导的越南独立联盟(越南共产党)趁机控制了越南北方并成立了越南民主共和国，并于1946年就开始了针对法国的民族解放武装斗争。法国则于1949年在越南南方建立了傀儡政权越南国，并扶植越南末代皇帝保大执政。越南国成立之后很快得到了法国、美国和英国的承认，并得到了美国和法国的大力援助。而越南民主共和国则在1950年得到了中国、苏联的承认，并立刻得到了中国的全面援助。随着两大阵营中大国的介入，越南战争从一开始就已经带有了冷战色彩。

在中国的大力援助下，越南民主共和国在战场上逐步占据了主动，并在中国的直接军事援助下于1954年3月13日至5月7日取得了决定性的奠边府战役胜利，歼灭了驻越法军的精锐力量，迫使法国不得不撤出越南民主共和国。鉴于军事上的失败，法国政府转而要求通过政治谈判的方式解决越南问题。为此有关各方在1954年日内瓦会议上进行谈判，决定越南暂时以北纬17度线分裂，越南民主共和国由越南共产党执政，越南南方则由保大政权控制。该会议规定，越南应当于1956年7月举行全国大选来统一全越南。

(2)越南战争(1961—1975)

随着1955年初法国解散法属印度支那、退出印度支那,美国担心共产主义会在越南取得胜利并扩散到其他地区,开始直接插手印度支那,并逐步成为扶植南越的主要力量。由于保大政权已摇摇欲坠,获得美国支持的吴庭艳于1955年上台,建立了越南共和国(南越)。吴庭艳上台后,在1954年日内瓦会议上提出的统一国家的全国选举未能于1956年举行,和平统一越南已经无望。同时,吴庭艳集团开始进行"控共"、"灭共"战役,屠杀南越的共产党人。

有鉴于此,1959年越南共产党中央委员会决定武装推翻越南共和国,并派遣大量军事人员前往越南共和国,组织武装颠覆。1960年南越反政府武装越南南方民族解放阵线成立,它由支持推翻越南共和国政府的各组织组成,实际上由越南共产党中央委员会控制。同年中苏关系破裂,中国和苏联都需要在国际共产主义运动中树立自己的形象,因而都积极支持越南民主共和国和越南南方民族解放阵线的军事斗争,这极大地增强了越南共产党的力量。

1961年肯尼迪政府上台后不久就接连遭遇了第二次柏林危机和苏联恢复核试验(9月),苏联的这些举动都被肯尼迪认为是苏联领导人对其的恐吓。为了展现新政府对抗社会主义阵营的决心并展示美国的力量,肯尼迪政府决定间接介入越南战争,通过各种援助支持其在南越的代理人进行一场使用常规武器的战争来实现其战略目的。根据朝鲜战争的经验和教训,美国政府将美国的地面军事参与行动将仅限于北纬17度以南的南越,以免造成类似于朝鲜战争的局面,引发中国的出兵。

按照这一设想,1961—1965年间肯尼迪政府在越南发动了"特种战争",开始正式军事介入越南战争。美国此时制定出一套战略村的战术,要求南越政府军把农村居民迁入四面围着铁丝网、壕沟和碉堡的"战略村",以此切断越共游击队与人民群众的联系。同时向南越军队提供大量军事援助并派出军事顾问提供技术指导,来训练南越军队进行"游击战",以压制越共的游击战。一方面由于吴庭艳政权十分腐败、不得人心,另一方面由于越南南方民族解放阵线战术灵活机动,美国设计的这一"战略村"战术很快失败。

由于吴庭艳政权的无能,南越政权的内讧加烈,1963年11月1日以杨文明为首的一批军队高级军官发动政变,处死了吴庭艳及其兄弟,建立了军人政权，此后南越政权发生多次政变，阮庆、阮文绍等军人相继上台执政。由于符合美国打击共产主义力量的需要，这些军人政变都得到了美国的认可和支持。

美国的“特种战争”非但没能遏制住越共在南越的武装斗争，反而令越共的武装力量在斗争中不断壮大，事实证明这一战略是彻底失败的。为了解决越南问题，1963 年底上台的约翰逊政府开始对越南战争进行直接的军事介入。1964 年 8 月，约翰逊政府以美国海军在北部湾遭到北越海军攻击的东京湾事件为由，不仅对北越一些重要城市进行报复性轰炸，更要求美国国会授权政府在越南使用美国军队。8 月 7 日美国国会通过《东京湾决议案》，授权总统在东南亚使用武装力量。美国政府随后动用空军对北越一些重要地点进行轰炸，这标志着美国对越南战争的干涉已经扩大到对北越的军事行动。

东京湾事件发生后，美国将其在越南战争的军事参与程度从原来的只提供军事援助和技术支持的“特种战争”升级到“局部战争”，即直接派出部队进入越南作战。美国政府直接介入越南战争之后，除了派出军队在南越与共产党游击队作战之外，其军事行动中一个主要内容是从 1965 年开始的“滚雷行动”，即利用美国的空军优势对北越进行轰炸，以切断北越对南越共产党人的物资和人员支持。

美国的“滚雷行动”在越南形成“南打北炸”的战争态势，将战争的范围扩大到了北越。美国的这一举措令中国深感威胁，中国领导人提出警告，如果美国动用地面部队入侵北越，中国将像朝鲜战争一样向北越派出志愿军。美国政府也深知扩大战争的危险，所以一直将其地面部队的作战限制在南越，只对北越进行局部轰炸。在中美两国对峙的局面下，越南战争被限制在局部战争层次，而未演变成像朝鲜战争一样的国际战争。

由于美国地面部队不能进入北越进行作战，而对北越的轰炸又因美国政府考虑到政治影响而仅局限在一些地区，所以“滚雷行动”的效果十分有限。而北越作为对“滚雷行动”的报复，加大了向南越的渗透，并不断向美军和南越军队发起攻击。在这种情况下，美国不断向越南增兵，到 1968 年驻越美军已达到 50 万人。但美国不断增兵和增加轰炸强度却并未能削弱越南共产党人的斗争意志，1968 年越南南方共产党人发动了规模巨大的“春季攻势”，向西贡、顺化、舰港等 64 个大中城市、省会及军事基地展开猛烈进攻。尽管越南共产党损失巨大，但这次战役却在美国国内产生了极大的反响，美国国内的主流看法是军事行动无法解决越南问题。迫于国内巨大的压力，1968 年 3 月约翰逊政府被迫宣布部分停止对北越的轰炸。5 月越美巴黎谈判开始。11 月美国宣布完全停止对越南北方的轰炸。至此，“局部战争”失败。

1969 年尼克松政府上台后，面临越战导致美国国内动荡、国力衰退的不利局面，尼克松政府急于让美国从越南战争中脱身。为此尼克松政府一方面提出了越南战争“越南化”政策——将美国部队逐步撤出越南、转而重新采用“用越南人打越南人”的手段，另一方面与中苏进行接触，通过中苏来做越南共产党的工作，以推动越南共产党走上谈判桌，从而令美国可以较为体面的退出越南。美国为了将越南共产党逼上谈判桌，还曾一度加大了对北越的轰炸。美国的这些行动取得了成效，北越与美国重开会谈，后来扩大为包括南方民族解放阵线及西贡阮文绍政权在内的四方会谈。1973 年 1 月 27 日，美国在结束越南战争的协定上签字，美国参与的越南战争到此结束。

美国军事力量从南越撤出后，南越阮文绍政权十分孤立。1975 年越南人民军发动总进攻，打垮南越政权，解放了西贡，完成了南北统一，越南战争结束。1976 年 1 月 2 日越南民主共和国统一越南共和国，定国名为越南社会主义共和国，越南共和国首都西贡市被更名胡志明市。

越南战争期间，美国共向越南投下了 800 万吨炸弹，远远超过第二次世界大战期间各个战场投弹量的总和，造成越南 160 多万人死亡。美国自己的损失也非常惨重，5.6 万人丧生，30 多万人受伤，耗资 4000 多亿美元。越南战争还导致了整个中南半岛的局势紧张与动荡。在战争过程中，战火延伸到柬埔寨和老挝，三国共产党人先后组织武装对抗法国和美国，而美国与南越为了扑灭斗争烈火也先后入侵柬埔寨。越南统一后，越南走向地区霸权主义，企图建立印度支那联邦，因此于 1978 年入侵柬埔寨。

越南战争令美国陷入泥潭，极大地削弱了美国的实力。而中苏在援助越南问题上产生分歧，越南日益向苏联靠近，并在实现统一后反而采取敌视中国的态度，并在中南半岛实行地区霸权主义，从而造成了 1979 年中越战争的爆发。

3. 阿富汗战争

自 1919 年阿富汗独立以来，虽然名义上一直是独立的国家，但其内政一直受到西方国家和苏联的不断干预。1976 年，阿富汗发生政变，查希尔王朝被推翻,阿富汗共和国成立,得到苏联支持的达乌德1977年就任阿富汗共和国第一任总统。但由于达乌德企图摆脱苏联的束缚,1978年4月,得到苏联支持的阿富汗人民民主党发动了军事政变,推翻了达乌德政府。阿富汗共和国改名为阿富汗民主共和国,人民民主党领袖努尔·穆罕默德·塔拉基担任阿富汗革命委员会主席,并兼任总理。塔拉基政府执行亲苏政策,于1978年年底与苏联签订了为期20年的《友好睦邻合作条约》。①

塔拉基上台后未能缓解阿富汗国内的尖锐矛盾,1979年3月阿明被任命为政府总理后矛盾反而进一步激化。苏联企图联合塔拉基搞掉不受苏联欢迎的阿明,但阿明却捷足先登发动政变,不仅处死了塔拉基,自任革命委员会主席兼总理,更尝试改善与美国的关系。阿明政府的这一转向被苏联政府视为眼中钉,苏联领导人担心失去对阿富汗的控制,决定采取军事行动并进行了战争准备。

经过准备,1979年12月27日苏联派遣7个师、8万多人的机械化部队突袭阿富汗。由于实力悬殊,阿富汗的正规军很快被苏军击溃和控制,苏军在一周之内迅速占领了阿富汗首都喀布尔及其他阿富汗战略要地,并处死了阿明。随后苏联扶植的卡尔迈勒傀儡政权上台,宣称阿富汗发生政变,苏军是根据阿富汗新政府的邀请而进入阿富汗。②

入侵的苏联军队很快发现自己陷入了阿富汗人民反抗斗争的汪洋之中,全阿富汗共有丨几支穆斯林爱国武装进行了反侵略抵抗运动。其中的几个抵抗组织于1981年联合成立了阿富汗圣战者伊斯兰联盟,并开始接受美国、巴基斯坦、沙特阿拉伯和埃及等国的军事援助,在全国开展抵抗苏军入侵的斗争。③

针对这些反抗力量,入侵的苏军先后于1980年2月、4月和6月发动三次大规模攻势,对喀布尔、昆都士、巴格兰以及库纳尔哈、楠格哈尔、帕克蒂亚等省的游击队抵抗力量展开全面"扫荡"。但阿富汗抵抗组织的游击队利用熟悉地形等有利条件,广泛开展山地游击战,使苏军摩托化部队无法发挥其兵力兵器优势,使其全面"扫荡"失败。此后苏军改变战术,在确保主要城

① 彭树智:《阿富汗史》,西安:陕西旅游出版社,1993年,第320页以下。

② 彭树智:《阿富汗史》,西安:陕西旅游出版社,1993年,第343—353页。

③ 刘金质:《冷战史》(中卷),北京:世界知识出版社,2003年,第992—998页。

市和交通线的同时，集中优势兵力兵器对游击队主要根据地发动重点“清剿”，企图切断游击队的外援渠道，歼灭游击队的有生力量。但阿富汗抵抗组织的游击队不仅未被削弱，反而在斗争中不断壮大。至1985年年底，侵阿苏军兵力达12万人，喀布尔政府军的正规军却下降为4万人，而抵抗运动中仅常年从事战斗的有组织队伍已增长到10多万人，而且战略思想和战术水平也有所提高。到1988年，苏军已自29省中的13省完全撤出，除一些省会等大中城市和战略要地、重要交通干线外，广大农村和山区均在阿富汗抵抗力量的控制之下。军事上的失利令1978年通过军事政变上台的阿富汗人民民主党政权处境更加困难，内部矛盾不断激化，1986年中，卡尔迈勒的总书记职务被情报局头目纳吉布拉所取代，随后人民民主党内部又发生火并。战场上的失利、阿富汗政局的不稳，以及国际社会对苏联的强烈谴责，迫使苏联不得不于1982年6月同意在联合国主持下、在日内瓦与代表阿富汗反抗组织的巴基斯坦进行间接会谈。至1985年底，喀布尔政权和巴基斯坦政府代表先后举行六轮日内瓦间接会谈，但未能在实质性问题上达成协议。[①]

从1986年1月到1989年2月，阿富汗战争进入了战略相持阶段。旷日持久、边打边谈的战争，使苏联在政治、外交、经济、军事上承受巨大压力。战场上的屡屡失利，阿富汗游击队的不断壮大，迫使苏联改变侵阿政策。1985年戈尔巴乔夫任苏共总书记后，决定逐步从阿富汗脱身。为实现这一目标，苏联积极推进阿富汗问题的政治解决进程，将战争规模保持在较低水平。同时加紧武装并将清剿任务移交给阿政府军，苏军主要负责防守城市和交通线。另一方面，由于游击队内部政见不一，缺乏统一指挥，加上武器装备落后，进攻屡屡受挫。这样阿富汗战场出现了苏军控制主要城市与交通线、游击队控制广大农村、双方均不可能取胜的僵持状态。在此情况下，苏联被迫接受1988年4月14日达成的日内瓦协议，并于1988年、1989年分两个阶段撤出全部军队11.5万人。[②] 至此，苏联侵阿战争结束。1991年

---

① 洪希诚:《阿富汗战局及政治解决的新发展》,《国际问题研究》,1988年第2期,第30—34页。

② 黄文镛:《阿富汗问题的政治解决及其影响》,《外交学院学报》,1988年第3期,第41—45页。

5月，联合国提出了阿富汗和平计划，建议成立多党政府。1992年4月16日，纳吉布拉政权瓦解。4月28日，穆贾迪迪在喀布尔成立了阿富汗伊斯兰国临时政府。

阿富汗战争旷日持久，历时九年多，给阿、苏两国人民带来了深重灾难。阿富汗有130多万人丧生，500多万人流亡巴基斯坦和伊朗而成为难民。在战争中苏军阵亡13833人，负伤11381人，失踪和被俘330人，此外还有上千架飞机被击落，2千余辆坦克和装甲车被击毁，消耗资金超过200亿美元。[①]这场入侵阿富汗的战争极大地削弱了苏联国力，令其在与美国的冷战竞争中渐显颓势，对美苏两国力量的此消彼长起了极为重要的作用。

三 深入探究指引

冷战时期美苏两大国之间虽然并未发生直接的战争，但他们出于各自冷战心理和战略的考虑，都不约而同地以包括局部战争形式在内的各种手段介入两大阵营对峙的边缘地区和国家的争端，最终导致在冷战期间不断出现了有大国参与其中的热战。大国对这些热战的介入非但未能迅速结束相关地区和国家的冲突，反而令这些热战走向了长期化和复杂化的过程。而持续时间长达数十年的越南战争就是最好的例证。

越南战争一开始是越南人民反对法国殖民统治的民族独立斗争与越南南北方内战的混合。美国虽然一直对西方老牌殖民国家继续维持其殖民统治并不赞同，却出于冷战的考虑，对二战后法国在越南发动的维持其殖民统治的军事行动提供某种支持。1949年10月新中国的成立并加入了社会主义阵营之后，越南作为美国在东南亚地区遏制共产主义扩张的桥头堡的地位变得十分突出。1950年3月27日美国国家安全委员会第64号文件专门提到了包括越南在内的印度支那半岛在美国冷战战略中的重要性："采取可行措施阻止共产党在东南亚的扩张，对美国的安全利益至关重要。印度支那是东南亚的关键地区，正处在迫在眉睫的威胁之中。如果印度支那为共产党统治的政府所控制，可以预料邻邦泰国和缅甸将相继落在共产党统治之下。东南亚的均势将处于严重危险之中。"[②]

---

① 彭树智：《阿富汗史》，西安：陕西旅游出版社，1993年，第361页。

② 原祖杰：《关于美国卷入越南战争的几个问题》，《世界历史》，1990年第3期，第22页。

与此思想一脉相承，在1954年3月胡志明领导的越南独立联盟在奠边府战役取得了对法国军队的决定性胜利后不久，美国总统艾森豪威尔在1954年4月7日的一次新闻发布会上提出了有关东南亚局势的“多米诺骨牌理论”。他认为一旦印度支那落入共产主义的控制，则其他东南亚国家都会像多米诺骨牌一样也随即落入共产主义的控制之下。这一夸大了越南局势对东南亚及全球冷战重要性的理论被此后的肯尼迪、约翰逊两届政府所继承，在这种政治思路的引导下，美国逐步卷入越南战争。①

同时美国逐步卷入越南战争也有其国内因素。一方面，美国当时国内的麦卡锡主义力量仍然相当强大，艾森豪威尔政府不愿看到麦卡锡主义关于“谁丢失中国”的非难在越南问题上卷土重来。另一方面，由于美国政治体系的特点，政府如不能强调越南问题的重要性，则此事会被美国国内民众和国会认为是对美国国家安全并不重要，因此在拨款时会犹豫不决。美国国内政治的这些特点也作为一个长期因素推动了美国卷入越南战争。②

在美国国内政治因素和美国政府自身多米诺骨牌理论的双重影响下，美国政府在法国人撤出印度支那的同时开始插手越南战争。在1954年召开的有关讨论解决越南战争和朝鲜战争的日内瓦会议上，针对这次会议达成的越南应当在1956年7月举行全国大选来统一全越南的协议，美国政府宣布自己不参加会议最后宣言。此后美国又于同年9月8日联合英国、法国、澳大利亚、新西兰、泰国、菲律宾和巴基斯坦，在马尼拉签订东南亚集体防御条约，成立了旨在遏制共产主义力量在东南亚进一步发展的东南亚条约组织。1954年10月，美国又扶植反共的吴庭艳政权上台，取代了保大政权。除了这种政治上的行动之外，美国向越南派出了军事顾问训练南越军队，并直接向南越政权提供各种援助。至此，美国已经直接介入到越南局势之中。

美国支持的吴庭艳政权上台后，借口现任南越政府没有在日内瓦协议上签字，拒不执行日内瓦协议有关南北双方协商举行普选统一国家的决定。此外，吴庭艳还发动了白色恐怖，大肆镇压各种异己力量，并针对越南共产

① 弗里德里克·罗格沃尔：《越南战争与冷战转型：关于多米诺骨牌理论的若干思考》，《冷战国际史研究》，第11辑（2011年夏），第1—16页。

② 弗里德里克·罗格沃尔：《越南战争与冷战转型：关于多米诺骨牌理论的若干思考》，《冷战国际史研究》，第11辑（2011年夏），第1—16页。

党发动了一系列“控共”、“灭共”战役。吴庭艳政权的独裁统治引起了越南南部各个阶层的不满，导致越南南方由共产党领导的武装斗争重新兴起，而且呈现出日益高涨的势头。由此作为内战的越南战争又日趋激烈，规模也不断扩大。[①]

艾森豪威尔政府之后的肯尼迪和约翰逊政府都进一步加大了美国对越南战争的军事介入。相比之前艾森豪威尔政府只提供军事顾问团的做法，肯尼迪上台后不久，就于1961年5月派出了“特种部队”直接参加越南战争。到1963年10月，美国在越南的驻军人数达到16732人。[②] 约翰逊接任总统后，不仅没有反思美国在越南的政策，反而采取了进一步扩大美国对越南军事介入的政策。到东京湾事件前夕，美国在越军队进一步增加到21000人。[③] 随着东京湾事件的爆发，美国开始对北越进行轰炸，从而将战争范围进一步扩大。

美国对越南战争的干涉程度加深不仅表现在其军事介入上，也表现在美国为稳固亲美政权在南越的统治而先后介入了南越发生的多次政变。为了挽回人心，美国支持杨文明军人集团在1963年11月1日发动的军事政变。但在杨文明军人集团表现出背离美国在越南战略的倾向后，美国又转而支持阮庆军人集团，后者于1964年1月30日发动了军事政变，推翻了杨文明军人政权。但由于南越社会内部矛盾突出，此后的南越局势一直处于动荡之中。

越南战争的不断升级与美国的介入有着深刻的联系，但美国自身在具有极大军事优势的情况下却难以迅速解决越南问题，除了与越南人民的坚强抵抗有关之外，也与社会主义国家的大力支持有关。1949年中华人民共和国成立后不久，就开始了对越南人民反法独立战争的援助。中国不仅是世界上第一个承认越南民主共和国并与之建交的国家，也是在越南抗法期间唯一向越南提供援助的国家。[④] 据统计，从1950年到1960年，中国共向

---

① 时殷弘:《越南战争的国内根源》,《南洋问题研究》,1991年第2期,第63—72页。

② 时殷弘:《美国在越南的干涉和战争》,北京:世界知识出版社,1993年,第110页。

③ 原祖杰:《关于美国卷入越南战争的几个问题》,《世界历史》,1990年第3期,第24页。

④ 裴坚章主编:《中华人民共和国外交史(第一卷):1949—1956》,北京:世界知识出版社,1994年,第89—90页。

越南提供了19.76亿元人民币援助，占中国这10年对外援助总额的近三分之一。[①] 中国不仅向越南派出了军事顾问团，而且还给以大量的军事物资援助，同时具体协助越方组织和指挥了一系列重要战役。越南民主共和国在奠边府战役中之所以能取得重大胜利，正是在中方强有力的军事援助下取得的。美国在1964年东京湾事件发生后开始对北越进行轰炸后，也正是由于中国表态：如果美国敢对北越发动地面进攻，中国也将像朝鲜战争那样出动志愿军，美国才在越南战争中一直保持克制、并未进一步扩大战争规模。[②]

苏联虽然在1950年1月30日也与越南民主共和国建立了正式外交关系，但在60年代中期以前很长一段时间内苏联仅向越南提供政治支持，而缺乏实际行动。从1965年开始，苏联加大了对北越的援助和支持力度，向北越提供了地对空导弹、飞机、舰艇等较为先进的武器。在苏联的动员下，其他东欧社会主义国家也向北越提供了大量急需的物资和武器，这些援助对南北越人民坚持斗争并最终取得胜利发挥了一定的作用。

越南战争的最后结束也与大国之间的妥协与让步有关。1969年中苏两国在珍宝岛发生武装冲突之后，面对来自苏联的威胁，中国希望能够缓和中美关系，以免腹背受敌。而新上台的尼克松政府也急于从越战的泥沼中脱身，希望通过与中苏缓和关系而来推动越南问题的解决。随后中美两国开始了接触，1971年7月尼克松的密使基辛格访问了北京，开启了中美关系正常化的第一步。在中国的推动下，北越与美国的巴黎和谈有了实质性的进展。最终，越南民主共和国、越南南方共和临时革命政府与美国和越南共和国四方于在1973年1月27日签订了巴黎和平协定，随后美国从越南撤军。这为越南最后完成民族国家的统一扫清了道路。

第二节　冷战影响下的局部战争

二战结束后，在世界范围内延绵不断的战争中，除了有大国直接参与的各种热战之外，还有许多新独立的国家之间爆发的局部战争和冲突，其中影响较

---

① 杨奎松：《毛泽东与莫斯科的恩恩怨怨》，南昌：江西人民出版社，1999年，第496页。

② 陈兼、赫斯伯格：《越战初期中美之间特殊的“信息传递”》，《史林》，2004年第1期，第106—125页。

大、持续时间较长、战争烈度较强的有五次中东战争(1948—1982 年)、三次印巴战争(1947—1971 年)和两伊战争(1980—1988 年)。这些局部战争引发了相关区域内各国之间的严重对立,从而令这些区域出现了长期的动荡和不安。

一 概 述

中东战争、印巴战争和两伊战争等局部战争爆发的直接原因,既与当地复杂的民族、宗教、传统等因素有着密切的联系,也与相关国家的现实利益之间矛盾有关。这些战争的起因虽然与冷战并无直接关系,但这些地区战争之所以呈现出持续时间长、规模大、伤亡惨烈、相关国家保持长期敌对的特点,都与冷战有关。美苏两国都利用这些地区战争而积极地将自己的影响延伸至这些地区,在地区战争和对峙过程中各自支持一方并提供大量的经济和军事援助,由此形成地区冲突长期化的特点,令整个地区乃至世界都处在动荡不安之中。

由于这些地区战争所呈现出的长期化的特点,随之产生了诸多问题。首先,长期的地区冲突产生了大量的难民,如何安置这些难民,成为整个地区乃至世界都不得不面临的人道主义问题。其次,由于冲突的长期化和美苏借机倾销军火,导致这些国家将大量的资源用于战争或军备竞赛,从而阻碍了这些国家的经济发展,导致国内问题丛生。最后,由于敌对双方的长期对立,彼此之间的矛盾互相影响和深化,彼此的恩怨在短时期内难以解决,由此成为导致地区局势不断动荡的长期因素。

二 视野拓展及重点问题分析

1. 五次中东战争

(1)第一次中东战争

中东战争的主要内容是以色列与中东地区阿拉伯国家之间发生的一系列战争。战争的起因源于 1947 年以色列的成立。由于犹太人在二战期间遭到德国纳粹种族灭绝这一悲惨命运,二战结束后国际社会都普遍支持犹太人在耶路撒冷地区的复国运动,希望通过建立一个犹太国家为犹太人提供庇护。1947 年 11 月 29 日,第二届联合国大会通过了联合国第 181 号决议,决定在英国于 1948 年 8 月 1 日结束在巴勒斯坦的委任统治并撤出其军队后的两个月后，在巴勒斯坦的土地上建立一个阿拉伯国家和一个犹太国家。其中阿拉伯国国土面积 11203 平方公里，约占当时巴勒斯坦总面积的 43%，人口中阿拉伯人为 72.5 万人，犹太人为 1 万人；犹太国国土面积为 14942 平方公里，约占巴勒斯坦总面积的 57%，人口中阿拉伯人为 49.7 万人，犹太人为 59.8 万人。决议还规定：成立耶路撒冷市国际特别政权，由联合国来管理。

由于该决议将巴勒斯坦大部分土地划给了占当地人口少数的犹太人，引起了当地阿拉伯人和周围阿拉伯国家的不满。在 1948 年 5 月 4 日以色列建国后，虽然美、苏等大国立刻给予了承认，但中东的阿拉伯国家则不予承认。5 月 16 日凌晨，阿拉伯国家联盟（共 7 个成员国）集结兵力 4 万多人对以色列发动侵略战争，第一次中东战争爆发。

在战争伊始，由于以色列兵力弱小（只有 3.4 万人、飞机 33 架），阿拉伯国家相对军力强大，以色列军队一直节节败退，最后只能固守特拉维夫及其周边地区。为了获得喘息之机，以色列要求进行暂时停火。5 月 17 日，根据美国的提案，联合国安理会命令双方在 36 小时内停火。到 6 月 11 日阿以双方同意停火 4 周时，阿拉伯联军已经占领了以色列过半的领土。

以色列抓住这一停战时机大力扩充军备。在全世界犹太人的支援下，以色列政府正式建起了一支正规的以色列国防军，并获得了世界各国的先进武器，如美国、英国的轰炸机，法国的坦克，捷克的轻武器、野战炮、炸弹和炸药。7 月 9 日战端重启后以色列迅速占据了战场上的优势，夺取了约 1000 平方公里的土地，而阿拉伯联军则处处陷于被动。此后以色列不顾联合国安理会 7 月 15 日要求双方停火的命令，通过一系列重大战役将阿拉伯联军赶出了巴勒斯坦。

随着 1949 年初阿拉伯联军的各国与以色列签订停战协定并承认以色列占有其所控制的土地，第一次中东战争结束。在这场战争中阿拉伯国家军队死亡 1.5 万人，以色列军队死亡约 6000 人，以色列险胜。其结果是以色列占领了巴勒斯坦总面积的 80%，这场战争中有 96 万巴勒斯坦人被赶出家园，沦为难民。

(2)第二次中东战争（又称苏伊士运河战争）

1956 年，埃及在其国有化运动中收回了苏伊士运河公司，并随后禁止以色列船只通过运河与蒂朗海峡。原来控制苏伊士运河的英法两国勾结以色列，企图以以色列发动与埃及的战争、英美两国借机军事介入的方式来重夺苏伊士运河，而以色列则可获得运河的通行权。

10月29日以色列率先在西奈半岛发动了对埃及的进攻。由于埃及识破了以色列和英法将埃及军队吸引至西奈半岛后而夺取运河区、并全歼埃及军队的企图，为防御苏伊士运河而将其主力部队撤回至运河区，为此以色列迅速占领了西奈和加沙地区。

就在以色列发动进攻后不久，英国和法国借口保护苏伊士运河这一国际水道的航运，向埃及发出"最后通牒"，要求埃以双方停火，并允许英法军队进驻运河区，否则派兵干涉。遭埃及拒绝后，英法空军在10月31日对埃及境内的重要机场、港口、城市、交通设施以及西奈的埃及部队进行了疯狂的轰炸。在夺取制空和制海权后，英法两国在11月5日向塞得港和富阿德港空降部队，并在6日出动2.2万名海军陆战队登陆占领上述港口。但英法两国的军事行动遭到了埃及军民的顽强抵抗，也遭到了国际社会的强烈谴责，苏联甚至发出了军事干涉的威胁，而美国也明确表示反对英法的行动。为此英法两国不得不接受联合国的停火协议，于11月6日宣布停火。12月，英法军队全部撤出埃及。1957年3月，以军也撤出埃及的加沙地区和西奈半岛，但获得了通过蒂朗海峡的航行权，而联合国部队进驻埃以边界，维持地区和平。

(3)第三次中东战争

第二次中东战争结束后，巴勒斯坦人民争取独立的武装斗争兴起。1964年5月28日至6月4日，巴勒斯坦各界代表在阿拉伯联盟的支持下，在耶路撒冷东城区举行了第一次巴勒斯坦国民大会，建立起来了以实现民族独立解放为目的的巴勒斯坦解放组织及其武装力量。随后巴解组织的武装力量针对以色列展开了武装斗争，而且队伍不断扩大，对以色列构成了威胁。同时，阿拉伯国家也积极蓄积力量以准备新的对以色列的战争。1967年5月16日，埃及军队总司令要求联合国撤出在埃以边境的观察所驻扎的所有部队，随后埃军占据了一部分联合国观察所。1967年5月18日，埃及政府照会所有联合国部队派遣国：联合国部队必须立即离开埃及和加沙地带。1967年5月22日，埃及宣布自次日起封锁西奈半岛的堤蓝海峡。1967年5月30日，约旦和埃及签署了针对以色列的五年共同防御条约。

面临这些威胁，以色列采取了先发制人的战略。1967年6月5日，以色列首先动用空军对埃及、叙利亚和约旦进行空袭，将三国的大批飞机摧毁并掌握了制空权。随后以色列的22个机械化旅迅速出动，4天内占领西奈半岛和加沙地区，继而攻占耶路撒冷东城区和约旦河西岸地区，10日攻占叙利亚戈兰高地。遭到沉重打击的约、埃、叙损失惨重，先后被迫同意停火。以色列不仅将其战略纵深扩大了6.5万平方公里，更将数十万巴勒斯坦的阿拉伯人赶出家园，沦为难民。

尽管以色列在第三次中东战争中取得了胜利，但阿、以之间的军事冲突仍在发展。1967年10月埃及海军利用购自苏联的战舰导弹击沉了以色列海军大型驱逐舰“埃拉特”号，首创导弹击沉军舰的记录。从1968年下半年开始，埃及炮兵部队向运河东岸以军实施大规模炮击，并且派遣小股部队对以色列进行袭击。以军则从1969年下半年开始向运河西岸包括开罗周围地区实施报复性战略空袭。1970年8月双方停火。在这两年的局部交火中，阿以双方分别利用从苏、美得到的新式武器装备而互相试探，为下次战争做准备。

(4)第四次中东战争(亦称十月战争)

经过事先周密的准备，1973年10月6日，埃及和叙利亚向以色列发动突袭，并得到了伊拉克、约旦、阿尔及利亚、利比亚、摩洛哥、沙特阿拉伯、苏丹、科威特、突尼斯和巴勒斯坦解放组织的军事支持。埃及和叙利亚的作战目的在于收复两国在之前战争中被以色列夺取的国土，由此第四次中东战争开始。

面对以色列较为强大的军事实力，为了迷惑以色列、让自己的突袭达到预定效果，埃及和叙利亚两国做了充分的准备。两国在战前反复进行战争动员，多次进行军事演习，并将突袭的时间选在了伊斯兰教斋月(穆斯林白天斋戒)和犹太教赎罪日(教徒当日斋戒，停止一般公务活动)，大大麻痹了以色列，以色列的统帅部认为两国不敢发动对以色列的真正军事行动，因此在埃、叙两国进攻重点地区西奈半岛和戈兰高地分别只部署了4个旅和3个旅。另外针对以色列在前线地区构筑的强大的巴列夫防线，埃、叙两国事先做了充分的情报和侦察工作，制定出了专门的应对措施，这些都保证了两国突袭的突然性、有效性。同时，埃及和叙利亚还从苏联购进了大批较为先进的导弹、飞机、坦克等，以此提升自己的军事打击能力。

10月6日14时，埃及和叙利亚发动了突袭。两国集结了优势兵力，在炮兵、航空火力和防空火网掩护下，分别向西奈半岛（西线）、戈兰高地（北线）同时突然发起进攻。北线，叙军3个步兵师当日突破以军防线，7日，又投入2个装甲师，进抵距以色列本土数公里的地区。西线，埃及陆军在海、空军协同下强渡运河，第2集团军3个步兵师在大苦湖以北、第3集团军2个步兵师在大苦湖以南迅速突破巴列夫防线，针对以色列强大的装甲部队，埃及步兵携带反坦克导弹、火箭筒率先穿过以军各支撑点间的空隙，击毁大量以军坦克，歼灭了以色列几支王牌装甲旅；而后工程兵快速破堤，9小时打开了60条通道，架设浮桥12座，保障2个装甲师、2个机械化师等后续部队渡河。海军则同以军舰艇进行海战，并用舰炮支援地面部队进攻。在突袭战中埃及军队取得巨大胜利，到10月10日已经初步达到了控制西奈半岛的作战。在胜利的鼓舞下，埃及和阿拉伯国家改变了作战目标，希望能继续发动进攻，彻底消灭以色列。

在形势极度危急的情况下，以色列显现出了极强的军事动员能力和反击能力。以色列政府迅速动员预备役部队，使总兵力剧增至近40万人，在战略重点上实行先北线、后南线的计划。10月11日，以色列调集3个师对叙利亚进行反攻，同时集中使用空军主力向叙地面部队和防空导弹阵地展开攻击并空袭叙后方大城市，这一措施果然奏效，以军迅速反攻至1967年停火线，形成威胁叙利亚首都大马士革的态势，并成功阻拦了伊拉克、约旦的援助部队。在夺得了北线战场的主动权、消除了来自北线的威胁之后，以色列转过头来集中兵力对付埃及。10月14日以色列投入800辆坦克、埃及投入了1000辆坦克，展开了坦克大会战。由于以色列战术先进，采取了步兵、坦克、炮兵、空军（利用武装直升机和其他飞机发射各种先进的空对地导弹）协同作战方式，共击毁埃及坦克250辆，取得了此次坦克会战的胜利。

10月15日晚，以色列发动反击，以色列的精锐部队A·沙龙师经过穿插突击，将大苦湖地区的埃及第2、第3集团军切割开来，其先头部队于16日晨在湖北侧德维斯瓦附近渡河，摧毁若干埃军防空导弹阵地，为空军活动创造有利条件；架设浮桥后，又有2个师渡河，向南迂回，发起进攻；23日进抵苏伊士湾，占领阿代比耶港，对苏伊士城和埃及第3集团军形成合围，夺得西线战场主动权。

由于失去了战场上的主动权，10月24日，埃及在联合国安理会的调解下决议停战。1974年1月和5月埃及和叙利亚分别签署第1阶段脱离军事接触协议。至此，埃及控制了运河东岸纵深约10公里的狭长地带，基本达到战略目的(1982年4月，根据1979年3月埃以和平条约，以色列完全撤出西奈半岛)。在北线，以军撤至1967年停火线以西，叙利亚未能实现发动战争的初衷。

第四次中东战争的形态相比以往有了极大的改变。由于阿拉伯国家和以色列分别依靠苏联和美国提供各种较为先进的军事装备，因此这场战争变成了美苏两国武器装备的一次大比拼，美苏两国不仅提供武器装备，还提供自己的侦察卫星搜集到的情报。正是因为有美苏的军事支援，阿以双方在战争中投入了大量的现代武器如坦克、火炮、飞机、导弹等，而且埃及和以色列甚至有能力展开一次共有1800辆坦克参与的坦克大会战。在这次战争中还出现了一个特点，就是导弹成为战争中的主角。在战争开始，埃及军队由萨姆—2、萨姆—3、萨姆—6、萨姆—7型导弹为主组成的防空体系，在战争初期掌握了战场制空权，使以军飞机数日内不敢进入运河空域；以军则使用“响尾蛇”、“蜻蜓”等空中导弹打击阿拉伯国家的飞机，用“加布里埃尔”舰舰导弹对付对手的舰艇，并在坦克大会战中利用空对地导弹击毁了埃及大批坦克。同时，更为先进的作战方式——电子战也被运用于战争中。这些都预示着未来战争形态的变化。

(5)第五次中东战争(又称以色列入侵黎巴嫩战争)

1964年成立的巴勒斯坦解放组织(下称巴解)，在与以色列的不断斗争中逐步壮大，并且在叙利亚和黎巴嫩等国有很大的影响。1970年，巴解总部及其游击队主力由约旦进驻黎巴嫩，后来又直接介入黎巴嫩国内斗争，扶植伊斯兰力量而打击亲以色列的基督教势力，逐步控制了黎巴嫩南部和首都贝鲁特地区。此外，巴解组织还不时对以色列进行武装骚扰，在第四次中东战争中，巴解组织的游击队还在以色列控制区域展开了游击战。

为了消灭巴解组织及其武装力量，1982年6月以色列入侵黎巴嫩，这场战争又被称为第五次中东战争。6月4日以色列首先出动飞机轰炸了黎巴嫩首都贝鲁特与黎巴嫩南部的巴解游击队基地。6月6日以军出动陆军2万余人，在空军和炮兵的掩护下，分西、中、东三路向巴解游击队发动突然进攻，同时也袭击了叙利亚军队的贝卡谷地。

1982年6月27日，联大第七次紧急特别会议通过决议，要求以色列立即停火，并无条件从黎巴嫩撤军。而巴解组织为保存实力，也同意撤离贝鲁特西区，但其提出的撤出条件被以色列拒绝。[①] 以色列于8月1日再次发动进攻，并于8月5日包围了贝鲁特的巴解总部大楼。最后巴解组织完全撤出了黎巴嫩。在这场战争中，巴解组织伤亡3000余人，被击毁坦克100余辆，火炮500门，400多座秘密仓库被占领。叙利亚军队伤亡1000余人，损失坦克400余辆，飞机58架。

2. 三次印巴战争

(1)第一次印巴战争

二战结束后，由于南亚次大陆要求民族独立的呼声日益高涨，英国决定结束其在该地区的殖民统治。考虑到南亚次大陆中的民族、宗教等问题，英国在结束其殖民地统治时，于1947年8月制定了将南亚大陆一分为二的"蒙巴顿方案"。根据宗教信仰将英属印度划分为以信仰印度教为主的印度和信仰伊斯兰教的巴基斯坦（巴基斯坦分为东巴基斯坦和西巴基斯坦两个部分）。在这一分割方案中，由于位于巴基斯坦北部和印度西北部的克什米尔地区穆斯林和印度教徒混居，其土邦邦主哈里·辛并未决定是加入印度还是要加入巴基斯坦。

但克什米尔地区的民族矛盾十分尖锐，"蒙巴顿方案"刚一出台，克什米尔的查谟地区便有20万穆斯林被印度教徒杀害。巴基斯坦对这一宗教冲突十分不满，1947年10月22日巴基斯坦的一支强大的志愿军以"克什米尔解放军"的名义进攻克什米尔首府斯利那加。这支志愿军很快击溃了克什米尔土邦的军队，甚至出现了部分克什米尔军队倒向志愿军的情况。

在此危急关头，克什米尔土邦邦主哈里·辛向印度政府求援，并答应了印度政府希望克什米尔加入印度的要求。在哈里·辛签署了加入印度的声明后，10月27日印度立刻出兵克什米尔，很快在克什米尔一些地区取得了对克什米尔解放军的胜利。随后巴基斯坦也不断加强克什米尔解放军的力量。经过长时间的僵持，到1948年年底，印度通过世界上第一次在高海拔山地成功使用相当规模的坦克作战而取得了战场上的主动。巴基斯坦认识到它无法获得任何进展，因此决定停火。在联合国的调停下，印巴双方签订了一个于1948年12月31日生效的停火协议。但是就在停火前数日巴基斯

① 以军从贝鲁特南部后撤5千米；在黎巴嫩军队中保留一支象征性的巴勒斯坦军事单位；在贝鲁特保留巴解组织的政治结构。

坦突然进行反击，在再次协商后双方同意停火。停火条件是联合国提出的一个于 1949 年 1 月 5 日生效的决议：巴基斯坦必须撤出所有的正规军和非正规军。印度可以保留小部分军队维持秩序，同时决定由公民投票来决定克什米尔的未来。

战争双方共有约 1500 名士兵阵亡。巴基斯坦获得了克什米尔约 2/5 的地盘。克什米尔丧失了其独立，1948 年的停火线实际上成为克什米尔的分裂线，巴基斯坦占据克什米尔的 2/5，印度占据 3/5。印度占据了克什米尔比较富饶、繁茂和人口密集的克什米尔谷。1956 年这个地区成为印度的查谟—克什米尔邦。

(2)第二次印巴战争

第二次印巴战争起源于双方对面积 1.8 万平方公里的库奇兰恩地区的争夺。库奇兰恩地区为印度河入海口附近的一片盐碱沼泽地，在雨季大部分地区被洪水淹没，印度和巴基斯坦从未在这里正式划定国境线。从 1947 年至 1956 年该地区一直为巴基斯坦控制，但 1956 年印度通过破坏巴基斯坦的哨所、建立自己的哨所而介入该地区。

1965 年初，双方因为得知库奇兰恩地区可能蕴藏石油与其他矿产资源而开始争夺这一地区。1965 年 2 月，印度突然出兵占领了库奇兰恩的北部地区，并将其兵力增加到 3 个旅，而巴基斯坦随后也派出两个旅到达该地区，在紧张的对峙中双方于 4 月 24 日发生小规模的武装冲突，印巴第二次战争开始。①

4 月 27 日，巴基斯坦在库奇兰恩发动了代号为“沙漠之鹰行动”的作战行动，将印军击退。此后经过两个月的有限冲突，由于库奇兰恩地区地势狭小，水网遍布，不适合大规模的作战行动，双方于 7 月 1 日签订了在库奇兰恩地区停火的协议。

但库奇兰恩的停战并未结束印巴的军事冲突。就在印巴双方签订停火协议的当天，印度内政部长在一次谈话中声称克什米尔是印度的一部分，是“不容辩论和谈判的既定事实”。这一言论大大激怒了巴基斯坦。8 月 5 日，大批号称“自由战士”的穆斯林武装人员进入印控克什米尔地区，对印军的

---

① 周广健、吴如华、郑小涛：《南亚风云——印巴三次战争始末》，北京：世界知识出版社，1997 年，第 31—85 页。

哨所、补给仓库、车队进行袭击,但随后遭到了印度军队的镇压。印度为了进一步打击穆斯林武装、同时在克什米尔问题上向巴基斯坦施加压力,于8月28日以两个师的兵力进攻1948年印巴双方停火线西侧的乌里河以南方向的巴基斯坦军队,并夺占了巴边防军的3个哨所。

面对印军的进攻,巴基斯坦展开了反击。8月31日在巴基斯坦总统阿尤布·汗的主持下,巴基斯坦军方召开了作战会议,制定了"大满贯行动",决定出动正规部队对克什米尔西部的查木布和乔里安地区的印军实施反击。9月1日凌晨3点30分"大满贯行动"正式开始。由于巴基斯坦一方准备充分,而且出其不意,因此经过激烈战斗,巴基斯坦取得了战场上的优势,到9月5日夺取了印控克什米尔约500平方公里的土地,使克什米尔首府斯利那加门户洞开。

印军在克什米尔兵败的消息传到国内后,引起了印度朝野的极大震动。印内阁连夜召开会议,决定实施一项更为大胆的计划,开辟新的战场,即越过印巴边境线,直接对巴本土发动攻击。9月6日凌晨,印军不宣而战,突然向巴基斯坦发起大规模进攻。由于巴基斯坦未能预料到印度军队会直接对巴基斯坦本土发动进攻,所以并未做好准备,一线守军节节败退,很快就退到了亚克尔运河边。亚克尔运河是拉合尔的最后一道天然屏障,如果此地失守,印军将直捣拉合尔并可以向巴基斯坦腹地进攻,后果将不堪设想。为此9月6日,巴总统阿尤布·汗宣布全国进入紧急状态,并向军队下达了总动员令。由于巴基斯坦的军队主力已经投放在克什米尔战场,国内陆军预备队寥寥无几,因此巴基斯坦政府将扭转战局的希望全都寄托在空军身上。

虽然巴基斯坦空军所拥有的飞机数量较少,但机型较为先进,并拥有先进的"响尾蛇"红外线空对空导弹,所以在空战中取得了优势,不仅夺取了战场上的制空权,还为地面部队提供了火力支援,初步扭转了战局。

9月7日,不甘失败的印军将预备队第1装甲师投入战斗,协同3个步兵师,兵分两路,沿锡亚尔科特向拉合尔发起强大攻势。巴基斯坦也紧急调动军队往该处集结。9月16日,印巴双方进行了激烈的坦克战和空战,经过激战,巴基斯坦空军赢得了制空权,并因此对印军的坦克部队进行了致命性的打击,有效地遏制了印军的进攻,双方沿亚克尔运河形成对峙。在拉合尔以南地区和印度边境重镇克姆卡兰,巴军通过积极的进攻,也取得重大胜利,巴军不仅在南部击退了攻入巴基斯坦国境的印军,而且乘势推进印度国境内 6 公里，共占领了约 1200 公里的印度国土。

1965 年 9 月 20 日，在联合国的调停下，印度和巴基斯坦于 9 月 23 日同时宣布：接受联合国的调停，全线停火。1966 年 1 月 4 日至 9 日，在苏联政府的斡旋下，印巴两国同意撤退到 1965 年 8 月 5 日前所在地区。第二次印巴战争就此结束。双方签署《塔什干宣言》，一致同意停火撤军，并宣布通过和平手段解决争端。

(3)第三次印巴战争

60 年代末、70 年代初，东巴基斯坦与西巴基斯坦之间产生了极大的矛盾，经济上较为发达、但在政治上却处于从属地位的东巴基斯坦要求自治的呼声越来越高。1971 年 3 月巴基斯坦当局对东巴的自治力量进行了武力镇压，却引起了更大的反弹。1971 年 3 月 26 日东巴自治运动领导人穆吉布·拉赫曼宣布东巴独立为“孟加拉共和国”，随后在东巴爆发了内战，几百万东巴难民涌入了印度。面对巴基斯坦内部动乱的局势，印度积极扶持东巴的独立运动，并打算肢解巴基斯坦。1971 年 3 月，印度内阁、议会和国大党分别开会，通过了支持东巴建立“孟加拉国”的决议。同时，在印巴边境集结军队，进行军事演习。7 月，又制定了“解放孟加拉”的战争计划。为了寻求国际支持，印度于 8 月间同苏联签订了《和平友好合作条约》，并从苏联获得了坦克、装甲车和地空导弹等武器装备。巴基斯坦高度警惕印度的战争备战，也进行了相应备战。

1971 年 11 月 21 日，印军向巴基斯坦不宣而战。12 月 3 日下午，巴基斯坦总统被迫宣布对印度的不宣而战发动反击。对于印度来说，这一宣战正中下怀。印度总理英·甘地夫人兴高采烈地向全国宣布：“孟加拉的战争已经变成对印度的战争了。”至此，第三次印巴战争全面爆发。战争在东巴和西巴两个战场展开。印度的战略企图是，东攻西守，以夺占东巴为最终目标。巴基斯坦的战略指导方针则是全力固守各战略要地，以此粉碎印军的突击行动。

在东巴战场，印陆军在海、空军密切配合下，集中兵力，从东、西、北 3 个方向，对东巴实施“多路向心突击”。三个作战方向的印军先后完成对达卡合围攻击的作战准备后，印军开始向达卡发起总攻。印军第 50 伞兵旅首先在距达卡 30 公里的东北要点纳西格迪实施空降作战，一举切断了巴军退路，向南直逼达卡。12 月 15 日，印军完成从东、西、北三个方向对达卡的合围，海、空军则从海上和空中实施严密封锁，完全切断了东巴与西巴以及外部的任何联系。在这种情况下,东巴守军于12月16日向印军投降,东巴战场的攻防作战遂告结束。

在西巴战场,双方进行了以空战为主的交战。印军凭借其空军力量的优势,力图重创巴空军于基地,破坏巴交通运输线,孤立巴军各战场的相互联系,阻止巴地面部队机动和集结,达到削弱与钳制西巴地面部队的目的。巴军则努力加强要地防空,钳制与削弱印空军作战力量,阻止或限制印空军的空袭行动,保障地面作战的进行。交战结果,双方均未取得决定性战果。在空中较量的同时,双方也进行了有限的地面作战行动。两军各有攻势行动,其中印军以多路发动进攻,先后占领了西巴信德省和萨克加尔地区3600平方公里的领土。此时,印军已在东巴战场取得胜利,因此印度于12月17日宣布,在西巴地区实行"单方面停火"。巴基斯坦接受了印度的停火建议,西巴战场的作战行动至此结束。战争结束后,东巴脱离巴基斯坦,成立了孟加拉共和国。1972年7月,双方签署《印度政府和巴基斯坦政府双边关系协定》。1975年10月,孟加拉国与巴基斯坦两国正式建交。

第三次印巴战争对南亚次大陆产生了深远的影响。经过第三次印巴战争,巴基斯坦被一分为二,占全巴基斯坦人口56%,面积16%的东巴基斯坦成为一个独立的国家——孟加拉国。印度肢解巴基斯坦的愿望得以实现。从此,南亚次大陆上各国力量对比发生明显的变化,被肢解后的巴基斯坦与印度的实力差距被进一步拉大。印度成为南亚唯一在经济上和军事上具有明显优势的地区大国。[①]

3. 两伊战争

两伊战争,又称第一次海湾战争或第一次波斯湾战争,是发生在伊朗和伊拉克之间的一场长达8年的边境战争。两伊战争的爆发与两国传统种族宗教矛盾、现实利益冲突有着密切的关系。伊朗的民族主体为波斯人,多为伊斯兰教中的什叶派信徒,而伊拉克国内居于统治地位的为逊尼派的阿拉伯人,双方由于历史上的原因形成很深的历史积怨。1979年伊朗什叶派领袖霍梅尼在伊朗夺权成功,建立了政教合一的国家,并号召要向阿拉伯世界"输出革命",特别是煽动伊拉克的什叶派穆斯林推翻萨达姆政权,从而引起

① http://news.cctv.com/world/20090325/106464.shtml

了主要由逊尼派执政的阿拉伯国家的恐慌。而在现实利益方面，两伊在领土方面又存在着争端，双方极力控制通往波斯湾的阿拉伯河，来为本国石油的出口获取重要的出海口。[①] 在美国和阿拉伯国家的支持下，1980 年 9 月 22 日，伊拉克趁伊朗在霍梅尼上台后政局动荡，经济恶化，军心不稳，伊（伊朗）美断交的时机，对伊朗发动了突袭，两伊战争开始。

两伊战争的第一阶段从 1980 年 9 月 22 日持续到 1982 年 6 月 29 日，为伊拉克进攻、伊朗防御阶段。1980 年 9 月 22 日晨，伊拉克调集大量飞机对伊朗首都德黑兰等 15 座城市和空军基地进行空袭。23 日拂晓，伊拉克又调集约 5 万人（含 2 个坦克师）越过两国边境线对伊朗发动进攻。但是伊拉克的空袭与地面进攻未能彻底摧毁伊朗的军事实力，占据人力优势的伊朗到 10 月底就挡住了伊拉克军队的全面进攻。到 1982 年 1 月伊朗军队逐步占据了战场上的主动，并从 1982 年 3 月起转入反攻。随着伊拉克在战场落在下风，伊拉克开始逐步收缩防线，1982 年 6 月 29 日伊拉克宣布已将其军队撤出所占伊朗领土，两国边界又恢复战前状态。[②]

从 1982 年 7 月 14 日开始，两伊战争进入第二阶段的拉锯战，战争转入了伊拉克国土。7 月 14 日，伊朗发动了“斋月行动”，集中 10 万军队进攻伊拉克南部重镇巴士拉，打进了伊拉克国境约 10 英里。不过伊朗的进攻因为遭到伊拉克军队的顽强抵抗而至 11 月 6 日停顿，甚至还有所后撤。1983 年 2 月 18 日伊朗又发动了一次进攻，但也被伊拉克挡住。[③] 至 1984 年 3 月底，伊朗的攻势基本停止。

为了迫使伊朗罢兵言和，自 1984 年 4 月起，伊拉克转而开始打击伊朗的民用目标，希望削弱伊朗的经济实力而迫使其和谈，其目标是伊朗的船舶（特别是油轮），而伊朗也进行了相应的报复，双方由此展开了“油轮战”。在对峙中两伊还发动了一系列规模较小的战斗，伊拉克还在战斗中多次使用

---

① 杨明星：《试论两伊战争及其遗产》，《阿拉伯世界》，2005 年第 2 期，第 49—52 页。

② 稻坂硬一：《两伊战争剖析》、《伊朗实施反击》，军事科学院外军研究部编：《外国对两伊战争的评论》，北京：解放军出版社，1988 年，第 1—12 页。

③ （英）杰罗姆·J. 哈格提：《进入第二阶段的两伊战争》，军事科学院外军研究部编：《外国对两伊战争的评论》，北京：解放军出版社，1988 年，第 180—186 页。

了化学武器，但双方都未能取得大的胜利，战争陷于僵持状态。[①]

1986年2月9日，伊朗投入兵力10万人发动了“曙光—8号行动”，攻克了伊拉克东南端的重要港口城市——法奥。但战争随后再次陷入僵持。与地面战场相呼应，1986年，两伊“油船战”再次升级，遭到袭击的船只达106艘。由于两伊“袭船战”影响到非交战国的利益，科威特于1986年11月和12月，先后向联合国的5个常任理事国美国、苏联、中国、法国和英国提出租船和护航要求。苏美相继同意为科威特油轮护航，并以此为由不断向海湾派遣军舰，从而使原来就很紧张的海湾局势增添了更大的变瓶。为避免战争进一步升级，联合国安理会于1987年7月20日一致通过了第598号决议，要求两伊双方立即停火。598号决议通过后，由于两伊积怨已久，在停火问题上立场各异，分歧较大，谁也不愿主动作出让步，因而联合国598号决议迟迟得不到落实。

到1988年两伊战争进入到了第三阶段。1988年2月到4月，双方开始了“袭城战”，各自使用了导弹攻击对方的城镇。在相持中伊拉克渐渐占了上风，4月17日，伊拉克军队对法奥地区的伊朗守军发动了代号为“斋月”的攻势，经过两天激战，于18日下午全部收复被伊朗占领两年之久的法奥地区。这一战役成为两伊战争的转折点，至1988年7月，伊朗所占伊拉克领土几乎全部丧失。伊朗在已丧失战争主动权的情况下于1988年7月18日宣布，同意接受联合国安理会598号决议。8月20日，两伊双方实现停火，两伊战争结束。

两伊战争前后历时7年又11个月，是20世纪最长的战争之一。它是一场名副其实的消耗战，是一场对双方来说都得不偿失、没有胜利者的战争。这场战争前，伊拉克的外汇盈余近400亿美元，战争结束时，它的外债是800亿美元，其中400多亿是欠西方国家和苏联的军火债，300多亿是欠其他阿拉伯国家的贷款。战争中，伊拉克的死亡人数是30万、伤60万，直接损失(包括军费、战争破坏和经济损失)是3500亿美元。伊朗也欠外债450亿美元，死亡70万、伤110多万，直接损失3000亿美元。战争使两国经济发展计划至少推迟20—30年。战争使两个国家都受到惨重损失，经济发展停滞，

---

① (以)埃弗雷姆·卡什:《对两伊战争的军事分析》，军事科学院外军研究部编:《外国对两伊战争的评论》，北京:解放军出版社，1988年，第180—186页。

石油出口骤降，死伤人数以百万计。伊拉克因此也背负了大量的债务，仅欠科威特的债务即达 140 亿美元。这也是后来萨达姆入侵科威特的原因之一。

三 深入探究指引

二战后不断出现的局部战争中，除了如朝鲜战争、越南战争、阿富汗战争这种大国直接介入的战争，也有像中东战争、印巴战争与两伊战争这样与两大阵营对立并无直接关系的局部战争。引发这些战争的原因错综复杂，并在战争中不断发展和互相影响，反过来又导致了冲突双方的对立和敌视不断加重，不断形成危机、冲突甚至是战争，从而成为地区局势动荡不安的重要原因。

中东战争、印巴战争和两伊战争的特点是敌对双方都为二战后新独立的国家，敌对双方长期处于敌对状态，彼此之间的对立和冲突不断。究其原因，这与相关国家之间的矛盾有着族群、宗教和民族主义的根源而导致了彼此之间的矛盾难以解决。[①] 我们看到，无论是中东战争、印巴战争还是两伊战争，都与当地的宗教、种族矛盾有关。阿拉伯民族和犹太人、伊斯兰教和犹太教的矛盾对于中东战争双方互相仇视和敌视的形成发挥了很大作用。同样，在印巴战争中，印度教徒和穆斯林之间的宗教矛盾在引发两国对立中起了重要的影响。而两伊战争中我们也看到了伊斯兰教内部逊尼派和什叶派之间的对立。

在新独立国家的局部战争中，西方国家在这些地区的殖民统治历史扮演了极为重要的角色。有学者指出，西方殖民主义在原殖民地上制造的人为国家和社会群体划分是新独立国家内部与国与国之间频繁出现冲突与战争的一个根源。西方殖民国家在划分殖民地时非常武断，殖民地边界分割了民族，一方面是同一个民族被划分到不同的国家，另一方面是截然不同的、甚至往往是敌对的种族和宗教集团被放在一起。“这些人为的政治单位、民族的大杂烩违反了历史的逻辑和文化的亲和性”。而西方殖民国家的分而治之的统治策略则进一步加剧了殖民地社会内部的民族、社会、宗教矛

---

① （美）小约瑟夫·奈：《理解国际冲突：理论与历史》，上海：上海人民出版社，第 250 页以下。

盾。殖民者常常有选择性地吸收少数民族或宗教团体进入军队、官僚体系和警察组织。在西方殖民国家殖民统治的最后岁月，殖民者越来越频繁地使用分而治之的政策，这更加强了殖民秩序的不平衡性。例如巴基斯坦最初成立时由东巴基斯坦和西巴基斯坦两部分组成。但这两部分在自然环境、种族构成和语言上存在着很大的差异，双方的共同点就是他们都信仰伊斯兰教，但双方对伊斯兰教的态度却很不一样。这为后来东巴的独立留下了隐患。凡此种种，西方在新独立国家的殖民统治经历不但未能加强这些国家的民族一国家统一的认同，反而制造了更多的对立和敌视，这成为新独立国家或地区局势动荡不安的一个重要因素。①

也曾有许多政治家想要化解这些历史形成的宗教、种族矛盾，但由于对立双方隔阂太深而难以成功。最好的例子就是甘地在平息1947年印巴分立过程中出现的宗教、种族冲突时的遭遇。为了平息在印巴分治过程中被煽动起来的印度教徒与穆斯林之间互相残杀，甘地希望利用自己巨大的个人威望来平息两大宗教群体彼此间的仇恨和对立。甘地在印巴分治前夕的8月14日开始在加尔各答举行了大规模的群众祈祷活动，希望避免当地出现宗教冲突。但甘地的这一努力未能成功，到8月底加尔各答还是出现了宗教冲突，为此甘地又从9月1日到4日绝食，暂时平息了当地的残杀和迫害。1948年1月13日，甘地在新德里进行了他一生中最后一次绝食，希望能缓和新德里的印度教徒与穆斯林之间的矛盾，尽管他的这一绝食取得了成功，到1月18日新德里各教派都发誓维持新德里的平静，但宗教对立中所产生的狂热并未平息，1月30日新德里的印度教极端分子刺杀了甘地。

在五次中东战争中，我们看到由于民族、宗教矛盾的激化，导致了以色列与阿拉伯国家之间的冲突长期难以解决。双方都曾有政治领袖人物想要以和平的方式缓解或解决以阿矛盾，但付出了巨大的代价。在1973年第四次中东战争结束后，埃及总统萨达特在1977年访问以色列，宣布埃及与以色列单独媾和。1978年和1979年，在美国总统卡特的斡旋下，埃及和以色列领导人在戴维营举行会谈，并达成了协议。根据《戴维营协议》，以色列将西奈半岛归还给埃及，约旦河西岸实现自治。但萨达特这一缓和措施遭到

① (美)迈克·亚达斯、彼得·斯蒂恩、斯图亚特·史瓦茨:《喧嚣时代:20世纪全球史》,北京:三联书店,2005年,第440—442页。

了阿拉伯世界中激进分子的反对，萨达特于1981年10月6日被刺身亡。

同样，以色列总理拉宾也曾极力促成阿以和解。在拉宾与相关各方的努力下，1993年9月13日以色列与巴解组织代表在美国华盛顿正式签署具有历史意义的关于加沙和杰里科的《临时自治安排的原则宣言》，随后1994年5月4日 巴解组织和以色列签署了在加沙和杰里科实行自治的最终协议，使巴勒斯坦问题取得实质性进展。11月以色列开始向巴权力机构移交在西岸的行政权力。到1994年底约旦河西岸的卫生、教育、旅游、社会事务和税收管理权也陆续移交。与此同时，以色列和约旦的外交关系实现完全正常化。1994年7月25日拉宾总理与约旦侯赛因国王在华盛顿签署了《华盛顿宣言》。10月26日约以两国正式签署和平条约，结束了两国长达50年的战争状态。但拉宾的这些做法引起了以色列极端主义者的仇恨，1995年11月4日拉宾遇刺身亡。

我们看到中东战争、印巴战争和两伊战争的发生，也与西方老牌殖民强国在当地的殖民统治瓦解后所作出的地区安排有关。在中东，英国殖民统治期间阿拉伯人民无权对与自身利益密切相关的以色列建国问题发表意见。而且大国在对以色列和巴勒斯坦的国土划分上也未充分尊重和考虑当地阿拉伯人的利益和情感，这都导致了当地阿拉伯人民和周边阿拉伯国家对以色列的敌视和仇视，由此引发了第一次中东战争。而第二次中东战争则更直接与英法两个老牌殖民国家试图维持自己在苏伊士运河问题上的利益有关。英法与以色列彼此勾结，企图通过战争的形式来保住自己在苏伊士运河中的特权。同样，由于英国在结束其在南亚大陆的殖民统治时，也未能合理处理人口绝大多数为穆斯林、而其统治阶层为印度教徒的克什米尔地区的归属问题，从而引发了第一次印巴战争。

相关国家的霸权思想也在这些战争中起了很重要的作用。印度在其与巴基斯坦的战争中逐步发展出了地区霸权思想，为了实现印度在南亚次大陆的霸主地位，印度悍然发动了第三次印巴战争，通过肢解巴基斯坦、支持东巴基斯坦独立为孟加拉国而建立了自己在南亚次大陆的霸主地位。此后印度先后介入了斯里兰卡政府与泰米尔猛虎组织之间的内战(1983年、1990年)、马尔代夫内乱(1988年)，并对尼泊尔进行了经济封锁(1989－1990年)，力图树立自己在南亚的霸主地位，从而引起了相关国家与国际社会的不满。[①] 印度这种追求地区霸权的做法成为了南亚地区政治局势动荡不安的一个源头。

而以色列的地区霸权思想与相关行动也是引发中东局势动荡不安的来源。面对阿拉伯国家的包围,以色列树立了要在中东地区建立绝对军事优势的霸权思想,要通过军事和政治威慑来压制阿拉伯国家对以色列的敌视。以色列的这种做法虽然能暂时维持在军事上的优势,但不能消除阿拉伯国家对以色列的仇视。[②]

而两伊战争两强争霸的特点更为突出。伊拉克的萨达姆·侯赛因以阿拉伯国家的领袖自居,为了树立自己的地区霸主地位,他悍然发动了对伊朗的突袭。而伊朗本身也具有一定的霸权思想,霍梅尼上台后大搞“革命输出”,俨然以地区首领自居。双方领导人这种争当霸主的思想最终导致了两伊战争的爆发。

第三节 冷战时期的维持和平机制

在20世纪初的短短30多年里,人类社会先后经历了两次世界大战,不仅出现了巨大的人口伤亡,而且许多国家走向崩溃、经济发展出现倒退。如何能防止世界大战的再次出现,如何能消弭国家之间的纷争,从而让人类社会保持长期的和平与稳定,成为全世界人民的要求。在战后有关维持和平的探索中,联合国成为国际上得到普遍认可的集体安全机制和维和机制。但由于大国政治的限制和大国对联合国的操纵,联合国在维持世界和平方面所发挥的作用受到了限制。

一 概 述

有鉴于第一次世界大战以后建立起来的国联未能消除世界战争的根

---

① 伍福佐:《析冷战时代印度的不结盟政策》,《南亚研究季刊》,2004年第4期,第49—54页。孙晋忠、晁永国:《试论印度地区外交政策的理论与实践》,《国际问题研究》,2000年第1期,第103—109页。

② (美)威廉森·默里、(英)麦格雷戈·诺克斯、(美)阿尔文·伯恩斯坦编:《缔造战略:统治者、国家与战争》,北京:世界知识出版社,2004年,第565—608页。

源，在二战即将结束的时候，反法西斯联盟各国领袖希望能建立一个新的国际组织，来解决二战后国际社会出现的各种争端，避免世界大战的出现。在美国总统罗斯福的倡议下，反法西斯联盟的各国同意在战后建立联合国，通过这个国际组织来处理国际争端，避免世界大战的再次出现。

除了联合国这个重要的国际组织之外，二战后出现的一些区域性国际组织也在维持区域内和平的问题上寻求发挥积极作用，如 1944 年 9 月成立的阿拉伯国家联盟、1948 年成立的美洲国家组织、1963 年成立的非洲统一组织(1999 年改组为非洲国家联盟)、1967 年建立的东南亚国家联盟，都曾在本区域内出现的各种战争和争端中发出了自己的声音。

但无论是联合国还是各种区域性国际组织，其在冷战时期维护世界和平中所发挥的作用都相对有限。在大国对峙的情况下，这些国际组织一方面由于自身在制度设计上的缺陷，另一方面作为由主权国家构成的国际组织缺乏足够的维持世界和平的权威、实力和手段，所以在制止战争和冲突，特别是大国参与其中时经常无能为力。非但如此，有时甚至出现了这些国际组织被大国操纵和利用的现象。

二　视野拓展及重点问题分析

在二战即将结束的时候，为了避免再次出现大国之间的全面冲突而引发新的世界大战，建立一个国际组织来解决国际争端、维护世界和平和安全成为反法西斯同盟国家领导人在进行战后世界安排时考虑的一个重点。1944 年 8 月 21 日到 9 月 28 日，反法西斯同盟国家美、苏、英、中等国参加了在美国举行的“敦巴顿橡树园会议”，商定要成立联合国这个国际组织以维护战后的世界和平。虽然彼此之间在一些重要问题上存在着分歧，但各大国都同意建立联合国这个国际组织以解决国际纷争。1945 年 4 月 25 日，在美、苏、英、中四大国的邀请下，50 个国家的代表出席了在美国旧金山举行的联合国家会议。1945 年 6 月 25 日，各国代表一致通过了《联合国宪章》，10 月 24 日随着中、美、英、法、苏五国和其他 24 个签字国批准了联合国宪章后，联合国宪章正式生效，联合国正式成立。

在《联合国宪章》中，维护世界和平、和平解决国际冲突被列为联合国宗旨中最重要的目标：“联合国之宗旨为：(一)维持国际和平及安全；并为此目的：采取有效集体办法，以防止且消除对于和平之威胁，制止侵略行为或其他和平之破坏；并以和平方法且依正义及国际法之原则，调整或解决足以破坏和平之国际争端或情势。（二）发展国际间以尊重人民平等权利及自决原则为根据之友好关系，并采取其他适当办法，以增强普遍和平。（三）促成国际合作，以解决国际间属于经济、社会、文化及人类福利性质之国际问题，且不分种族、性别、语言或宗教，增进并激励对于全体人类之人权及基本自由之尊重。（四）构成一协调各国行动之中心，以达成上述共同目的。”[①]

《联合国宪章》的第六章第三十三条规定了在联合国成员国或非成员国之间发生了有可能引发战争、危害和平的国际争端情况下，应当尽可能地以和平方式解决争端：（一）任何争端之当事国，于争端之继续存在足以危及国际和平与安全之维持时，应尽先以谈判、调查、调停、和解、公断、司法解决、区域机关或区域办法之利用，或各该国自行选择之其他和平方法，求得解决。（二）争端之和平解决认为必要时，应促请各当事国以此项方法，解决其争端。

针对和平受到威胁、破坏或侵略战争发生的情况，《联合国宪章》也进行了规定：

第三十九条　安全理事会应断定任何和平之威胁、和平之破坏或侵略行为之是否存在，并应作成建议或抉择依第四十一条及第四十二条规定之办法，以维持或恢复国际和平及安全。

第四十条　为防止情势之恶化，安全理事会在依第三十九条规定作成建议或决定办法以前，得促请关系当事国遵行安全理事会所认为必要或合宜之临时办法。此项临时办法并不妨碍关系当事国之权利、要求或立场。安全理事会对于不遵行此项临时办法之情形，应予适当注意。

第四十一条　安全理事会得决定所应采武力以外之办法，以实施其决议，并得促请联合国会员国执行此项办法。此项办法得包括经济关系、铁

---

① 安理会为维护世界和平方面而具有的职能有：调查可能引起国际摩擦的任何争端或局势；建议调解这些争端的方法或解决条件；制订计划以处理对和平的威胁或侵略行为，并建议应采取的行动；促请各会员国实施经济制裁和除使用武力以外的其他措施以防止或制止侵略；对侵略者采取军事行动。http://www.un.org/zh/documents/charter/chapter1.shtml

路、海运、航空、邮、电、无线电及其他交通工具之局部或全部停止，以及外交关系之断绝。

第四十二条　安全理事会如认为第四十一条所规定之办法为不足或已经证明为不足时，得采取必要之空海陆军行动，以维持或恢复国际和平及安全。此项行动得包括联合国会员国之空海陆军示威、封锁及其他军事举动。

第四十三条

（一）联合国各会员国为求对于维持国际和平及安全有所贡献起见，担任于安全理事会发令时，并依特别协定，供给为维持国际和平及安全所必需之军队、协助及便利，包括过境权。

（二）此项特别协定应规定军队之数目及种类，其准备程度及一般驻扎地点，以及所供便利及协助之性质。

（三）此项特别协定应以安全理事会之主动，尽速议订。此项协定应由安全理事会与会员国或由安全理事会与若干会员国之集团缔结之，并由签字国各依其宪法程序批准之。

第四十四条　安全理事会决定使用武力时，于要求非安全理事会会员国依第四十三条供给军队以履行其义务之前，如经该会员国请求，应请其遣派代表，参加安全理事会关于使用其军事部队之决议。

第四十五条　为使联合国能采取紧急军事办法起见，会员国应将其本国空军部队为国际共同执行行动随时供给调遣。此项部队之实力与准备之程度，及其共同行动之计划，应由安全理事会以军事参谋团之协助，在第四十三条所指之特别协定范围内决定之。

第四十六条　武力使用之计划应由安全理事会以军事参谋团之协助决定之。

第四十七条

（一）兹设立军事参谋团，以便对于安全理事会维持国际和平及安全之军事需要问题，对于受该会所支配军队之使用及统率问题，对于军备之管制及可能之军缩问题，向该会贡献意见并予以协助。

（二）军事参谋团应由安全理事会各常任理事国之参谋总长或其代表组织之。联合国任何会员国在该团未有常任代表者，如于该团责任之履行在效率上必需该国参加其工作时，应由该团邀请参加。

（三）军事参谋团在安全理事会权力之下，对于受该会所支配之任何军队，负战略上之指挥责任；关于该项军队之统率问题，应待以后处理。

四、军事参谋团，经安全理事会之授权，并与区域内有关机关商议后、得设立区域分团。

第四十八条

（一）执行安全理事会为维持国际和平及安全之决议所必要之行动，应由联合国全体会员国或由若干会员国担任之，一依安全理事会之决定。

（二）此项决议应由联合国会员国以其直接行动及经其加入为会员之有关国际机关之行动履行之。

第四十九条　联合国会员国应通力合作，彼此协助，以执行安全理事会所决定之办法。

第五十条　安全理事会对于任何国家采取防止或执行办法时，其他国家，不论其是否为联合国会员国，遇有因此项办法之执行而引起之特殊经济问题者，应有权与安全理事会会商解决此项问题。

第五十一条　联合国任何会员国受武力攻击时，在安全理事会采取必要办法，以维持国际和平及安全以前，本宪章不得认为禁止行使单独或集体自卫之自然权利。会员国因行使此项自卫权而采取之办法，应立向安全理事会报告，此项办法于任何方面不得影响该会按照本宪章随时采取其所认为必要行动之权责，以维持或恢复国际和平及安全。①

《联合国宪章》的上述条文将制止侵略、解决争端、维护和平的主要职责交给了专门负责国际和平和安全事务的联合国安全理事会（简称安理会）。根据《联合国宪章》的规定，安理会可以采取包括军事行动在内的强制手段来制止战争、维护和平："安理会有权调查任何引起国际争端或摩擦的任何情况，并可提出解决这些争端的方式或办法。会员国或接受联合国宪章的非会员国、联合国大会或秘书长，均可就国际和平与安全问题提请安理会注意。安理会有权断定任何威胁和平、破坏和平或侵略等行为的存在，并可提出采取强制措施以维持或恢复国际和平与安全的建议或作出这方面的决定，如认为这些措施还不能解决问题，它可以通过采取关于军事行动的决议去解决这些问题。安理会还有向联合国大会提出年度报告、特别报告、对战

① http://www.un.org/zh/documents/charter/chapter8.shtml

略性地区行使托管等职能。”[①]

同时，联合国也鼓励各种国际争端在安理会的监管下、尽可能首先在区域框架内进行解决，《联合国宪章》第八章《区域办法》第五十二条、五十三条对此作了专门的规定：

第五十二条

（一）本宪章不得认为排除区域办法或区域机关、用以应付关于维持国际和平及安全而宜于区域行动之事件者；但以此项办法或机关及其工作与联合国之宗旨及原则符合者为限。

（二）缔结此项办法或设立此项机关之联合国会员国，将地方争端提交安全理事会以前，应依该项区域办法，或由该项区域机关，力求和平解决。

（三）安全理事会对于依区域办法或由区域机关而求地方争端之和平解决，不论其系由关系国主动，或由安全理事会提交者，应鼓励其发展。

第五十三条

（一）安全理事会对于职权内之执行行动，在适当情形下，应利用此项区域办法或区域机关。如无安全理事会之授权，不得依区域办法或由区域机关采取任何执行行动；但关于依第一百零七条之规定对付本条第二项所指之任何敌国之步骤，或在区域办法内所取防备此等国家再施其侵略政策之步骤，截至本组织经各关系政府之请求，对于此等国家之再次侵略，能担负防止责任时为止，不在此限。

（二）本条第一项所称敌国系指第二次世界大战中为本宪章任何签字国之敌国而言。[②]

为了实现这一目的，联合国与各种以区域安全为主要目的的区域组织之间建立了密切的联系，各个重要的区域组织在联合国都派有代表。

联合国除了从一开始就将维持和平作为自己的宗旨之外，还逐步发展出可执行维持和平行动的具体手段，其主要形式有三种：联合国维持和平部队、联合国军事观察团和经过联合国授权的多国部队。

---

① http://www.un.org/chinese/aboutun/prinorgs/sc/unsc_functions.html

② http://www.un.org/zh/documents/charter/chapter8.shtml

联合国最早的维和行动发生在第一次中东战争和第一次印巴战争期间。1948 年 5 月中东战争爆发后，联合国立刻建立了停战监督组织，成为联合国的第一个维持和平行动。自此，停战监督组织军事观察员在中东驻留，以监测停火、监督停战协定、预防孤立事件升级，并协助联合国在该区域的其他维持和平行动执行其任务。这一维和行动持续至今。

1948 年底第一次印巴战争停火后，联合国派出了第一支联合国军事观察组印巴观察组，监督印巴两国在查谟和克什米尔邦地区的停火。1971 年第三次印巴战争爆发后，印巴观察组仍然留驻该地区，以观察双方严格遵守 1971 年 12 月 17 日所达成停火有关的各种事态发展，并就此向秘书长提交报告。和中东停战监督组织一样，印巴观察组至今仍在当地执行维和任务。[①]

但上述联合国的维和行动都属于非武装维持和平行动。联合国第一次武装维持和平行动是为了解决 1956 年苏伊士运河危机而在当年 11 月成功部署的第一支联合国紧急部队，驻守在中东地区以维持区域和平。[②] 从此联合国组建联合国维持和平部队(United Nations Peacekeeping Forces)，进行武装维持和平成为联合国维和的重要内容。

1960 年启动的联合国刚果行动(联刚行动)是第一次大规模武装维和行动，军事人员最多时达到近 20000 名。联刚行动表明，使战争区域恢复稳定是一项风险极大的任务——包括秘书长达格·哈马舍尔德在内的 250 名联合国工作人员为此献出了生命。[③]

从 1948 年联合国第一次维和行动开始到冷战结束前夕的 1988 年，联合国共进行了 15 次维和行动，主要集中在 50 年代和 60 年底，1965 年以后到 1988 年联合国只进行了 5 次维和行动。

三　深入探究指引

人们对冷战时期联合国在维护世界和平中的作用看法不一。有人认为由于两大国和两大阵营的对立，以及大国频频在安理会使用否决权，联合国

① http://www.un.org/zh/peacekeeping/missions/unmogip/

② http://www.un.org/zh/peacekeeping/operations/early.shtml

③ http://www.un.org/zh/peacekeeping/operations/early.shtml

维和成果十分有限，而在涉及与大国有关的冲突和战争时，联合国更是无能为力。而有人则对联合国的成就给予了较高的评价，认为从人类社会如今出现的诸多重要趋势来看，联合国相比以前的国际组织在维持世界和平这一问题上发挥了重要作用。[①]

正如著名历史学家保罗·肯尼迪所总结的那样，联合国之所以在维持和平方面的作用受到限制，关键在于联合国自身存在着内在的矛盾——作为一个国际组织的联合国与作为其成员国的各主权国家之间的矛盾："联合国永远都无法摆脱所有国际机构的中心悖论——各成员国创建世界组织之后，它们就扮演着类似股东的角色，世界组织只有得到这些国家特别是实力强大的国家政府的支持后，才能有效地履行其职能。国家可以无视世界组织的存在，就像1950年苏联与2003年美国的行为那样，但是这样做通常要付出很大的代价。相反，一旦五个联合国常任理事国中任意一个大国投否决票，那么联合国筹划的行动则将无法付诸实施。国家主权与国际主义之间这种紧张态势是与生俱来、持续并且不可避免的。"[②]

正如保罗·肯尼迪所言，联合国维持世界和平的努力是否能够实现，关键在于作为联合国成员国的大国（主要是安理会常任理事国）的支持。联合国追求的安全目标和手段是集体安全，即利用集体的力量来维护和平和反击侵略，但这一想法的实现必须以大国的意见一致为基础，必须要经过真正掌握了国际安全和和平事务最高权力的安理会来执行。有学者指出，"集体安全"这一概念本身在当时国际社会缺乏一致的现实中难以实现。这是因为集体安全指的是体系中的每个国家都承认一个国家的安全涉及所有国家，并且同意加入到对侵略的集体回应中。在这个意义上，集体安全不同于联盟安全的体系，后者指的是一群国家互相之间结盟，反对潜在的外部威胁。而在冷战时期大国对立和敌视这一基本现实情况下，集体安全这一概念很难施用于那些涉及安理会常任理事国或其盟友的冲突中。在实践中，

---

① （英）亚当·罗伯茨、（新西兰）本尼迪克特·金斯伯里：《全球治理——分裂世界中的联合国》，北京：中央编译出版社，2010年，第1—5页。

② （美）保罗·肯尼迪：《联合国过去与未来》，海口：海南出版社，2008年，第3—4页。

1945年以后围绕联合国形成的体系并不是一个集体安全体系。[①]

由于美苏两国在冷战中的严重对峙，联合国以大国一致为基础的集体安全思想鲜有付诸实施的情况。这一点突出地表现在安理会常任理事国在冷战期间频繁使用否决权上，这种大国间的不一致导致联合国在许多有关世界和平的重要问题上不能发挥作用。例如，美国在阿以冲突问题上频繁动用否决权，从而令联合国各种针对以色列侵略行为的议案无法生效。而苏联更是不断使用否决权，据统计其在冷战期间共使用了117次否决权。更因为苏联自身的常任理事国地位，所以联合国只能对苏联入侵阿富汗的行为表示谴责，而未能采取任何有效措施。同样，英国和法国也在1956年苏伊士运河危机中联手两次动用否决权。而英国则在其殖民地津巴布韦的反殖民统治武装独立斗争问题上先后动用了7次否决权。[②]

除了大国在联合国直接动用否决权而导致联合国在维护和平方面不能发挥实质性作用之外，即使是在涉及各大国并未直接介入的冲突与战争时，由于各大国各拉一派、明争暗斗，联合国虽然通过了诸多决议，但由于缺乏可执行的手段和强有力的行动，其效果依然十分有限。例如，在第一次中东战争之后，联合国就向阿以冲突地区派出了停战监督组织，并在1956年向运河区派出了武装的维和部队，但都未能制止双方冲突的爆发。究其原因，联合国的这些维和行动因为缺乏大国的有力支持，而无法对冲突各方具有足够的震慑性和惩罚性。在解决局部冲突的问题上，比较客观的看法是联合国的维和、斡旋和调解虽然能缓解冲突和防止冲突的蔓延，但很少能解决冲突，其根本原因在于由大国组成的安理会不能一致行动。

同时，联合国在冷战时期的军备控制和裁军问题上的举措也是效果有限。联合国大会的第一份决议就是在1946年1月召开的大会上成立了有广泛职能的“原子能委员会”，该机构的主要工作是在必要的范围内控制原子能以及确保其仅为和平目的而使用，摒弃国防军中原子武器“以及其他一切为大规模破坏之主要武器”，并且“以检查及其他方法，有效遵守国家免受破坏及规避行为而发生之危险。”此后，联合国的“原子能委员会”在防止核

---

① （英）亚当·罗伯茨、（新西兰）本尼迪克特·金斯伯里：《全球治理——分裂世界中的联合国》，北京：中央编译出版社，2010年，第9页。

② http://www.china.com.cn/chinese/zhuanti/xxsb/822898.htm

扩散问题上一直有所行动，但其实际效果并不明显。[①]

此后，1952 年联合国又建立了专门负责协调国际裁军事务的裁军委员会，该委员会的宗旨在于既削减核武器又削减常规武器。同时，在不发达国家崛起后，它们利用联合国框架下的这一国际裁军机制向大国施加压力，推动国际裁军的进行。尽管成果十分有限，但有学者认为联合国在国际裁军问题上的行动形成了一种国际气氛，令美苏两个超级大国及其盟国很难轻易放弃在裁军问题上的努力。同时，联合国在解决裁军问题上所进行的认真而严肃的工作给美苏双方都带来了一种持久的吸引力，促使它们放弃那些华而不实的宣言式政策，转而达成一些谨慎、扎实而又循序渐进的协议。[②]

不过，尽管联合国在维持世界和平这一问题上未能完全实现其目标，但它的确在冷战时期的和平建设中发挥了重要的作用。保罗·肯尼迪对此进行了颇为中肯的评价：

“无可置疑的是，从某些方面来说联合国的建立者创建了一个新的世界秩序。1945 年之后国际政治格局，与 1648 年后或者是 1815 年后的格局都有所不同。甚至与 1919 年之后的格局也有不同，因为此时所有大国都参与了进来(甚至包括难以相处的美国)，并且一个新的国际实体正致力于缓和其认为会引发人类战争的经济、社会以及文化问题。当然，有许多挑战也是宪章起草者并没能预见到的——尤其是在未来世界出现的威胁和平的形式问题上，通常情况下侵略这种对外的举动不再是对和平最大的威胁，取而代之的是国家的内部分裂以及内战。然而，我们真能期望在战争横扫欧洲以及太平洋的时代，为之操劳的那些政治家、外交家、法律专家以及军事顾问能有这样的先见之明吗？我可不这么认为。”[③]

---

① (英)亚当·罗伯茨、(新西兰)本尼迪克特·金斯伯里：《全球治理——分裂世界中的联合国》，北京：中央编译出版社，2010 年，第 82 页。

② (英)亚当·罗伯茨、(新西兰)本尼迪克特·金斯伯里：《全球治理——分裂世界中的联合国》，北京：中央编译出版社，2010 年，第 85—86 页。

③ (美)保罗·肯尼迪：《联合国过去与未来》，海口：海南出版社，2008 年，第 40—41 页。

第五章　冷战后的战争与和平

第一节　后冷战时代的战争

一　概　述

在大国冷战对峙结束之后，20 世纪最后 10 年中虽然再未出现冷战时期那种大国之间的危机，但世界也未能保持长久的和平，世界各地冲突不断。冷战结束以来，每年发生的世界局部地区的危机、冲突和战争的数量远远超过了冷战时期。据统计，从 1945－1989 年的东西方冷战时期，世界各地发生的局部战争和武装冲突为 197 起，每年 4 起多。自 1991 年年底冷战结束以后的 8 年间，共发生局部战争和武装冲突计 92 起，平均每年 10 多起。[①] 在 20 世纪的最后 10 年，发生了两次大规模的、有许多国家参与的局部战争——海湾战争(1990 年)和科索沃战争(1999 年)。

人们普遍认为，这两次大规模的局部战争出现，与冷战结束后国际政治局势发生了重大变化有关。第一，两大阵营对峙的结束导致了许多原来被压制的冲突因素抬头，例如原来的一些种族矛盾、宗教冲突、国家现实利益矛盾出现激化。例如海湾战争的发生源于 1990 年伊拉克借口伊科两国领土和石油资源纠纷问题而入侵科威特，而科索沃战争则是由 90 年代初开始的塞尔维亚内战性质的科索沃危机发展而来。第二，冷战结束后一些地区

---

① 张昌泰:《21 世纪世界军事安全走向》,《瞭望新闻周刊》,2000 年第 1 期,第 19－20 页。

出现了权力真空，一些国家具有野心的领导人趁机寻求霸权，从而引发了冲突和战争。伊拉克之所以入侵科威特，很大原因是因为伊拉克领导人萨达姆膨胀了的个人野心，他想要在中东地区建立自己的地区霸主地位。

另一方面，由于苏联解体后形成美国一极独大的局面，在解决上述冲突时，美国及其盟国扮演了主要角色。总的来说，人们对美国及其盟国在这两场战争中扮演的角色褒贬不一。有人认为美国及其盟国的积极干预维护了区域和平和正义，但也有观点认为美国借机扩大了其霸权，将势力趁机深入到相关区域。

在冷战结束后出现的各种战争与冲突中，一个新的现象是地区种族冲突占了很大的比重。例如波黑战争与科索沃战争就是由种族冲突转变而来，俄罗斯进行的两次车臣战争也与种族冲突有关，此外还有震惊世界的卢旺达种族大屠杀等。冷战结束后之所以会出现如此之多的种族冲突，与以下几个因素有关：第一，全球互动达到新的水平，使得集体身份导致敌意产生的潜力增大。一些集团明显加大了在种族身份上的投入，以对抗外来的影响和全球压力。第二，一些多种族国家分崩离析，为重新强调种族身份打开了大门，最为突出的例子就是苏联和南斯拉夫。

今后很长的一段时间内，世界大战是可以避免的。其原因是多方面的：一是随着冷战的结束，国际力量结构已发生了根本性变化。曾经最有资格打世界大战的美、苏两国及其领导的军事集团，一个解体和解散，另一个成为世界唯一超级大国。俄罗斯取代苏联后已不再具备与美称霸的实力。二是和平与发展更加深入人心，发展经济已成为世界各国最优先考虑的问题，越来越多的国家把主要精力放在以发展经济和科技为主的综合国力竞争上，不再仅仅着眼于争夺军事领域的单方面优势地位。三是世界正加速从两极走向多极，大国在相互竞争的同时，相互依存和制约也在进一步增加。尽管超级大国谋求建立“一极世界”，但这种企图正受到越来越多国家的抵制和坚决反对。多极化趋势的发展有利于世界的和平与发展。四是尽管冷战后武装冲突连绵不断，但从目前看，各种冲突和战争，即使是高技术战争，其目标、规模、强度等局限性增大，可控性进一步增强，不易演变为世界范围的大战。

但并不能改变中、小规模冲突不断的基本趋势。天下仍不会太平。冷战结束以来，每年发生的局部地区的危机、冲突和战争的数量远远超过了冷战时期。当前世界各地依然存在至少几十个重要潜在热点,如处理不好,仍可能演变为冲突和战争。从近年来的武装冲突和局部战争的情况分析,地区冲突和局部战争仍将难以避免,领土争端、民族矛盾、资源纠纷、权力争夺、外国干涉等因素将是引发地区冲突和局部战争的重要原因。特别是霸权主义和强权政治仍将是造成世界不安宁的主要根源。

二 视野拓展及重点问题分析

1.海湾战争

海湾战争的爆发,源于1990年伊拉克对科威特的入侵。伊拉克领导人萨达姆·侯赛因之所以会决定入侵科威特,既有历史的原因,也有现实的考虑。科威特与伊拉克之间的矛盾十分复杂。双方的矛盾之一就是因为历史上英国在当地的殖民统治。伊拉克是在奥斯曼帝国的废墟上建立起来的,而科威特则是在19世纪末被英国占领下、并在英国的保护下于第一次世界大战前独立。伊拉克一直不承认科威特的独立地位,同时也对英国就两国边界的划分持有不同意见。

除了这一历史因素,更为重要的是现实因素。一方面科威特是伊拉克通往波斯湾所必经的入海口,伊拉克对此觊觎已久。另一方面,双方在争夺两国交界地区的石油油田问题上存在着巨大分歧,伊拉克一直指控科威特盗采伊拉克的石油资源。同时,在两伊战争期间伊拉克由于战费开支巨大而向科威特借贷了140亿美元。伊拉克认为,它之所以与伊朗作战,是为了保卫其他阿拉伯国家,因此科威特和沙特阿拉伯应该免除伊拉克的战争贷款。

伊拉克领导人萨达姆·侯赛因之所以会发动对科威特的侵略,也与他对美国及其欧洲盟国和日本在此问题上的反应进行了错误估计有关。萨达姆认为美国及其盟国十分依赖海湾地区的石油资源,所以不敢对他的侵略举动有所反应。而苏联此时已经趋于瓦解,无力顾及此处。而科威特的军队十分孱弱,根本无力抵抗伊拉克的大举进攻。正是基于上述考虑,1990年8月2日凌晨伊拉克突然进攻科威特。由于双方实力悬殊,伊拉克军队很快于8月3日占领了科威特全境。8月8日,伊拉克总统萨达姆宣布吞并科威特,将其划为伊拉克的第19个省。同时,伊拉克还对另一个重要产油国沙特阿拉伯发出了威胁。

海湾地区之所以牵动美国及其他许多国家的神经,主要是该地区拥有极丰富的石油和天然气资源所致。截至 1990 年 1 月,海湾地区已探明的石油储量为 6517 亿桶,占世界已探明石油储量(10015 亿桶)的 65%,天然气 24 兆立方米,占世界天然气资源总和的 13.7%。日产石油约 1450 万桶,约占世界石油日产量(6360 万桶)的 23%;每天出口石油约 1200 万桶,约占世界石油日出口量(2800 万桶)的 43%。如果伊拉克吞并科威特后进而占领沙特阿拉伯,就可控制全世界一半以上的石油资源,这犹如卡住了西方主要工业国的咽喉。这是美国和其他一些主要工业国家所绝对不能容忍的。此外,科威特是世界上少有的富国,它在国外的资产超过 1000 亿美元,另外在西方重要工业中还持有多达数百亿美元的股份。如果这些资财被伊拉克抽走,将给西方经济造成巨额损失。

伊拉克入侵科威特遭到了国际社会的强烈谴责。就在伊军侵入科威特的第一天,美国总统老布什就发表讲话,谴责伊拉克的侵略行为,并对美国的国家利益构成了威胁,立刻宣布冻结伊拉克和科威特在美国的所有资产。同时美国还作出了强烈的军事反应,2 个航母战斗群在伊入侵科后不到 1 小时即受命驶向海湾。

苏联一改战后 40 年在世界地区性冲突中持有的与美对立的立场。8 月 3 日美苏达成共识,并发表《联合声明》,要求伊拉克"无条件地从科威特撤军","充分恢复科威特的主权、合法政权和领土完整"。这与美国对伊拉克的政策目标完全一致。同一天,苏联政府就停止了对伊拉克的武器供应与军事援助。

联合国安理会和各成员国对海湾危机作出了前所未有的异常迅速且几乎完全一致的反应。8 月 2 日,联合国安理会就以 14 票赞成,0 票反对,1 票弃权,通过了谴责伊拉克违反联合国宪章,要求其撤军的第 660 号决议。从 8 月 2 日至 11 月 29 日,联合国安理会先后通过了 12 个谴责和制裁伊拉克的决议。这些决议,使伊拉克在政治、经济、军事和外交等方面处于极端孤立的地位。其中的第 678 号决议,规定了伊拉克必须撤军的最后期限为 1991 年 1 月 15 日,在最后期限到来之前伊拉克如不撤军,决议授权联合国会员国可以使用"一切必要手段"来执行联合国通过的各项决议,这就为以美国为首的 38 国组成联军出兵海湾,用武力解决这场危机提供了法律依据。

同时阿拉伯联盟这个地区组织也积极发挥作用。入侵数小时后，科威特和美国要求联合国安理会召开会议，在这次会议上通过的第660号决议，谴责伊拉克对科威特的入侵，要求伊拉克撤出科威特。8月3日阿拉伯联盟也发表决议谴责伊拉克的侵略行为并要求伊拉克撤兵。阿拉伯联盟的决议还要求在阿拉伯内部解决这场冲突，并警告外部干涉。在“最后期限”到来之前，国际社会为化解这场危机作了极大的努力。许多国家的领导人从中斡旋，设计出多种调解方案，联合国秘书长亲自飞抵巴格达做伊拉克的工作，希望伊从科撤军。但所有这些努力都未能使伊拉克改变立场。战争已经不可避免。

在国际社会努力采取各种和平手段以解决伊拉克入侵科威特问题时，以美国为首的西方国家也开始了军事准备以应对伊拉克拒绝撤军的状况。从8月7日美国开始执行“沙漠盾牌”计划，其目的是通过大规模军事部署行动以震慑伊拉克，避免其对另一个重要的石油产油国沙特阿拉伯进行侵略，同时为伊拉克拒绝撤军后的军事打击行动做好准备。

“沙漠盾牌”行动计划分为两个阶段向海湾地区部署部队。第一阶段从8月7日到11月7日，即防御性快速部署阶段，共部署24万人的部队，以使该地区美军和其他出兵国家部队兵力达到同伊军大致相抗衡的水平。第二阶段从11月8日到1991年1月中旬，即进攻性快速部署阶段，多国部队继续增兵，以使兵力达到足以将伊军赶出科威特的水平。经过紧张行动到1991年1月中旬，美军在海湾地区的总兵力达到43万人，其中陆军26万人，海军5万人，空军4万人，海军陆战队8万人。主要武器装备有：坦克1200辆，装甲车2000辆，作战飞机1300架，直升机1500架，军舰100余艘。连同其他国家出动的总兵力达近76万人。部分未出兵国家提供了武器装备、舰船、飞机和医疗队。随着各国部队的部署，建立统一、协调的指挥机构的必要性日益突出。8月中旬，经协商在多国部队最高层成立了协调性作战指挥机构。原则是，战区内所有部队均接受沙特阿拉伯武装部队司令哈立德中将和美军中央总部司令施瓦茨科普夫上将的统一指挥，但各国部队又分别接受本国最高当局的命令和指示。[1]

① 军事科学院军事历史研究部：《海湾战争全史》，北京：解放军出版社，2000年，第223—249页。

面对美国和其他国家的出兵行动，以及国际社会的经济制裁，伊拉克采取了相应对策。其总的战略指导思想是，拖延战争爆发，使海湾冲突长期化、复杂化，进而分化以美国为首的军事阵营，打破对伊拉克的各项制裁，保住既得利益，同时，做好军事上防御作战的准备。为此，它在外交上打出了“圣战”的旗号，并将撤军问题同以色列从阿拉伯被占领土撤军问题联系在一起，以转移阿拉伯国家的矛头指向；在经济上采取了内部紧缩，对外寻求突破口的政策；在军事上则加紧了扩军备战，恢复和新建 24 个师，使军队总兵力达到 77 个师，120 万人。同时加强了科威特战区的兵力部署，按三道防线共部署 42 个师，约 54 万人，坦克 4280 辆、火炮 2800 门、装甲输送车2800 辆。

11 月 29 日，联合国安理会通过第 678 号决议，规定 1991 年 1 月 15 日为伊拉克撤军的最后期限。1991 年 1 月 9 日，美国国务卿贝克和伊拉克外长阿齐兹在日内瓦举行战前最后一次会晤，但是，双方都认为没有妥协余地，会谈没有取得结果。1 月 16 日美国东部时间上午 10 时 30 分，老布什总统签署了给美军中央总部司令施瓦茨科普夫的国家安全指令文件，命令美军向伊拉克开战。美国随后开始进行早已拟定好的“沙漠风暴”军事打击计划。

“沙漠风暴”军事打击计划有六个作战目标：(一)瘫痪伊拉克国家指挥机构；(二)夺取和保持制空权；(三)消灭科威特战区伊拉克共和国卫队；(四)尽量摧毁伊拉克的弹道导弹和核生化武器；(五)帮助恢复科威特合法政府；(六)切断伊拉克的补给线。其具体作战方案为：实施协调一致的多国、多方向、空中、海上和地面攻击，首先以空袭摧毁伊拉克的重要军事目标，尔后逐步转移空中作战的重点，在科威特战区实施地面作战，消灭伊拉克共和国卫队，用阿拉伯部队解放科威特市。整个作战过程分为四个阶段：(一)战略空袭；(二)夺取制空权；(三)空袭地面部队；(四)地面进攻作战。[①]

1 月 17 日凌晨，多国部队发动了对驻科威特的伊拉克军队的空中打击，“沙漠风暴”行动开始。多国部队掌握了绝对的空中优势，并在空袭中使用了各种先进武器，如巡航导弹、精确制导导弹等，对伊拉克的空军和陆军进

---

① 军事科学院军事历史研究部：《海湾战争全史》，北京：解放军出版社，2000 年，第 253—254、258 页。

行了沉重的打击。多国部队对选定目标实施多方向、多波次、高强度的持续空袭，极大地削弱了伊军的C3I(指挥、控制、通信和情报)能力、战争潜力和战略反击能力，使科威特战场伊军前沿部队损失近50%，后方部队损失约25%，为发起地面进攻创造了条件。在此期间，伊军实施消极防御，以藏于地下、隐真示假、疏散国外等措施躲避空袭，保存实力。同时不断以飞毛腿导弹袭击以色列、沙特、巴林境内的目标，迫使多国部队延长空中战役时间并出动大量飞机寻歼伊军飞毛腿导弹。伊海空军则对多国部队实施有限反击，多次以飞机和导弹艇出击，但均告失败，发射的飞毛腿导弹多数偏离预定目标或被美爱国者防空导弹击落。地面袭击包括1991年1月29日至2月2日对海夫吉镇的袭击，但未能改变多国部队继续空袭的决心。此外，伊军曾试图以向海湾倾泻石油、点燃科威特油井和威胁使用化学武器手段阻滞和遏止多国部队的军事行动，均未达目的。到多国部队地面进攻开始时，在科威特的伊拉克部队的54万人中伤亡达到25%以上，重装备损失达30%—45%。

为了实施地面进攻作战，美中央总部陆军制定了具体战役计划，这就是“沙漠军刀”计划。该计划事实上是“沙漠风暴”计划的组成部分。计划决定，由5个军队集团执行地面作战任务。美第十八空降军在整个战线西部实施进攻，负责切断科战区伊军同后方的联系；美第七军在战线中段担负主攻任务，重点消灭伊拉克共和国卫队；在第七军右翼，依次是北线联合部队、美军中央总部海军陆战队和东线联合部队，他们将包围科威特后方及科威特市内的伊军部队，牵制伊军战术和战役部队，其中北线和东线联合部队的阿拉伯部队将负责解放科威特市。计划制定以后，多国部队从1月17日空袭之日开始至2月24日进行了大规模部署调整。美军两个军数十万人分别从原驻地向新的进攻出发地隐蔽前进200多公里和300多公里。

1991年2月24日当地时间凌晨4时整，多国部队向伊军发起了大规模诸军兵种联合进攻，将海湾战争推向了最后阶段。地面战役首先由美第一陆战远征部队发起进攻，尔后阿拉伯国家东线联合部队在波斯湾多国部队海军和两栖部队配合下发起进攻，吸引伊军注意力，为西部主攻部队发动进攻创造条件。美第七军于24日午后发起攻击。美第七军和美第十八空降军利用空中机动和装甲突击力强等优势，在海空军支援下实施“左勾拳”计划，将伊拉克共和国卫队合围于巴士拉以南地区。伊军遭受38天空袭后，损失惨重，指挥中断，补给告罄，战场情况不明，对多国部队主攻方向判断失误，防御体系迅速瓦解。伊军略作抵抗后向北、西两个方向撤退，并点燃了科威特油田的大量油井。1991 年 2 月 26 日，萨达姆宣布接受停火。28 日晨，科威特城已全部被阿拉伯部队控制，多国部队也大多完成了各自任务。美国总统布什下达了当日当地时间 8 时暂时停火的命令。整个地面进攻历时 100 小时。

据战后统计，在这场战争中，伊拉克方面在参战的 43 个师中共有 38 个师被重创或歼灭，伤亡约 10 万人，8.6 万人被俘，3800 辆坦克、1450 辆装甲输送车、2917 门火炮被击毁或缴获，107 架飞机被击落、击毁或缴获。多国部队方面共有 340 人阵亡（其中美军阵亡 184 人），400 余人受伤，12 人失踪。[①]

海湾战争是世界两极体系瓦解、冷战结束后的第一场大规模局部战争。它深刻地反映了世界在向新格局过渡时各种矛盾的变化，是这些矛盾局部激化的结果。它体现了人类社会生产力特别是科学技术的发展所引起的战争特征的革命性变化，主要是：武器装备建立在高度密集的技术基础之上；打击方式已不再以大规模毁伤为主，而是在破坏力相对降低的基础上突出打击的精确性；整个战争的范围与过程被视为一个完整的系统，战争的协同性和时间性空前突出。它也展示了新的作战手段和作战思想运用于战争而产生的作战样式的诸多新特点，主要包括：空中作战已成为一种独立作战样式；机动作战是进攻作战的基本方式；远程火力打击是主要的交战手段；电子战是伴随“硬杀伤”所不可缺少的作战方式；夜战是一种富有新内涵的战斗方式。

海湾战争因多国部队在质量和技术方面占据的绝对优势，使其以高技术局部战争的代名词载入战争史册。在海湾战争中，美国动用了 12 类 50 多颗各种军用和商用卫星构成战略侦察网，为多国部队提供了 70％的战略情报；多国部队集结了 2790 架现代化的固定翼飞机、1700 多架旋翼飞机（其中 600 多架攻击直升机），6500 余辆坦克装甲车辆以及大量自行火炮、火箭发射车、工程技术保障车辆等；多国部队虽然与伊军在数量对比上不占优势，人员比为 1∶2.4，火炮数量比为 1∶2.4，坦克数量比为 1∶1.44，但多国

① 军事科学院军事历史研究部：《海湾战争全史》，北京：解放军出版社，2000 年，第 381 页。

部队调集的现代化装备数量却超过伊军许多倍:新式飞机数量比为13∶1,攻击直升机数量比为16∶1,在精确制导武器上多国部队拥有绝对优势。在海湾战争空中作战投掷的8万多吨弹药中,精确制导武器仅占总投弹量的7%,但命中率却高达90%;伊军共被摧毁、缴获坦克3700多辆,装甲车2000多辆。海湾战争中所体现出的技术对战争的强烈影响,使海湾战争预示了另一个新时代的到来:在拥有质量优势的部队面前,单纯的数量对比已失去了意义;各种军事高技术应用导致的对信息的大量获取,也使与之对阵的敌人在战术运用方面困难重重。

2.科索沃战争

科索沃战争是由科索沃危机引发的,而科索沃危机则根源于南斯拉夫联邦的解体。作为东欧剧变的组成部分,1945年成立的南斯拉夫联邦于1991年解体。当年6月25日,斯洛文尼亚和克罗地亚率先宣布脱离联邦而独立;10月15日和11月20日,波斯尼亚、黑塞哥维那和马其顿亦先后宣告独立;1992年4月27日,塞尔维亚和黑山两个共和国宣布联合组成"南斯拉夫联盟共和国"。这样,原南斯拉夫联邦分裂为五个独立国家。在南联邦解体过程中,由于领土、财产和利益分割上的矛盾以及原本存在的民族纠纷和宗教冲突,各共和国间和各国内的不同民族间先后发生规模不等的战争,其中最严重的内战发生在波黑境内,并涉及其周边的塞尔维亚和克罗地亚。1992年3月,因国家的独立地位进行全民公决而触发的波黑穆斯林、克罗地亚族和塞尔维亚族之间的冲突,在外部势力的支持下(波黑塞族得到南联盟塞尔维亚共和国支持,克族得到克罗地亚共和国支持,穆斯林得到各伊斯兰国家支持)愈演愈烈,最终形成长达三年半的全面内战,死亡人数超过25万。直至1995年11月21日,打得精疲力竭的各方才在美国的干预下于美国俄亥俄州的代顿空军基地签署了和平协议。代顿协议并没有平息南联邦解体带来的动荡,波黑战争结束后,民族冲突的热点很快转移到南联盟境内,科索沃危机成为世人关注的中心。

科索沃位于南联盟塞尔维亚共和国西南部,面积10887平方公里,与阿尔巴尼亚、马其顿相邻,人口200余万,其中90%以上是阿尔巴尼亚族。在南斯拉夫联邦时期,科索沃是塞尔维亚共和国的自治省,但这个地区始终存在着要求更高程度的民族自治潮流。1980年铁托逝世后,以独立为目标的科索沃民族主义运动逐步兴起，并得到阿尔巴尼亚的支持。在这一背景下，阿族与塞族的矛盾日益尖锐，冲突时有发生。1989 年 2 月 27 日，当时担任塞尔维亚共产党领导人的米洛舍维奇为了压制阿族的民族主义运动，宣布取消科索沃的自治省地位，由此激发了阿族的对抗情绪，阿族与塞族的冲突趋向激烈，塞尔维亚当局对阿族的镇压也随之升级。进入 90 年代后，阿族的民族主义运动进一步高涨，于 1992 年 5 月自行组成议会和行政机构，还选举民主联盟领导人鲁戈瓦为“科索沃共和国”总统，形成与塞族政权并行的另一个政权。1996 年，阿族激进分子成立武装组织“科索沃解放军”，开始了运用暴力手段的分离运动。面对阿族人的反抗，米洛舍维奇为首的南联盟和塞尔维亚当局采取强硬镇压措施，派遣大批塞族军队和警察部队进驻科索沃，试图消灭“科索沃解放军”。这样，在波黑战火逐渐熄灭的同时，科索沃的战火却越燃越旺，1997 年以后不断发生武装冲突事件，伤亡人员日趋增多，约 30 万人流离失所，沦为难民。从 1998 年底起，以美国为首的北约开始介入科索沃危机，北约与南联盟的矛盾逐渐成为主要矛盾。

1999 年 2 月 6 日，在美国和北约的压力下，塞尔维亚和科索沃阿族代表在巴黎附近的朗布依埃举行和平谈判，谈判的基础是美国特使希尔草拟的方案。该方案的主要内容是：尊重南联盟的领土完整，科索沃享有高度自治，南联盟军队撤出科索沃，“科索沃解放军”解除武装，按当地居民人口比例组成新的警察部队维持治安，北约向科索沃派遣多国部队保障协议实施。这个方案对双方来说都难以接受，阿族坚持要最终走向独立，并且不愿解除武装，南联盟则不同意科索沃获得自治共和国的地位，亦反对北约部队进驻科索沃。但是，主持谈判的美国和北约表示，这个方案的 80% 内容不许改变，必须接受，否则拒绝的一方将受到惩罚。在谈判陷入僵局后曾一度休会，3 月 15 日复会，阿族代表于 18 日签署了协议，但塞尔维亚方面仍然拒绝签字。3 月 19 日，北约向南联盟发出最后通牒，3 月 24 日，北约发动了对南联盟的空中打击，科索沃战争爆发。

北约的空袭大致分为三个阶段。第一阶段是 3 月 24 日到 27 日，共进行了四轮，目标集中在南联盟的防空体系、指挥和控制中心、军工厂和在科索沃的塞族军队。4 天内共进行了四轮空袭。首轮空袭中，北约投入作战飞机 70 余架，出动 100 多架次，发射各类巡航导弹 100 余枚，轰炸了 8 个城市和附近地区的 50 多个目标。初步作战效果是击中了 40 个目标，在空战中击落塞方3架米格－29战斗机。第二轮空袭中出动飞机100余架，空袭的重点是科索沃地区的防空系统和地面部队。第三轮空袭中出动249架次飞机，继续对上述类别目标进行空袭。在空战中又击落塞方2架米格－29战斗机。第四轮空袭强度增大，覆盖到南联盟全境，主要目标是雷达和发电站。

第一阶段空袭行动，北约共出动飞机1300多架次，发射巡航导弹400余枚，使用的精确制导武器占98%以上，夺取了战场制电磁权和制空权。与海湾战争相比，在战法上没有多大创新，主要特点是以电子战役和空袭战役为主，用巡航导弹揭开战争序幕，通过强大的空中饱和攻击对敌实施压制。所不同的是使用的精确制导武器比例增大了，这是美军第一次在空袭中使用如此大比例的精确制导武器，反映出信息化战争的先兆。不过美国也有严重损失，那就是美国一架最先进的隐形轰炸机F－117A被南联盟击落。

3月28日，北约开始了第二阶段空袭，目标转为对北纬44度以南的南联盟人民军地面部队和军用物资进行攻击，企图破坏南联盟的战争机器，迫使南联盟屈服。这个阶段的空袭作战目标：一是继续使用巡航导弹对高防卫区内目标进行突击，主要打击了黑山地区的军用机场、贝尔格莱德市中心的内务部大楼；二是出动战斗机和有“空中坦克”之称的A－10攻击机，打击科索沃的地面部队，并对贝尔格莱德市中心的特种部队总部、警察学院等军事目标进行袭击；三是开始进行战略轰炸，主要是轰炸桥梁、炼油厂、供暖厂及油库。

此阶段空袭作战的特点：一是从边打边看转为持续空袭。北约通过第一轮空袭基本可以达成作战目的，由于南联盟人民军反空袭战果明显，抗战热情提高，南联盟在政治上更趋强硬化，从而促使北约空袭强度增大，而且有不达目的誓不罢休的前景。为保证空袭强度和压力，美军向战区增派了一个航母战斗群和B－1B战略轰炸机，共130多架飞机；二是在掌握制空权的情况下，使用性能较差的A－10及北约盟国的飞机，进行空袭作战。对于严加防守的关键性目标，则不再冒险，继续使用巡航导弹突袭；三是针对全民防卫态势，开始转入战略空袭，企图在人民生活、物资保障、能源供应、交通运输等方面增大压力。

4月13日，美国总统克林顿宣布对南联盟的空袭进入第三阶段，扩大空袭范围，增加空袭强度。北约对南联盟境内的所有军事目标进行24小时不间断轰炸；另一方面，为了削弱南联盟人民的抵抗意志，北约还对南联盟的民用设施,如桥梁、铁路、公路、工厂、电视台、通讯系统和电力系统等进行狂轰滥炸。此外,美国还向巴尔干派遣地面部队和“阿帕奇”攻击直升机,为地面进攻作准备。

科索沃战争自始至终具有边打边看的特点。在这种思想指导下,整个战争期间,美国和北约不断增兵,到战争结束的时候,北约部署在整个亚得里亚海的舰艇达到55艘,共投入飞机1200架,其中美国940架。战争中出动飞机38000架次,发射和投掷导弹、炸弹23000余枚,对南联盟40多个城市的496个军用和民用目标及520个战术目标进行了连续、猛烈的空袭,给南联盟造成极为惨重的损失。

1999年6月5日至9日,南联盟与北约先后就从科索沃撤军进而结束科索沃战争问题,进行了四轮谈判,在南联盟一再妥协的情况下,双方签署了军事协议。协议规定了停火、撤军的期限,要求标明雷区和障碍物的位置,并明确科索沃及缓冲区将置于维和部队控制之下。6月10日,南联盟开始撤军,北约准备派遣维和部队。6月12日,俄罗斯的一支200人的空降部队从波黑出发突然强占了科索沃的普里什蒂纳机场,此举差点引发一场冲突。根据6月10日联合国通过的一项决议,多国维和部队将在科索沃执行为期一年的维和任务。多国维和部队总兵力58000人,由包括俄罗斯在内的19个国家组成。维和部队把科索沃分为五个维和区域。

1999年末,北约组织飞行员、武器装备专家和情报人员成立调查组实地调查,宣布了科索沃战争的空袭战果:摧毁坦克与自行火炮93辆,受损率26%;装甲运兵车153辆,受损率35%;火炮389门,受损率52%;其他车辆339辆。打死打伤南联盟军人5000人,自身损失飞机2架,无人机15架,人员无一伤亡。据南联盟公布的战果:南军共击落北约飞机61架,无人机30架,直升机7架,拦截巡航导弹238枚。自身损失了3%的坦克,1.5%的装甲车,5%的火炮,2%的防空兵器,3%的车辆,共有534名官兵死亡。

3.阿富汗战争与伊拉克战争

国际恐怖主义是指国际社会中某些组织或个人采取绑架、暗杀、空中劫持、扣押人质等恐怖手段,企求实现其政治目标或某项具体要求的主张和行动。国际恐怖主义与刑事犯罪的国际恐怖活动两者所采用的手段和造成的社会危害大同小异,但一般说前者具有政治色彩,故又被称为政治恐怖主义。国际恐怖主义事件主要是由极左翼和极右翼的恐怖主义团体，以及极端的民族主义、种族主义的组织和派别所组织策划的。

20世纪60年代以来，国际恐怖主义活动日益频繁，在西欧、中东、拉丁美洲和南亚等地区蔓延。80年代以前西欧各国是国际恐怖主义事件的高发地区，80年代以后高发地区转向中东。国际恐怖主义活动严重威胁着国际社会的安全和秩序，许多国家纷纷采取对策，先后颁布了反恐怖主义的法令，建立了反恐怖部队，并加强了国际间的合作。1972年11月18日联合国大会通过3034号决议，成立由35国代表组成的国际恐怖主义问题特设委员会，负责研究制裁国际恐怖主义活动的措施。1973年联合国大会通过了《关于防止和惩处侵害应受保护人员包括外交代表的罪行的公约》，1979年又通过了《反对劫持人质国际公约》。国际民用航空组织为制止劫持飞机等活动，分别于1963年、1970年、1971年通过了《关于在航空器内的犯罪和其他某些行为的公约》(简称“东京公约”)、《关于制止非法劫持航空器的公约》(简称“海牙公约”)、《关于制止危害民用航空安全的非法行为的公约》(简称“蒙特利尔公约”)。还有一些区域性组织也制定了反恐怖条约，如1971年《美洲国家组织关于防止和惩治恐怖主义行为的公约》、1977年《欧洲镇压恐怖主义公约》等。中国政府分别加入了联合国和国际民航组织通过的上述公约。中国政府一贯反对和谴责一切形式的恐怖主义，反对以恐怖主义手段进行政治斗争。

随着冷战的结束与美国成为世界霸主，美国逐步成为恐怖主义攻击的对象。在经过一系列恐怖主义袭击之后，2001年9月11日美国纽约遭到了恐怖组织“基地”组织(Al－Qaeda)的袭击。三架被基地组织分子劫持的美国民航飞机分别撞击了纽约曼哈顿的世界贸易中心和美国国防部所在地五角大楼，另有一架被劫持飞机在宾夕法尼亚州坠毁。在9·11事件中共有2998人遇难，其中2974人被官方证实死亡，另外还有24人下落不明。遇难人员名单中包括：四架飞机上的全部乘客共246人，世贸中心2603人，五角大楼125人。共有411名救援人员在此事件中殉职。2001年9月11日当天的恐怖袭击对美国及全球产生巨大的影响。这次事件是继第二次世界大战期间珍珠港事件后，历史上第二次对美国造成重大伤亡的袭击。这次事件是人类历史上迄今为止最严重的恐怖袭击事件。

9·11事件发生后，全世界都对美国的遭遇表示同情，并对恐怖主义进行了谴责。而美国则联合其盟国发起了以“消灭国际恐怖主义”为目标的全球性战争——反恐战争。其具体目标为：利用包括军事、外交、经济制裁、国际安全合作等一系列措施，来阻止那些被美国认定为“恐怖组织”的团体（其中大部分是像基地组织、塔利班等伊斯兰极端军事组织）对美国及其盟国发动的恐怖袭击；传播“自由与民主”；终结那些支持恐怖主义的所谓“流氓国家”与“失败国家”的现有政权。

就对恐怖组织进行直接打击这一点，美国取得了一些进展。2011 年 5 月 1 日，美军特种部队秘密奔袭基地组织领袖拉登在巴基斯坦的住所，击毙拉登及其儿子。而美国针对那些所谓庇护恐怖分子的国家而发动的战争，则产生了复杂而深远的影响。2001 年 10 月美国对与基地组织保持密切合作关系的阿富汗塔利班政权发动了战争，2003 年又对被认为是支持恐怖主义的伊拉克萨达姆政权发动了战争。美国的这两次“反恐战争”虽然都达到了其战争目的——推翻了美国所敌视的政权，但由于当地反抗组织与恐怖组织迟迟不能彻底剿灭，所以导致美国不得不在这两个国家派驻大批军队进行长久的作战，不仅令作战双方都有很大伤亡，而且还殃及了当地平民，同时也将美国陷在了这两个国家漫长的反恐战争之中，从而对美国造成了十分沉重的政治、经济、军事压力。

美国反恐战争的第一个目标国家就是阿富汗。此时在阿富汗执政的塔利班政权与基地组织一直关系紧密，而且据信基地组织的领导人本·拉登就藏身在阿富汗。美国曾向阿富汗塔利班政府发出最后通牒，要求将基地组织高层成员交给美国；释放所有被监禁的外国人；保护在阿富汗的外国记者、外交人员、支援人员；让美国人员检查所有训练营，证实它们全部被关闭。但塔利班政府拒绝与美国对话。

2001 年 10 月 7 日，美国组织了有英国、德国、波兰、捷克、斯洛伐克等国家参加组成的北约联军，并联合阿富汗国内的塔利班政权的反对者北方联盟，开始打击阿富汗塔利班政权和在阿富汗的基地组织。由于美国一方拥有绝对的军事优势，11 月 12 日塔利班政权被推翻，塔利班的残余武装力量退入了阿富汗南部山区。

虽然美国达到了推翻塔利班政权、打击基地组织的基本目标，但未能彻底清除塔利班力量。塔利班武装虽然在人员和武装上都处于劣势，但依靠山地与强敌展开游击战，并不断对北约军队和阿富汗新政权控制下的地区发动进攻，从而令美国陷于与塔利班漫长的战争中。阿富汗战争的迟迟未决，令美国遭遇到了国内外的双重压力。一些盟国退出，美国国内要求撤军的呼声日益高涨。到2010年为止，在阿富汗驻军人数最多的国家依序是，美军10万名、英军1万名、德军4300名和法军3750名。

2003年美国主导下的北约在中东地区发动了旨在推翻萨达姆政权的伊拉克战争。该战争的起因是源于2002年伊拉克将联合国武器检查团逐出伊拉克，拒绝联合国对其可能存在的大规模杀伤性武器进行检查后所引发的伊拉克危机。联合国通过1441号决议，要求联合国武器检查团重返伊拉克，以检查伊拉克拥有的大规模杀伤性武器。3月18日美国总统布什发表电视讲话，要求并没有在伊拉克境内发现任何大规模杀伤性武器的武检团立即撤离伊拉克。

美英联军从2003年3月20日(伊拉克时间)起对伊拉克发动代号为“斩首行动”和“震慑”行动的大规模空袭和地面攻势。布什总统在战争打响后向全国发表电视讲话，宣布推翻萨达姆政权的战争开始，强调战争将“速战速决”。在这一阶段，美英联军先后向巴格达、巴士拉、纳杰夫、摩苏尔、基尔库克、乌姆盖斯尔等十余座城市和港口投掷了各类精确制导炸弹2000多枚，其中战斧巡航导弹500枚。

美英联军凭借空中优势和机械化部队，兵分几路发起强大攻势，先后攻陷伊南部巴士拉等重要城市和战略要地，并对巴格达形成合围，从而使战事呈现一边倒的态势。2003年4月8日，美军从北部和南部两个方向推进到巴格达，并夺取了巴格达东南的拉希德军用机场。美国坦克开进巴格达，占领了萨达姆城。面对美军长驱直入巴格达和提克里特，伊拉克领导人号召军队和人民对美英联军采取“同归于尽”式的袭击行动。

2003年4月15日美军宣布，伊拉克战争的主要军事行动已结束，联军已控制了伊拉克全境。据美国官方公布，在伊拉克战争中死亡的美军人数为128人，其中110人阵亡，18人死于事故。英军士兵死亡31人。战争消耗了美国大约200亿美元。

美国政府宣称有49个国家支持该军事行动。但真正参战的国家只有美国、英国、澳大利亚和波兰四国，丹麦政府宣布对伊拉克宣战，并派遣了两艘军舰支援美军。日本等多个国家提供后勤支援。这场战争遭到俄罗斯、法国、德国、中国、阿拉伯联盟、不结盟运动等多个国家政府和国际组织的批评与谴责。奥地利等多个国家宣称，对伊拉克的军事行动由于没有得到联合国安理会的授权，已经违反了国际法。埃及籍的联合国前秘书长布特罗斯·加利谴责该军事行动，认为违反了联合国宪章。奥地利、瑞士和伊朗禁止联军战机飞越其领空，土耳其禁止美军通过其领土向伊拉克北部发动进攻，沙特阿拉伯禁止美军导弹通过其领空袭击伊拉克。全球普遍的反战情绪最终导致了全球反对对伊战争大游行。联军占领伊拉克初期，由于结束了萨达姆的独裁统治，受到伊拉克民众的广泛欢迎。美军进入巴格达时也曾被当地市民夹道欢迎。战后，在美国及各国的帮助下，伊拉克经济得到了恢复，但发展缓慢，失业人口庞大，居民生命安全和日常生活得不到有效保障。目前针对美英的军事占领而进行的伊拉克游击战风起云涌，美国 16 万占领军介入伊拉克内战，深陷比越战更难以自拔的泥淖，兵力紧绷，使美国无余力对付其他挑战。美军阵亡人数于 2008 年已突破 4000 人大关，超过了“9·11”恐怖袭击的死亡人数；3 万多人受伤，许多人留下残疾，导致家庭破裂等悲剧。

三　深入探究指引

冷战结束后，随着苏联的解体和华约的解散，两个超级大国与两大军事对峙的局面结束，但国际局势并未就此走向稳定。虽然大国之间爆发世界大战的可能性大大减少，但各种局部冲突和战争却呈现出日益增加的趋势。据不完全统计，从 1945 年到 1991 年二战结束后的 45 年间，世界共发生各类规模的局部战争与武装冲突达 190 起左右，平均每年 4 起。而从冷战结束到 1998 年近 10 年的时间内，全球范围内爆发的局部战争与武装冲突(按每年旧有和新生的总量为算)就达近 310 起，平均每年 30 起以上。而且冷战后局部战争的地域分布也呈现出扩散的趋势。据有关资料统计，自冷战结束至 1996 年，在世界各地新近爆发的 86 次局部战争与武装冲突中，中东 18 次、亚洲 12 次、非洲 28 次、拉美 8 次、欧洲 12 次、前苏联地区 8 次。时至 1999 年，非洲又爆发了 14 起局部战争与武装冲突、亚洲 10 起、中东 4 起、拉美 5 起、欧洲 3 起、前苏联地区 4 起。这说明冷战后全球每年爆发的局部战争与武装冲突数量和范围都已大大超出冷战期间的水平。[①]

---

① 徐晓刚：《局部战争对冷战后国际安全形势的影响》，《世界经济与政治论坛》，2000 年第 6 期，第 41—42 页。

冷战后发生的这些局部战争主要集中在从巴尔干、中东至中亚这一带地区。从地缘政治角度来看，由于这些地区地理位置重要，因此这些地区的局部冲突会对各方产生影响，从而会极大地牵动国际安全形势的走向。正因为此，在这些局部战争都可见到大国的身影，其中作为冷战后霸主的美国更是深深地卷入其中。由于冷战后缺乏能与美国抗衡的大国，因此这些战争经常体现为非对称战争模式，[①]即在战争中对立的双方实力相差悬殊，往往一方是以美国为首的西方国家联盟，无论其军事、经济、政治实力都十分强大，而另一方则在各个方面都难以与前者相匹敌，从而表现为双方实力的不对称性。

海湾战争、科索沃战争和伊拉克战争是现代高科技战争的开端。在这些战争中，美国及其盟国以压倒性优势、以迥然不同于以往的新战法和武器在短时间就击败了对手。有学者认为，高科技战争有以下几个不同于以往战争形式的特点：(一)信息化——信息战成为现代战争核心；(二)网络化——立体的信息网与陆海空天电武器网；(三)广域化——武力可进行全球性的快速远程投送；(四)快速化——部队机动能力大大提高；(五)全时辰化——陆、海、天、空、电一体全方位全时辰对对手进行连续打击；(六)精确化——对目标进行精确打击而不产生间接伤害；(七)非接触化——利用先进技术在敌方防御范围之外对其进行打击；(八)双重属性化——先进技术同时具有军用和民用双重性；(九)智能化——实时的、自主的、自学习的智能决策系统得到了更大的应用；(十)灵巧化——由于大规模杀伤性武器遭到越来越多的谴责，伤亡小的高精度灵巧武器的使用将会越来越多。[②]

在这些局部战争中，美国及其盟国因为其自身的科技和军事实力处于绝对优势地位而掌握了战争的主动权，以极少的伤亡换取了巨大的胜利。在海湾战争中，美国50多颗军用卫星以及无人侦察机等监视系统使作战空间变得单向透明，美军F－15、F－16战机和B－52轰炸机在万米高空或距目标数百公里处，对伊军实施打击，伊军密集的防空炮火把巴格达夜空照得

① 王向东、孙云芳、邵秀英：《对冷战后局部战争的地缘政治思考》，《人文地理》，第19卷第2期(2004年)，第94—96页。

② 黄小峰：《未来高技术局部战争的特点与战争环境》，《航空科学技术》，2003年第1期，第34—37页。

如同白昼，但由于其射高最多只有7000米，美军战机毫发无损。在地面作战中，美军M1A1坦克利用射程上的优势，在伊军T—72坦克的直射距离之外开火，使伊军装甲部队遭到重创。在科索沃战争中，北约战机依靠绝对空中优势和信息优势，对南联盟进行猛烈空袭，南联盟军队却由于防空武器鞭长莫及，结果让北约部队开创了“零伤亡”战争先例。在伊拉克战争中，美军以比海湾战争少的兵力，实现了比海湾战争大得多的战争目的——推翻萨达姆政权。

不过冷战后包括局部战争在内的这种现代高科技战争并未能彻底解决人类社会发生冲突的根源。尽管美国等国家由于军事、科技、经济、政治等优势，而在传统意义上的战场上具有绝对优势，但并不能消除其他国家与组织对其的敌视。在大国拥有绝对军事优势的情况下，更加隐蔽、难以防范的恐怖袭击成为敌对组织采用的对抗手段。例如“基地”组织利用美国人认为本土绝对安全、疏于防范的心理，出其不意地发动“9·11”恐怖袭击，使美国本土遭受自“珍珠港事件”以来最沉重的一次打击。巴勒斯坦人对以色列实施“人体炸弹”攻击，车臣分裂分子绑架俄罗斯人质、制造自杀性爆炸事件。但恐怖主义因为其杀伤对象主要针对平民、同时利用非战斗人员进行恐怖行动——例如利用妇女和儿童作为人体炸弹，因此遭到了国际社会的一致谴责。

在遭到恐怖袭击后，美国发动了反恐战争以打击“基地”组织和支持基地组织的国家与势力，并取得了一些成果，但各种针对美国的恐怖袭击仍然此起彼伏、接连不断。究其原因，是因为发动恐怖袭击的各种力量的产生自有其深刻的历史、文化、经济根源。要从根本上解决这些冲突，仍然需要从社会、文化和经济方面入手，而不是简单地诉诸武力。

第二节　后冷战时期的和平问题

一　概　述

冷战结束后，世界和平问题呈现出了较为复杂的局面。随着两大军事集团对抗局面的结束，国际社会在核裁军和核不扩散两个具有全球性影响的问题取得了较为显著的进步。美国与俄罗斯两个核武器大国都宣布单方面削减战术核武器。同时美俄两国在削减战略武器方面也取得了长足进步，1993年美苏签署了第二阶段削减战略武器条约，2002年又签署了《削减战略性进攻武器条约》。在核不扩散问题上，1995年5月11日在联合国《不扩散核武器条约》的审议和延长大会上，179个缔约国以协商一致方式决定无限期延长该条约。1996年9月10日联合国大会以158票赞成、3票反对、5票弃权的压倒多数票通过了《全面禁止核试验条约》。迄今为止，已有182国家签署了这一条约。针对冷战后恐怖主义分子利用核武器进行恐怖活动的可能性，1997年联合国大会决定成立由191个成员国专家组成的特设委员会，负责起草《制止核恐怖行为国际公约》。1998年，俄罗斯向特设委员会提交了一份公约草稿。在该草稿的基础上，特设委员会经过7年的艰苦谈判，终于在2005年4月初通过了《制止核恐怖行为国际公约》草案。2005年4月13日，第59届联合国大会一致通过《制止核恐怖行为国际公约》（The Convention on the Suppression of Acts of Nuclear Terrorism），对核恐怖行为的定义作出了界定，并要求各国政府立即采取立法等措施打击核恐怖行为。这是联合国制定并批准的第13项国际反恐公约。该公约在孟加拉国于2007年6月7日批准之后，已获得了生效所需的22个国家的批准，于2007年7月7日起正式生效。

冷战结束后，国际社会在禁止和销毁具有大规模杀伤性质的生化武器方面以及诸如地雷等杀伤性很强的武器方面取得了很大进步。1993年1月13日，国际社会签订了《禁止发展、生产、储存和使用化学武器及其销毁公约》，该公约于1997年4月29日生效，是第一个全面禁止、彻底销毁一整类大规模杀伤性武器并具有严格核查机制的国际军控条约，对维护国际和平与安全具有重要意义。这项公约的签订，标志着人类向彻底消灭这类毁灭性实战武器方向迈出了实质性的一步，是国际裁军史上最大的成果。1975年3月26日生效的《禁止生物武器公约》在冷战结束后也得到了许多国家的批准。到2009年12月该公约已有163个缔约国。1997年9月17日，国际地雷大会在挪威奥斯陆举行。会议通过了《关于禁止使用、储存、生产和转让杀伤人员地雷及销毁此种武器的公约》。同年12月3日，121个国家的代表在加拿大的渥太华签署了这一公约，因此该公约又称《渥太华禁雷公约》。公约在得到45个国家批准后于1999年3月1日正式生效。截至2007年，已有155个国家签署了该公约，126个国家批准了该公约。

尽管国际社会在核武器、生化武器方面签订了一系列禁止和限制其开发使用的协定，但其实际效果却很有限。例如有关削减战略武器的裁军协议主要是限定或削减武器数量，而不是质量，而且其决议对军事大国没有约束力。例如印度分别于 1998 年 5 月 11 日和 13 日进行了 5 次核试验，在印度进行核试验两周后，巴基斯坦也进行了 6 次地下核试验。同时美国有关研制和部署国家和战区导弹防御系统的决定反过来又引发了俄罗斯在此领域的反弹，双方又在导弹和反导领域展开了新一轮军备竞赛。

面对冷战结束后各种局部战争与冲突有进一步增加的趋势，国际社会也加大了维护世界各地区和平的努力。在这种努力中，各种国际组织在解决国际争端与冲突中扮演着越来越重要和积极的角色。除了一直以来在维持世界和平领域努力发挥作用的联合国外，各种区域性政府间组织、非政府组织在维持和平方面也发挥着越来越重要的作用。但这些国际组织——包括联合国在内——在维持和平时总是面临着各种各样的问题。这些问题的产生既与这些国际组织自身的一些弱点和问题有关，例如由于缺乏足够的干预手段和组织上的缺陷等，导致了联合国和非洲各种区域组织未能及时制止卢旺达种族大屠杀，也与国际组织在面对大国的行动时往往无能为力这一现实有关，比如美国不仅绕开了联合国，甚至也未使用北约这个区域性组织而直接联合英国发动了伊拉克战争，但联合国对此却无力加以制止。

从近年来国际局势的发展来看，以联合国为首的国际组织在维持和平方面的作用会越来越大。一方面，联合国等国际组织基于自己以往的经验教训，不断通过自身的调整和争取国际社会的支持来进一步加强自己在维护世界和平领域中的权威，这一点得到了中国等一大批国家的支持。另一方面，美国自身深陷阿富汗战争与伊拉克战争之中，现在有意抛弃布什政府时期不顾及国际社会意见的单边主义，更强调与联合国、各种国际组织和其他国家的合作和沟通，这为联合国积极发挥其在维护世界和平领域的作用创造了有利条件。

二　视野拓展及重点问题分析

冷战结束后，在维持世界和平方面出现的一个重要趋势是，各种区域组织在维持和平方面发挥着越来越积极和重要的作用。不过区域组织在维和方面的积极行动所产生的影响十分复杂，有的行动与联合国的维和行动形成了很好的互补、推动了许多国际冲突的解决，但也有的行动反而破坏了联合国这个最重要的国际组织的公信力和权威。

在东南亚，东南亚联盟（东盟）在维持地区和平这一问题上发挥了非常重要的作用。这一点比较突出地表现在越南从柬埔寨撤军这一问题上。1978年12月越南入侵柬埔寨后，东盟多次敦促越南撤出柬埔寨。1979年11月14日，东盟向联合国大会提交一项议案，要求"所有外国军队立即从柬埔寨撤军"，"所有国家不得采取任何侵略行为和威胁，并以任何形式干涉东南亚国家的内部事务"。1979年联合国通过了这一决议，即34/22决议，要求撤走外国军队，呼吁各国不要干涉柬埔寨的内政，要求对柬贫民提供人道主义救济，并决定促成柬人民在没有外来干涉、颠覆或胁迫的情况下民主地选择自己的政府。1980年以东盟国家为首的10个国家向第35届联大提出召开国际会议，讨论要求越南从柬埔寨撤军，并在联合国监督下进行选举的决议草案。这是联合国大会第一次提出政治解决柬埔寨问题，并获得压倒多数票通过的决议。根据这项决议，1981年7月13日至17日举行了柬埔寨问题国际会议，94个国家的代表出席会议。会议通过了《柬埔寨问题宣言》，要求外国军队尽快撤出柬埔寨，尊重柬埔寨的独立、主权、领土完整、不结盟和中立地位。这次会议的决议与联合国大会关于柬埔寨问题的决议一起成为解决柬埔寨问题的主要原则。此后，东盟还联合其他国家积极促进了"民主柬埔寨联合政府"的建立，并使其成为柬埔寨在联合国的合法政权。①

经过东盟与其他国际组织和国家的联合努力，1991年10月23日东盟六国、安理会五个常任理事国、印支三国以及南斯拉夫、澳大利亚、加拿大和日本等18国代表签署了关于全面政治解决柬埔寨冲突的4个文件（《柬埔寨冲突全面政治解决协定》、《关于柬埔寨主权、独立、领土完整及其不可侵犯、中立和国家统一的协定》、《柬埔寨恢复与重建宣言》和《柬埔寨问题巴黎会议最后文件》）。根据这些文件，1992年3月，以明石康为主席的联合国临时权力机构开始进驻柬埔寨。1993年5月，柬举行20多年来首次大选（红色高棉未参加）。同年9月，规定实行君主制的柬新宪法开始生效。10月

---

① 杨黔云：《析东盟在国际体系中解决柬埔寨危机的活动》，《历史教学》，2009年第4期，第70—72页。

29日，柬王国政府正式组成，柬埔寨恢复了和平。

在非洲，各种区域性组织都积极参与解决本区域出现的各种冲突和战争。相比其他地区，非洲的区域性组织在层次和数量上都较多。在整个非洲层次上，有非洲联盟。而在非洲各地区层次上，较为重要的则有西非国家经济共同体、南部非洲发展共同体、中非国家经济共同体、大湖国家经济共同体等次区域组织。这些组织先后积极介入了利比里亚、几内亚比绍、塞拉利昂、安哥拉、莫桑比克、索马里、卢旺达、布隆迪、苏丹、刚果（金）、刚果（布）等国的国内冲突，并取得了一定的成绩。例如，在非洲各种区域性组织的斡旋下，2000年11月10日塞拉利昂各派停火，塞拉利昂恢复了和平。非洲各区域性组织还成功协调了埃塞俄比亚和厄立特里亚两国的边界冲突，两国于2001年2月6日达成了和平协议，为解决两国边界纠纷、实现非洲之角的和平铺平了道路。但是非洲的区域性组织在维护地区和平行动中也面临着挑战。例如西非共同体在调解1998年爆发的刚果（金）内战时并不成功，反而有六个非洲国家加入了这一内战，使之演变成为“非洲的第一次世界大战”，直到2001年冲突各方才实现了停火。[①] 非洲国家与各区域组织经过反思和努力，加大了其维和行动的力度。例如2006年刚果（金）举行了全国大选后又爆发了叛乱，非盟等组织采取了比较坚决的措施，积极推动刚果（金）政府和卢旺达和乌干达于2008年年底到2009年年初进行联合平叛，不仅重创刚果（金）境内的反叛武装，而且极大地改善了睦邻关系，令刚果（金）所在的大湖区局势趋于平稳。[②]

欧洲区域性组织在维护欧洲和平方面也发挥了积极作用。冷战的结束和苏联及东欧社会主义国家的瓦解，令欧洲许多地区和国家内部原来被压制的国家、民族、宗教矛盾得以爆发，特别表现在民族、宗教、国家矛盾十分复杂的巴尔干地区。南斯拉夫解体后，在前南斯拉夫地区先后爆发了波黑战争和科索沃战争，由美国主导的北约虽然进行了积极的军事介入，但由于该组织的维和行动绕过了联合国，而且其行动具有极强的军事强制色彩，所以遭到了国际社会的反对。在这种情况下，没有美国参加的欧洲联盟逐步发挥了更为积极和稳定的作用。欧盟从20世纪90年代开始逐步建立自己

---

① http://news.xinhuanet.com/mil/2003－06/27/content_940814.htm

② http://news.xinhuanet.com/world/2009－12/25/content_12703556.htm

的集体防务军事力量，并于2003年正式建立了自己的武装维和力量——欧洲快速反应部队，并从当年开始积极参与调解欧洲以及相关外部地区的各种危机与冲突。①

后冷战时代即1989年以来，美洲国家组织在维护美洲和平与安全方面采取了诸多务实措施，美洲国家之间并非完全和睦相处，而是存在着诸多争端与纠纷，此类问题处理得好，会相安无事，若处理不当，则可能导致兵戎相见。美洲国家组织自成立起，尤其是近20年以来，致力于美洲国家间争端的和平解决，业已形成一套可行的争端和平解决机制。迄今，美洲国家组织已成功调解了众多美洲国家间的争端。仅2000年年初，美洲国家组织就和平调处了冲突多起，如洪都拉斯和尼加拉瓜1999年就海岸线归属问题发生冲突，在美洲国家组织的斡旋下，双方在2000年3月签署了旨在确保和平共处的一揽子协议和谅解备忘录，两国决定在军事方面保持对话、摈弃对抗、保持克制，不将矛盾诉诸军事手段，在加勒比海域实行联合巡逻等。此外还调处了伯利兹与危地马拉之间的边界纠纷，使哥斯达黎加与尼加拉瓜就圣胡安河航行权问题打破僵局，重启对话。长期以来，美洲国家组织高效、可行的争端和平解决机制的运用，有效地避免了成员国之间重大冲突、战事的发生，为西半球的稳定做出了很大贡献。②

由于区域性组织在各地区和平的维持活动中扮演着越来越重要的角色，联合国目前已经要求各区域性组织进一步发挥自己的作用。2010年1月13日联合国安理会举行专题辩论会，并通过主席声明，呼吁联合国进一步加强与区域和次区域组织在维护国际和平与安全领域的合作。联合国秘书长潘基文表示，现在解决任何危机，都需要众多参与者不同层次的解决危机方案。这也是联合国与区域性组织关系如此重要的原因。今后联合国将继续加强与区域、次区域和其他国际组织的联系，共同创建一个更安全、更美好的未来。而安理会通过的主席声明也强调：安理会将进一步采取步骤，促进联合国与区域和次区域组织在冲突预警、预防冲突、缔造和平、维持和

① 梁为中：《欧盟维和行动浅析》，外交学院2007级硕士研究生学位论文，未刊，第13—23页。

② 李巨轸：《略论美洲国家组织的维和机制》，《拉丁美洲研究》，第29卷第5期（2007年10月），第69页。

平和建设和平领域进行更密切的合作;安理会强调应充分利用区域和次区域组织在和平解决争端及开展预防性外交方面的能力,鼓励区域国家通过对话、和解、协商、谈判、斡旋、调解和司法等途径解决争端,以和平方式化解分歧。这预示着未来在全球的和平事业中,各种区域性组织还有极大的发挥空间,但同时也将面临着更大的挑战。

三 深入探究指引

冷战结束后,联合国虽然积极发挥在维护世界和平方面的作用,但由于国际形势不断发生重大变化,联合国面临着越来越复杂的状况,如何应对新的国际形势并在维护国际和平中发挥更好的作用,成为联合国当前改革的重点。

1989 年到 1994 年为联合国积极推动世界和平的阶段。这一阶段联合国的相关行动主要集中在两个方面:国际裁军和维持和平行动。

冷战的结束为联合国推动国际裁军创造了有利的条件。随着冷战的结束与苏联的瓦解,俄罗斯国力有了巨大的倒退,已无力与美国继续进行竞争,这为两大国进行裁军提供了有利的条件。而冷战结束后国际局势的缓和也为整个国际社会进行裁军提供了条件。在联合国的关注下,美俄都已根据第一、第二阶段削减战略核武器条约开始削减各自的战略核弹头,表明真正的核裁军已经开始。1993 年,美俄签署了《进一步削减和限制进攻性战略武器条约》。1995 年 1 月,由 165 个国家签订的《禁止化学武器公约》正式生效,标志着人类向彻底消灭这类毁灭性实战武器方向迈出了实质性的一步,是国际裁军史上最大的成果。1995 年 4 月,有 167 个签约国的《不扩散核武器条约》无条件无限期延长,这加强了国际防止核扩散控制机制。1996 年 9 月,联合国大会第 50 届会议又以压倒多数票通过了《全面禁止核试验条约》,这是历史上第一次以法律形式在世界范围内全面禁止核试验。但联合国的决议主要是限定或削减武器数量,而不是质量。而且其决议对军事大国没有约束力。例如印巴先后进行核试验,美国决定研制和部署国家和战区导弹防御系统。一场包括核武器在内的新军备竞赛实际上已经开始。[①]

冷战结束后,国际上新出现的冲突主要形式发生了变化。相比以前国

① 陈晓沁:《冷战后联合国改革及其在国际事务中的作用》,《教学与研究》,2000 年第 11 期,第 52 页。

家间冲突占了国际冲突的主要内容这一点，冷战后国内冲突和内战的比例越来越大，冲突各方也日益要求联合国作为国际仲裁者积极介入国内冲突和内战。同时，联合国在维持和平这一问题上的态度有了重大变化。之前联合国在维和问题上的态度较为被动，一般多为派出包含军事人员在内的特派团进行观察，多不直接介入各种冲突。但冷战结束后，联合国的维和行动有了极大的改变和扩大，其维和任务变成了复杂的"多层面"任务，旨在确保执行全面的和平协定和协助奠定实现可持续和平的基础。① 1992 年 6 月 23 日，时任联合国秘书长加利就联合国在新时期促进和平问题提出了举世瞩目的《和平纲领》——和平行动新概念。这一概念要求联合国在紧张局势转为冲突之前通过开展预防性外交来缓解紧张，甚至必要时可动用武力。在预防冲突与维持和平之间，联合国负担设法使敌对双方达成和平协议的责任。此外联合国还赋有在冲突后缔造和平的新使命。②

同时冷战的结束也为联合国采取有效的维和行动创造了条件。冷战后美国成为世界上唯一的超级大国。为了维持自己这一有利地位，美国积极要求世界局势保持和平。而美国的老对手前苏联的继承者俄罗斯由于自身实力大为削弱，所以在许多重要国际问题上愿意与美国保持合作关系——至少是不对抗的态度。③ 美国和俄罗斯这种关系有利于联合国在处理许多国际争端和冲突时获得大国的一致支持，因此联合国在冷战结束后初期一些重大的维持和平活动中取得了极大的成就。

联合国在维护世界和平活动中所取得的成就之一是其维和行动大大增加。从 1989 年到 1994 年短短 5 年当中，联合国安理会共授权进行了 20 个维和行动，参与人员从原来的 1.1 万人增加到 7.5 万人。其中比较重要的维和行动有：安哥拉第一、第二期联合国核查团，柬埔寨过渡时期联合国权力机构，联合国萨尔瓦多观察团，联合国莫桑比克行动，联合国纳米比亚过渡时期援助团。通过这些行动，联合国监督执行了当地的和平协定并稳定

① http://www.un.org/zh/peacekeeping/operations/surge.shtml。

② 陈晓沁：《冷战后联合国改革及其在国际事务中的作用》，《教学与研究》，2000 年第 11 期，第 51 页。

③ (法)莫里斯·贝特朗：《联合国改革努力的历史发展》，《南开学刊(哲学社会科学版)》，2008 年第 5 期，第 19 页。

了当地的安全局势，在有些国家帮助选举和建立了新政府和民主机构，还帮助建立了当地的军队和警察部队。[①]

1990 年 8 月 2 日伊拉克入侵科威特后，联合国立刻做出了反应。8 月 2 日，联合国安理会以 14 票赞成，0 票反对，1 票弃权，通过了谴责伊拉克违反联合国宪章，要求其撤军的第 660 号决议。从 8 月 2 日至 11 月 29 日，联合国安理会先后通过了 12 个谴责和制裁伊拉克的决议。这些决议，使伊拉克在政治、经济、军事和外交等方面处于极端孤立的地位。其中的第 678 号决议，规定了伊拉克必须撤军的最后期限为 1991 年 1 月 15 日，在最后期限到来之前伊拉克如不撤军，决议授权联合国成员国可以使用“一切必要手段”来执行联合国通过的各项决议，这就为以美国为首的 38 国组成联军出兵海湾，用武力解决这场危机提供了法律依据。但联合国并未放弃和平解决伊拉克入侵科威特这一问题的努力，联合国秘书长亲自前往巴格达试图说服萨达姆从科威特撤军。

但从 20 世纪 90 年代中期开始，由于遇到了一系列挫折，联合国开始重新审视它在维护国际和平方面的行动，以便为联合国更好地履行自己的职责做准备。联合国遇到的最大挑战来自于其武力维和方面。由于从 80 年代末开始联合国的维和行动倾向于诉诸武力来强制实行和平、而交战方往往拒绝遵守和平协定，因此导致了联合国的维和部队在三次重要的维和行动中遭遇到极大的危险或维和行动完全失败。1993 年到 1995 年联合国维和部队在前南斯拉夫进行的维和行动，不但未能阻止战争的爆发，也未能防止斯雷布雷尼察种族屠杀的出现，而且联合国维和部队还遭到了攻击，出现了人员伤亡。在索马里，由于联合国首次授权维和部队可以根据《联合国宪章》第七章的规定，使用武力维持和平并解除各派武装，联合国维和部队与索马里全国联盟领导人艾迪德武装发生冲突，导致 23 名巴基斯坦维和士兵在 1993 年 6 月 5 日维和行动中被打死。而基于以上两次维和行动的教训，联合国在卢旺达的维和行动十分迟缓，未能及时阻止 1994 年 4 月到 6 月发生的导致近百万人丧生的卢旺达种族大屠杀。此外，联合国的维和行动还在塞拉利昂和海地受挫。

鉴于 90 年代早期和中期遭受的挫折，安全理事会限制了新增维持和平

---

① http://www.un.org/zh/peacekeeping/operations/surge.shtml。

特派团的数量，并开始自我反省，以免重蹈覆辙。秘书长授权对1994年当卢旺达发生种族灭绝事件时联合国采取的行动进行一次独立调查，并就1993—1995年发生在前南斯拉夫斯雷布雷尼察的事件提交了一份全面评估。此外，还仔细研究了导致联合国撤离索马里的客观环境。同时，联合国维持和平人员继续在中东、亚洲和塞浦路斯开展长期行动。但在各国和区域不断爆发冲突的情况下，联合国维持和平的关键作用还是得到了国际社会的积极肯定。90年代后期，安理会授权在以下地方开展新的联合国行动：安哥拉、波斯尼亚和黑塞哥维那、克罗地亚、马其顿共和国、危地马拉、海地。[①]

经过反思，联合国更好地理解了自己在维持世界和平方面所面临的局限和所具有的潜能。从21世纪初开始联合国着手进行更为复杂的维持和平活动。1999年联合国先后充当了从前南斯拉夫独立出来的科索沃和从印尼独立出来的东帝汶临时政权的管理者，并取得了成功，这为联合国此后从事建设和平的维和行动积累了重要的经验。从2000年开始，联合国安全理事会还在很多非洲国家开展了大规模、复杂的维持和平行动，并都取得了成功。在21世纪第一个十年里，联合国维持和平行动的延伸范围超过了以往任何时候，且日益被要求到偏远、不确定的环境和动荡不安的政治局势中执行任务。维持和平面临各种棘手问题，包括以下各种挑战：执行规模最大、花费最多和日益复杂的特派任务、为已经实现一定程度稳定的特派团规划和执行切实可行的过渡战略、为不确定的未来和满足一系列要求做好准备。[②]

国际恐怖主义的兴起以及各国对此的态度和反应对联合国如何维持国际和平这一问题提出了新的挑战。9·11事件后，国际社会在反对恐怖主义问题上空前一致，联合国成为反恐平台。但仍无法掩盖各成员国在恐怖主义定义、产生根源及反恐扩大化等问题上的分歧。这一点突出地表现在美国在反恐战争问题上所坚持的“单边行动”对联合国的权威所构成的挑战上。在2002年11月安理会一致通过1441号对伊拉克大规模杀伤性武器进行核查决议后，美国仍然没有放弃单边主义政策，并于2003年3月发动未

① http://www.un.org/zh/peacekeeping/operations/surge.shtml。

② http://www.un.org/zh/peacekeeping/operations/surge.shtml。

经安理会授权的对伊战争。

美国绕过联合国而发动的伊拉克战争，令联合国陷入了窘境。《联合国宪章》规定，要求五大常任理事国对维护世界和平与安全负有特殊责任，必须采取一致行动。同时为了防止否决权被滥用，《宪章》又规定有关和平解决争端的办法，要求争端当事国不得投票。[①] 但美国未经联合国同意和授权而悍然发动对伊拉克的战争，公然挑战了联合国作为世界和平的维护者和国际冲突仲裁者的地位。为此，在2003年9月召开的第58届联大上，联合国秘书长安南宣布了关于成立“威胁、挑战和改革”高级别名人小组的设想，得到了各成员国的支持。名人小组在1年时间内召开了6次全体会议，组织了40次区域性磋商和专题研讨会。2004年12月1日名人小组向安南提交了联合国改革的报告。此外，联合国还成立了一个由250名经济学家组成的实施千年项目专家组，他们的任务是为到2015年落实千年发展目标制定行动计划。2005年3月21日，安南在上述两个小组报告的基础上，向各成员国提交了秘书长报告。6月8日第59届联大主席让·平在归纳各成员国意见的基础上，提出了首脑会议成果文件草案。[②]

2005年，根据名人小组的建议，安南提出了在国际干预问题上应当遵循五条正当性的基本标准：威胁的严重性、正当的目的、万不得已的办法、相称的手段和权衡后果。同时还规定必须由安理会授权。美国虽然认可了这五条标准，但拒绝了必须由安理会授权的规定。因此，这五条标准虽然希望能限制大国的单边行动，但实际上很难发挥作用。[③] 2005年9月，反映联合国改革内容的《成果文件草案》被提交给联合国首脑会议，但美国与其他国家仍有许多分歧。[④]

---

① 姚莹：《从联合国集体安全机制看联合国在维护国际安全中的地位》，《当代法学》，2005年第5期，第11—13页。

② 邱桂荣：《“名人小组”与联合国改革》，《现代国际关系》，2003年第12期，第30—31页。

③ 钱文荣：《各种力量之间的一次较量——联合国改革的实质与前景》，《当代世界》，2005年第9期，第5页。

④ 刘建飞：《国际新秩序与联合国改革》，《现代国际关系》，2005年第12期，第21页。

主要参考文献

著 作

(美)帕尔默、乔·科尔顿、劳埃德·克莱默:《两次世界大战:西方的没落?》(帕尔默现代世界史4),陈少恒、周熙安、周鸿临等译,,北京:世界图书出版公司,2011年。

(法)德尼兹·加亚尔、贝尔纳代特·德尚、阿尔德伯特等:《欧洲史》,蔡鸿滨、桂裕芳译,海口:海南出版社;北京:人民出版社,2010年。

(美)加布里埃尔·杰克逊:《文明与野蛮:20世纪欧洲史》,余昌楷、李佳译,北京:东方出版社,2010年。

(英)亚当·罗伯茨、(新西兰)本尼迪克特·金斯伯里:《全球治理——分裂世界中的联合国》,北京:中央编译出版社,2010年。

(美)保罗·肯尼迪:《联合国过去与未来》,海口:海南出版社,2008年。

(英)韦尔斯:《世界史纲:生物和人类的简明史》,曼叶平、李敏译,西安:陕西师范大学出版社,2007年。

(美)巴巴拉·塔奇曼:《八月炮火》,张岱云等译,北京:新星出版社,2005年。

(美)迈克·亚达斯、彼得·斯蒂恩、斯图亚特·史瓦茨:《喧嚣时代:20世纪全球史》,北京:三联书店,2005年。

(美)斯塔夫里阿诺斯:《全球通史:从史前史到21世纪》,吴象婴、梁赤民、董书慧、王昶译,梁赤民审校,北京:北京大学出版社,2005年。

(美)康威·汉得森:《国际关系:世纪之交的冲突与合作》,海口:海南出版社,2004年。

(美)威廉森·默里、(英)麦格雷戈·诺克斯、(美)阿尔文·伯恩斯坦编:《缔造战略:统治者、国家与战争》,北京:世界知识出版社,2004年。

(美)小约瑟夫·奈:《理解国际冲突:理论与历史》,上海:上海人民出版社,2002年。

(英)艾瑞克·霍布斯鲍姆:《帝国的年代》,贾士蘅译,钱进校,南京:江苏人民出版社,1999年。

(英)彼得·卡尔沃科雷西主编:《国际事务概览:1947—1948年》,上海:上海译文出版社,1990年。

郑伟:《国际危机管理与信息沟通》,北京:中央编译出版社,2009年。

王仲涛、汤重南:《日本史》,北京:人民出版社,2008年。

王仲春:《核武器、核国家、核战略》,北京:时事出版社,2007年。

张曙光:《美国遏制战略与冷战战略再探》,上海:上海外语教育出版社,2007年。

陈文海:《法国史》,北京:人民出版社,2004年。

张建华:《俄国史》,北京:人民出版社,2004年。

刘金质:《冷战史》,北京:世界知识出版社,2003年。

阎照祥:《英国史》,北京:人民出版社,2003年。

丁建弘:《德国通史》,上海:上海社会科学院出版社,2002年。

吕一民:《法国通史》,上海:上海社会科学院出版社,2002年。

钱乘旦、许洁明:《英国通史》,上海:上海社会科学院出版社,2002年。

杜美:《欧洲法西斯史》,上海:学林出版社,2000年。

杨奎松:《毛泽东与莫斯科的恩恩怨怨》,南昌:江西人民出版社,1999年。

刘同舜、姚椿龄:《战后世界历史长编:1948,1949,1955年》,上海:上海人民出版社,1997年。

周广健、吴如华、郑小涛:《南亚风云——印巴三次战争始末》,北京:世界知识出版社,1997年。

裴坚章主编:《中华人民共和国外交史(第一卷):1949—1956》,北京:世界知识出版社,1994年。

彭树智:《阿富汗史》,西安:陕西旅游出版社,1993年。

时殷弘:《美国在越南的干涉和战争》,北京:世界知识出版社,1993年。

军事科学院外军研究部编:《外国对两伊战争的评论》,北京:解放军出版社,1988年。

中国国际问题研究所编辑部编:《不结盟运动主要文件集》,北京:中国对外翻译出版公司,1987年。

论　文

赵学功:《肯尼迪政府对古巴导弹危机的军事反应》,《历史教学》,2011年第20期。

弗里德里克·罗格沃尔:《越南战争与冷战转型:关于多米诺骨牌理论的若干思考》,《冷战国际史研究》,第11辑(2011年夏)。

李潜虞:《试论中国对第二次亚非会议政策的演变》,《国际政治研究》,2010年第4期。

杨黔云:《析东盟在国际体系中解决柬埔寨危机的活动》,《历史教学》,2009年第4期。

金卫星:《马歇尔计划与美元霸权的确立》,《史学集刊》,2008年第6期。

(法)莫里斯·贝特朗:《联合国改革努力的历史发展》,《南开学刊(哲学社会科学版)》,2008年第5期。

李巨轸:《略论美洲国家组织的维和机制》,《拉丁美洲研究》,第29卷第5期(2007年10月)。

张民军:《美国的遏制政策与第二次亚非会议的失败》,《历史教学问题》,2007年第2期。

刘建飞:《国际新秩序与联合国改革》,《现代国际关系》,2005年第12期。

钱文荣:《各种力量之间的一次较量——联合国改革的实质与前景》,《当代世界》,2005年第9期。

姚莹:《从联合国集体安全机制看联合国在维护国际安全中的地位》,《当代法学》,2005年第5期。

杨明星:《试论两伊战争及其遗产》,《阿拉伯世界》,2005年第2期。

伍福佐:《析冷战时代印度的不结盟政策》,《南亚研究季刊》,2004 年第 4 期。

陈兼、赫斯伯格:《越战初期中美之间特殊的"信息传递"》,《史林》,2004 年第 1 期。

王向东、孙云芳、邵秀英:《对冷战后局部战争的地缘政治思考》,《人文地理》,第 19 卷第 2 期(2004 年)。

邱桂荣:《"名人小组"与联合国改革》,《现代国际关系》,2003 年第 12 期。

赵学功:《古巴导弹危机与 20 世纪 60 年代的美苏关系》,《史学月刊》,2003 年第 10 期。

黄小峰:《未来高技术局部战争的特点与战争环境》,《航空科学技术》,2003 年第 1 期。

沈志华:《共产党情报局的建立及其目标——兼论冷战格局形成的概念界定》,《中国社会科学》,2002 年第 3 期。

石斌:《杜勒斯与美国对 1958—1959 年柏林危机的反应》,《国际论坛》,2000 年 12 月。

陈晓沁:《冷战后联合国改革及其在国际事务中的作用》,《教学与研究》,2000 年第 11 期。

徐晓刚:《局部战争对冷战后国际安全形势的影响》,《世界经济与政治论坛》,2000 年第 6 期。

孙晋忠、晁永国:《试论印度地区外交政策的理论与实践》,《国际问题研究》,2000 年第 1 期。

张盛发:《苏联对马歇尔计划的判断和对策》,《东欧中亚研究》,1999 年第 1 期。

时殷弘:《越南战争的国内根源》,《南洋问题研究》,1991 年第 2 期。

原祖杰:《关于美国卷入越南战争的几个问题》,《世界历史》,1990 年第 3 期。

洪希诚:《阿富汗战局及政治解决的新发展》,《国际问题研究》,1988 年第 2 期。

黄文镛:《阿富汗问题的政治解决及其影响》,《外交学院学报》,1988 年第 3 期。

郭隆隆:《在斗争中曲折前进——不结盟运动的困难和面临的挑战》,《国际问题资料》,1986 年第 18 期。

刘恩照:《不结盟运动的组织和发展概况》,《国际问题研究》,1986 年第 4 期。

樊明荣:《不结盟运动的兴起》,《国际问题资料》,1985 年第 11 期。

谭汉:《美苏的太空军备竞赛》,《国际问题研究》,1985 年第 2 期。

周纪荣、汪于麟、孙鲲:《不结盟运动的发展与前景》,《现代国际关系》,1983 年第 4 期。

专有名词英汉对照表

A

Afghanistan War　阿富汗战争
African Union　非洲联盟
Afrika Korps　非洲军团
Alsace－Lorraine　阿尔萨斯－洛林
Anschluss　德奥合并
Antisemitism　反犹主义
Arms Control　军备控制
Arms Race　军备竞赛
Asian－African Conference　亚非会议
Asquith　阿斯奎斯，一战前期英国首相
Association of Southeast Asian Nations　东南亚国家联盟
Atlantic Charter　大西洋宪章
Atomic Bomb　原子弹
Attlee　艾德礼，二战末期英国首相
Austria－Hungary　奥匈帝国
Axis Powers　轴心国

B

Battle of Dien Bien Phu　奠边府战役
Beer Hall Putsch　啤酒馆暴动
Berlin Crisis　柏林危机
Berlin Wall　柏林墙
Biological Weapon　生物武器
Black Hand　塞尔维亚黑手社
Blackshirts　黑衫党（意大利法西斯党）
Blockade　封锁
British Empire　大英帝国
Brownshirts　褐衫党（德国纳粹党）

C

Chemical Weapon　化学武器
Churchill　丘吉尔，二战期间英国首相
Clemenceau　克里孟梭，一战后期

法国总理

Cold War　冷战

Concentration Camps
　集中营(纳粹德国)

Containment　遏制

Cuban Missile Crisis　古巴导弹危机

Czechoslovakia　捷克斯洛伐克

D

Daladier
　达拉第,二战前夕法国总理

De Gaulle
　戴高乐,自由法国运动领袖

Deterrence　威慑

Disarmament　裁军

F

Fascism　法西斯主义

Fashoda Crisis　法绍达危机

Fourteen Points　十四点和平计划

Franco　佛朗哥,西班牙独裁者

G

Geneva Conference (1954)
　1954年日内瓦会议

George V
　乔治五世,一战期间英国国王

George VI
　乔治六世,二战期间英国国王

Gestapo
　盖世太保,纳粹德国秘密警察

Goebbels
　戈培尔,纳粹德国宣传部长

Gorbachev, Mikhail
　米哈伊尔·戈尔巴乔夫

Gulf War　海湾战争

H

Himmler
　希姆莱,纳粹德国党卫队首领

Hindenburg
　兴登堡,魏玛共和国总统

Hiroshima　广岛

Hitler　希特勒,纳粹德国元首

Holocaust　大屠杀

Hydrogen Bomb　氢弹

I

Inchon landing　仁川登陆

Indo－Pakistani Wars　印巴战争

Iran－Iraq War　两伊战争

Iron Curtain　铁幕

Intercontinental Ballastic Missile (ICBM)
　洲际导弹

K

Kim Il－sung　金日成

Korean War　朝鲜战争

Kosovo War　科索沃战争

L

League of Nations　国际联盟

Little Entente　小协约国
Lloyd－George　劳合·乔治
Locarno Treaties　洛迦诺公约
Ludendorff　鲁登道夫,总体战发明者

M

Maginot Line　马奇诺防线
Marshall Plan　马歇尔计划
Middle East Wars　中东战争
Militarism　军国主义
Missile　导弹
Molotov Plan　莫洛托夫计划
Munich Crisis　慕尼黑危机
Mussolini　墨索里尼

N

Nationalism　民族主义
Nazi Germany　纳粹德国
Nazi Party　纳粹党
Nicholas II
　尼古拉二世,一战期间俄国沙皇
Non－Aligned Movement
　不结盟运动
North Atlantic Treaty Organization
　北约组织
Nuclear Weapon　核武器
Nuclear Proliferation　核扩散

O

Operation Rolling Thunder
　滚雷行动

P

Pacifism　和平主义
Pearl Harbor　珍珠港

R

Racism　种族主义
Reagan's Strategic Defense Initiative　里根的战略防御计划(星球大战计划)
Reichstag　德国国会
Rommel
　隆美尔,纳粹德国非洲军团司令
Roosevelt
　罗斯福,二战期间美国总统

S

Samurai　日本武士
Satellite　卫星
Schlieffen Plan　“施里芬计划”
Siegfried Line　齐格菲防线
Soviet Union　苏联
Spanish Republic　西班牙共和国
Spanish Civil War　西班牙内战
Special War at Vietnam
　越南特种战争
Sputnik　苏联第一颗人造卫星
Stalin　斯大林,二战期间苏联最高领导人
Sudetenland　苏台德地区

T

Third Republic
第三共和国(法国)
Third Reich 第三帝国(纳粹德国)
Tojo Hideki
东条英机,日本军国主义头目
Treaty of Versailles 凡尔赛和约
Triple Alliance 三国同盟
Triple Entente 三国协约
Truman
杜鲁门,二战末期美国总统
Truman Doctrine 杜鲁门主义

U

United Nations 联合国

V

Vietnam War 越南战争
Vichy France 维希法国
Vichy Regime 维希政权

W

Warsaw Treaty Organization
华约组织
War on Terror 反恐战争
Weapons of Massive Destruction (WMD)
大规模杀伤性武器
Weimar Republic
魏玛共和国(德国)
William II
威廉二世,一战期间德国皇帝
Wilson
威尔逊,一战期间美国总统

Y

Yalta Conference 雅尔塔会议
Yalta Agreement 《雅尔塔协议》

Z

Zimmerman Telegram
齐默尔曼电报

后 记

《20 世纪的战争与和平》是“高等师范院校历史学基础教育教学与研究丛书”之一。本书的结构和内容在力求体现学术性和前沿性的同时，服务于中学历史教学，方便中学教师的具体操作。《20 世纪的战争与和平》概述了 20 世纪历次重大战争与重要维持和平机制和行动。本书在结构上以时间为主线，分别论述了各个时期战争与和平的特点。各个章节都由基本概述、视野拓展和深入探究三部分构成，以对应于相关中学教材的安排，但在内容上较为偏重视野拓展和深入探究部分，以便高等师范院校历史学学生就相关问题进行探究时参考。

全书共 5 章，编撰工作的具体分工如下：主编左双文教授；副主编姚昱副教授，负责第三章、第四章和第五章以及主要参考文献、专有名词汉英对照表的撰写工作；黎英亮博士负责撰写第一章和第二章。全书由陈文海教授、左双文教授和姚昱副教授负责统稿。

《20 世纪的战争与和平》是集体智慧的结晶。编撰人员在繁重的教学和科研工作之余，抽出时间和付出精力，实属不易。大家团结一致，使本书的编撰工作得以顺利完成。同时，本书的撰写工作得到丛书总主编陈文海教授的悉心指导，在此表示衷心感谢。限于水平，本书肯定还存在不少缺点和问题，敬请高校师生、专家学者、中学教师以及广大读者批评指正。

编著者

2012 年 10 月于广州